S0-BAI-327

134053

French

DOSTOÏEVSKI À MANHATTAN

DU MÊME AUTEUR

Le Discours de la guerre, L'Herne, 1967, 10/18, 1974, Grasset, 1980.
1968 : Stratégie et Révolution en France, Christian Bourgois, 1968.
La Cuisinière et le mangeur d'hommes, Seuil, 1975.
Les Maîtres penseurs, Grasset, 1977.
Cynisme et passion, Grasset, 1981.
La Force du vertige, Grasset, 1983.
La Bêtise, Grasset, 1985.
Silence, on tue, avec Thierry Wolton, Grasset, 1986.
Descartes, c'est la France, Flammarion, 1987.
Le XIe Commandement, Flammarion, 1991.
La Fêlure du monde : éthique et sida, Flammarion, 1994.
De Gaulle où es-tu ?, Jean-Claude Lattès, 1995.
Le Bien et le Mal : lettres immorales d'Allemagne et de France,
   Robert Laffont, 1997.
La Troisième Mort de Dieu, NiL, 2000.

ANDRÉ GLUCKSMANN

DOSTOÏEVSKI
À MANHATTAN

ROBERT LAFFONT

Ouvrage publié sous la direction de Betty Mialet

© Éditions Robert Laffont, S.A., Paris, 2002
ISBN 2-221-09321-6

Pour F

*Ma philosophie est
du jour où j'écris.*

Stendhal

1

Éloge de la cité

> *Permettez-moi de tenter de définir le nihilisme par le*
> *désir d'anéantir le monde présent et ses potentialités, un*
> *désir qui ne s'accompagne d'aucune conception claire*
> *de ce que l'on veut mettre à sa place.*
>
> Leo Strauss (1941)

Il faut savoir émotion garder. Tel est le projet de ce livre.
Je cherche des mots pour donner un début de parole à la stupeur
qui, le 11 septembre 2001, cloua devant les écrans de la télévision les trois quarts de l'humanité. Ce matin-là deux Boeing per-
cutent délibérément les « tours jumelles », les plus hauts gratte-
ciel de New York, un troisième tombe sur le ministère de la
Défense (le Pentagone à Washington), un quatrième manque sa
cible. Revenir sur le saisissement universel, tourner et retourner
les sentiments avoués ou peu avouables, effrayés parfois
effrayants qui se bousculent pêle-mêle est un luxe d'après catastrophe. Sur le coup, les autorités soucieuses de contenir la
panique prêchèrent l'axiome inverse de « raison garder », au
risque, les mois et les années passant, que la raison déraisonne,
tue l'émotion, gomme l'événement, nous abandonne Gros-Jean
comme devant dans les caniveaux de l'oubli et de la bêtise.

Lorsque Mattew Cornelius, vingt et un ans, l'âge de mon
fils, travaillant au soixante-cinquième étage de la tour B, par-

11

vient, en pleine bousculade, à *Ground zero*, un pompier l'extirpe et lui ordonne comme à tous les rescapés : « Cours vers Broadway, cours et ne regarde surtout pas sur la gauche ! » Mattew courut. Mais Mattew, comme la femme de Loth, regarda sur sa gauche. « C'était horrible. Je ne pourrai plus jamais dormir sans voir les déchets humains devant les bâtiments, les mains, les pieds, une tête... Horrible... J'aurais dû écouter les pompiers. » Et Mattew, tiré d'affaire, d'interroger autour de lui, à l'aveuglette, les autres fantômes de cendres. « Mais mes collègues ? Je n'en ai trouvé aucun en sortant ; et cet homme en chaise roulante qui travaillait au soixante-quatrième ? Nous étions cinquante mille à travailler dans les tours. Au fait, vous savez qui nous a fait ça et pourquoi ? » Il fut nécessaire de raison garder afin de limiter les dégâts immédiats, de circonscrire les conséquences proches et lointaines du désastre, mais, une fois les premiers secours et les premiers soins dispensés, l'audace de Mattew Cornelius s'impose. Il faut suivre par la pensée le regard qu'il jeta sur l'impensable. Il appartient aux survivants de méditer l'instant ultime qu'affrontèrent, chacune plus solitaire que jamais, quatre mille personnes, écrasées sous deux tours de quatre cent vingt mètres et deux cent quatre-vingt-dix mille tonnes de gravats, expirant par une température de mille à deux mille degrés centigrades quand les structures métalliques fondent comme plastique De ce gouffre d'horreur laissons remonter jusqu'à nous, inlassablement, toujours et pour toujours, la question de Mattew Cornelius. « Qui a fait ça et pourquoi ? »

Qui ? Expertises, enquêtes, contre-enquêtes accumulent les pièces du procès. Admettons que le commanditaire soit tel ou tel, en l'occurrence, très probablement un certain Ben Laden. L'auteur du crime nommément épinglé, le dossier serait-il bouclé ? Aurions-nous tout compris ? Ne court-on pas plutôt le risque de réduire du jamais vu au déjà connu et d'expliquer maladroitement le nouveau par l'ancien ? Ledit Ben Laden était depuis plusieurs années classé ennemi public numéro un par les services de renseignements, CIA, FBI... Et, cas rarissime, voué à la vindicte internationale par le Conseil de sécurité de l'ONU. Son curriculum vitae, ses déclarations incendiaires et ses faits d'armes terroristes connus des responsables n'ont permis ni de prévoir ni de prévenir l'abomination de septembre. En quoi suffirait-il d'épiloguer derechef sur la fiche de police du richissime Saoudien pour concevoir les tenants et les aboutissants d'une journée qui ébranla le monde au moins autant que le 9 novembre 1989, quand le mur de Berlin céda, décidant la fin de la guerre froide et l'implosion de l'Empire soviétique ? Il faut renverser la perspective, relire les biographies et les serments des fous de Dieu à la lumière crue de leur épouvantable performance. L'action dit la vérité des intentions. Le crime juge le criminel. Identifier et châtier le meurtrier ne constituent qu'un premier pas. Reste à comprendre la volonté délibérée qui organise l'événement. Et, pour comprendre, il faut savoir son émotion retrouver.

L'effroi qui suit l'avalanche des tours en mondovision ne trompe pas. C'est l'effet recherché par le sanglant metteur en scène. Chaque détail est programmé en vue d'obtenir l'ébranlement maximal. Tout conspire à paralyser et à frapper de terreur le public universel. X frappe Y. X reste dans l'ombre. Y, c'est n'importe qui. Donc tous. Le mobile de l'opération est tu. Les outils employés sont interchangeables. Un cutter. Un billet d'avion. Le moment choisi semble quelconque. La météo décide. Qui tue qui, comment, pourquoi, quand ? Rien n'est spécifié. Bourreau inconnu. Victime inconnue. Arme inconnue. Motif inconnu. Autant de variables qui rendent la machine infernale reproductible ad libitum. La terreur s'exerce d'autant plus implacable qu'elle s'affirme sans phrase, anonyme, suspendue. Le destructeur se juge à l'aune d'une destruction qu'il manifeste réitérable, amplifiable et potentiellement cosmique. Notre émotion est sa carte de visite.

Une fois renversées les bornes du possible...

N'allons pas imaginer que, le temps passant, la cicatrice s'efface comme si de rien n'était. L'événement «imprévisible» a eu lieu. Évitons désormais de prévoir qu'il n'aura plus lieu. Ce qui est fait peut être refait. En modèle réduit comme en pire. «Une fois renversées les bornes du possible, qui n'existaient pour ainsi dire que dans notre inconscient, il est difficile de les relever.» Tel est l'axiome que Clausewitz opposait à tous les maîtres de l'Europe qui crurent en toute innocence que, Napoléon mort, son invention, la bataille d'anéantissement, disparaissait avec lui. Clausewitz vit juste : après Metternich et le congrès de Vienne, l'ogre corse ne ressuscita pas, mais les guerres mondiales qui suivirent furent tellement plus anéantissantes que les siennes. Après Ben Laden, qui ? Islamistes ou pas, les émules se pressent au portillon. Deux tours, deux avions, boum ! des morts par milliers, le centre du monde sinistré. Une pareille réussite suscite des vocations. Les bricolages ultradévastateurs ne demeurent plus hors de portée. Qui veut peut.

«Il y a quelques jours à peine, le père que je suis, se promenant au cent dixième étage de l'immeuble le plus haut de Manhattan, y répondait aux questions que posent à leurs pères tous les enfants du monde : "Si ça tombe, papa, il vaut mieux être en haut ou en bas ? Jusqu'où elle ira, papa, la tour, si elle tombe ? Jusqu'à cette rue, cette maison-là ? Il y aura beaucoup de morts ? Et si ça se passe tout de suite, qu'est-ce qu'on devient ?" Et comme tous les pères du monde, je savais répondre. Ces tours-là, ça ne tombe pas. Ça au moins un papa le sait. C'est même pour ça qu'il est papa, pour ça aussi qu'un enfant a besoin d'un papa... » Cette lettre de lecteur, expédiée le 15 septembre 2001, soit quatre jours après l'impact, restitue involontairement la vérité simple, éternelle, familière, familiale, et croise les avertissements du général prussien. «Comment vais-je te répondre, Samuel, lorsque tu me demanderas si c'est vrai que la troisième guerre mondiale va éclater, si la bombe atomique va tomber, si, si et si ?... Parce que, depuis mardi, plus un bâtiment n'est solide, plus un lieu n'est à l'abri, plus une seule puissance n'est capable de protéger sa population contre... l'impossible. » Le papa et le stratège savent une chose, une toute petite chose qui change tout : une fois le tabou levé, il l'est à tout jamais.

Depuis des temps immémoriaux, l'homme distingue peur et angoisse : «En présence de ce qui est hostile on a peur, en présence des ténèbres on éprouve l'angoisse» (Hermann Broch). La peur est distincte, définie, provoquée par une chose précise, elle blesse un intérêt non moins précis : je crains la foudre, un microbe, une taloche, le grand méchant loup. Et je crains pour... ma vie, mon portefeuille, ma réputation. L'angoisse, en revanche, touche à tout. Elle taraude mon rapport au monde en général. Elle fait vaciller projets et repères. Elle trouble l'image des autres et de moi-même. Experts, politiques et psychologues ont beau s'évertuer à combattre les craintes croissantes par des précautions multiples et souvent vaines, ils peinent à contenir une impalpable angoisse. Quel démenti apporter au sentiment diffus de n'être plus sûr de rien ? Quelle garantie faire valoir à une humanité qui se découvre, se redécouvre soudain sans garantie ? Même si les criminels ou leurs complices sont arrêtés et leurs réseaux éradiqués, ils suscitent des concurrents, des adeptes et des admirateurs, pas seulement des indignés. Une page est tournée. Nous vivrons et nos enfants survivront dans une histoire où l'explosion des tours redessine la carte de géographie et trace l'horizon indépassable d'un crépuscule terroriste de l'humanité. Le 11 septembre 2001 aura toujours lieu. C'est à l'échelle de son horreur médiatique et planétaire qu'il faut apprendre à mesurer nos émotions et nos décisions.

Trop abyssale pour se manifester par des conduites adaptées et calculées, l'angoisse s'exprime en bouffées de résolutions dérisoires et saugrenues. Soixante pour cent des Améri-cains renoncent à prendre l'avion et les poubelles publiques sont soigneusement condamnées à Paris. Tantôt on rêve d'une lutte finale courte et décisive qui, d'un coup d'un seul, supprimerait la source de tous les maux. Tantôt on désespère, on parie sur des remèdes à long terme, mais à si lointaine échéance qu'au terme du terme nous serons tous morts. Vaines gesticulations maniaco-dépressives ! Elles ne sauraient évacuer une angoisse légitimée par le regard pensant, que chacun a jeté, par-dessus son épaule, dans le sillage de Mattew Cornelius. La force qui, volontairement, dans un emploi du temps démoniaque de précision, a pulvérisé le cœur de Manhattan est aussi diffuse et insaisissable que le désarroi qu'elle suscite. Hurler. Sourire. Ô l'ironie désespérée du poète qui regrette les neiges d'antan et cette époque heureuse où régnaient guerres froides et chaudes, lignes de front, champs de bataille bien délimités, défaites et paix. D'après Wolf Biermann, il reste à ânonner le nouvel alphabet, épelant « A, B, C », A pour atomique, B pour biologique, C pour chimique, l'inédit catéchisme d'un terrorisme sans frontières ni tabous. Lorsque l'Amérique se dota de la « Bombe », le président Truman reconnut imprudemment : « Notre sort est entre nos mains. » Lorsque l'Union soviétique s'érigea en alter ego apocalyptique, l'inquiétude grandit, mais le nombre restreint, jusqu'à ce jour, de détenteurs de l'arme absolue tempérait les émois et les craintes. La chute des « jumelles » change la donne. La capacité d'incendier de proche en proche l'univers se démocratise à grands pas. Des allumettes cosmiques sont en vente libre. Le feu planétaire supplante le feu nucléaire. La torche circule à portée de (presque) toutes les mains.

Les États modernes se flattaient du monopole de la violence. En temps de paix, les citoyens, bon gré, mal gré, reconnaissaient pareille souveraineté. En temps de guerre et de révolution, le monopole se voyait disputé dans son attribution, mais peu contesté dans son obligation ; un État belliqueux voisin, ou une organisation édifiant un État futur, revendiquait d'emblée l'exclusivité du pouvoir de restaurer et maintenir l'ordre. L'histoire d'hier, si insensée fût-elle, se laisse déchiffrer comme une querelle d'héritiers. Aujourd'hui, le monopole saute puisque l'État le plus puissant s'avère incapable de l'exercer sur son propre territoire. Un principe de désordre affirme sa prééminence que notre angoisse mesure, avant même que le raisonnement des personnes avisées et les expertises des savants ne cartographient l'émergence d'un chaos universel. Du jamais vu.

L'événement foudroie et prend à contre-pied les habitudes, les règles, les convictions qui balisent la vie quotidienne. L'histoire se réveille plus rusée que la raison des sages qui s'estiment capables de lui donner un « sens ». Les pronostics du XIX\ :sup:`e` siècle savant se retrouvent hors jeu. L'ancien monde contamine le nouveau. Les États-Unis ne sont plus cette terre préservée, ignorant les agressions extérieures, sanctuaire inviolé depuis 1812. Les meilleurs esprits d'autrefois, désespérant d'une Europe fatiguée et vieillie, avaient prédit que deux prétendants viendraient se disputer sa succession. Ou bien les Slaves, peuple russe en tête, voués à une « possibilité énorme » (Hegel). Ou bien les États-Unis, « pays de l'avenir... pays de rêve pour tous ceux que lasse le magasin d'armes historiques de la vieille Europe » (Hegel encore). 1990, l'Empire soviétique s'écroule. 2001, le rêve américain percute une réalité que de misérables adjectifs veulent expri-

mer et gomment : « incroyable », « inimaginable ». Un étonnement aussi appuyé ne laisse pas d'étonner.

Seule fut imprévisible la réussite à ce point complète du
crime préprogrammé. La cible était prévisible (les Twin
Towers avaient déjà été attaquées). Le moyen était prévisible
(l'avion suicide succède au camion fou). La procédure est
répétitive (la France se souvient de l'Airbus 320 qui devait, à
Noël, foudroyer la tour Eiffel). La volonté délibérée d'organiser un massacre des innocents n'a rien d'inédit. Voyez Sre-
brenica, Kigali et Grozny ! pour ne faire qu'un petit saut
arrière sur l'horloge de notre actualité. Films catastrophes et
œuvres de fiction ont imaginé à longueur de pellicule et de
papier un crime qu'on s'obstine naïvement à taxer d'impensable. Les religions racontent, depuis toujours, déluges et apocalypses. Les penseurs mécréants, tel Lucrèce, et les historiens attentifs, tel Thucydide, dissèquent les « pestes », ces
brusques renversements de valeurs qui ébranlent les sociétés
de fond en comble. Proust décrit Paris sous les obus de la Première Guerre mondiale et scrute dans la « nuit mérovin-
gienne » une cruauté illimitée qui reflue du fond des âges.
Brunehilde, héroïne du *Crépuscule des dieux*, torche en main,
chantant à gorge déployée, saute dans le bûcher et met le feu
au ciel. Wagner, ami de Bakounine, semble mieux informé
que les grandes oreilles digitales des services secrets sur les
porteurs de fièvres incendiaires.

Guernica-New York, court-circuit

Il faut penser l'épouvante du 11 septembre dans la durée
séculaire de la guerre moderne. L'attaque contre les civils est
une tendance lourde : 80 % de morts lors de la Première
Guerre mondiale sont soldats ; 50 % dans la Seconde. Depuis
1945, 90 % des victimes tuées sont civiles, les femmes, les

18

enfants, les hommes désarmés d'abord. Priorité aux démunis : les tueurs nouveaux ont des principes. Parallèlement, la démolition d'objectifs symboliques, jadis exceptionnelle (ainsi la cathédrale de Reims en 1914), est devenue règle. En Croatie, l'armée de Milošević visait les trois croix : hôpitaux, églises, cimetières. Souvenez-vous : la bibliothèque impériale de Sarajevo, le pont de Mostar, les bouddhas de Bāmyiān, dynamités, pulvérisés... Le primat de la destruction a ponctué l'histoire récente. Dès 1925, Churchill remarquait combien « les énergies de peuples entiers » se fixaient « sur le seul acte de détruire » en faisant naître « le sentiment d'une possible extinction de la race humaine ». C'était bien avant l'arrivée de l'arme nucléaire, laquelle n'est qu'un outil, parmi tant d'autres, de cette extinction. Toute la saloperie du XXe siècle est tombée sur Manhattan.

L'angoisse est « sournoise », écrit Kierkegaard. Elle rompt, certes, le train-train des convenances. Son vertige bascule dans l'inconnu, mais sa duplicité insinue qu'on sait de quoi il retourne. L'horreur muette du 11 septembre frapperait moins intensément si n'affleurait en elle une inhumanité pluriséculaire. Qu'il se nomme Ubu, Mabuse, Attila, Ben Laden, l'anonyme destructeur nous parle depuis Homère. Le poète, dans le livre fondateur de la civilisation grecque, donc occidentale, donnait parole à la pulsion de mort. « Que tous ceux de Troie ensemble disparaissent sans laisser de deuil ni de trace. Non, qu'aucun d'eux n'échappe au gouffre de la mort, à nos bras, pas même le garçon au ventre de la mère, pas même le fuyard[1] ! » La fureur d'Agamemnon, chef des Achéens, déborde la littérature et passe les fantasmes d'un inconscient malade. En matière de cauchemars collectifs l'actualité l'emporte sur la fiction et la folie d'un homme seul.

---

1. Homère, *L'Iliade*, VI.

Le 26 avril 1937, Guernica, cœur historique du Pays basque, est bombardée sur ordre de l'état-major franquiste par l'aviation hitlérienne. La division Condor, trois heures durant, largue sur la ville ses bombes incendiaires et explosives. Les équipages des avions poursuivent à la mitrailleuse sur les routes et les champs les habitants éperdus. Guernica. Grande première. Guernica : aucun objectif stratégique. Pas d'impératif politique pour justifier l'attaque. Guernica : première ville bombardée pour analyse psychologique — comment tétaniser une population ? Immédiatement, après le massacre, une déclaration est radiodiffusée : elle menace la capitale d'un destin analogue : « Nous raserons Bilbao jusqu'au sol [...] il faut que nous détruisions la capitale d'un peuple pervers qui ose mettre au défi la cause irrésistible de l'idée nationale. » L'époque n'était pas encore blasée ni repue du sang des autres. Les fascistes n'osèrent pas revendiquer leur acte. Picasso immortalisa leur besogne. Lorsque l'Allemagne nazie envahit la Pologne, moins de trois ans plus tard, Varsovie se trouva sans défense, à portée d'envahisseur, prête à capituler. Hitler expédia ses avions incendier une ville exsangue. Ici non plus pas de raison militaire, sinon de propagande. Sans mot dire, par bombes interposées, le Führer adressait à toutes les capitales d'Europe son message de terreur. L'opération dûment filmée lui fut aussitôt projetée. Jubilation sans mélange.

« Le ciel était obscurci par la fumée des incendies, les bombardiers basculaient et piquaient en direction de leur objectif, larguaient leurs bombes dont on pouvait suivre la trajectoire, et remontaient ; puis l'explosion dégageait un nuage de fumée qui prenait des proportions gigantesques ; l'intensité du spectacle était décuplée par la concision propre au style cinématographique. Hitler était fasciné. Le film se terminait par un montage ; on voyait un avion piquer sur un dessin représentant l'île anglaise ; une explosion suivait et on voyait l'île déchiquetée voler en morceaux. L'enthousiasme de Hitler ne connut plus de bornes : "Voilà ce qui va leur arriver, s'écria-t-il, tout excité, voilà comment nous les anéantirons !" » Quel Albert Speer nous contera l'euphorie des promoteurs du carnage new-yorkais ? Assis devant la télé, et savourant leur œuvre, eurent-ils une pensée pour leur illustre maître ?

Les villes furent rarement épargnées par les manigances guerrières. Leur pillage fut un classique, de même que le viol des femmes. Néanmoins leur destruction systématique demeurait périphérique, anecdotique, seconde comme un butin jeté à la soldatesque méritante. Ce n'est pas parce que la ville est un centre en temps de paix qu'elle devient ipso facto le centre en temps de guerre (« centre de gravité », au sens de Clausewitz). Dans les guerres classiques, la ville n'est pas un objectif décisif. Fût-elle capitale, sa prise ne détermine pas l'issue des conflits autant qu'une bataille décisive. Elle ne constitue pas plus le centre obligé de l'effort et de la direction de la guerre. Bien que la ville occidentale n'ait jamais été ce lieu de marché purement pacifique que décrit Max Weber, elle fut relativement préservée. Les mises à sac, lors d'invasions ou de jacqueries, n'avaient pas d'intérêt proprement militaire ; elles accompagnaient les guerres sans participer de leurs stratégies maîtresses. Le XXe siècle totalitaire change la règle. La ville devient une cible décisive : la menace de rayer une cité de la carte passe pour avoir une valeur psycho-politique fondamentale. « Sans doute le bombardement de la population des villes ouvertes n'est pas conforme aux usages de la guerre », reconnaît Ludendorff dans son manuel de *Guerre totale*, écrit en 1933. Retors, il ajoute aussi sec un « mais », qui lui permet de lever le tabou : frapper la ville, c'est viser un pays à la tête, casser le lien social, annihiler sa « cohésion animique ». En clair, un projet totalitaire entreprend moins de défaire des armées que de produire la panique, une panique intense, durable, propre non seulement à briser le moral de la population cible, mais à lui inculquer de surcroît les principes fondamentaux d'une servitude volontaire sans fin.

L'effroi devient l'*ultima ratio* d'une stratégie. Les totalitarismes se veulent mode de production de la panique la plus générale. Matrice commune au totalitarisme nazi (via Ludendorff) et soviétique (via Lénine) : la guerre de 14 est chiffrée comme première « guerre totale ». Dans la ville rasée l'idéologie de la table rase va fêter son triomphe : « La terreur des bombes n'épargne pas plus les demeures des riches que celles des pauvres, les dernières barrières entre les classes devront s'effacer », clame Goebbels en plein désastre allemand. Lutte finale. Solution finale. Destruction totale. « Les derniers obstacles à l'achèvement de notre mission révolutionnaire s'écroulent en même temps que les monuments de la civilisation. » Bons mots de la fin ? Radio Wehrwolf s'éteint peu après. Radio Khmer rouge prend le relais : « La ville est mauvaise, l'homme doit apprendre qu'il naît du grain de riz. Ce qui est infecté doit être incisé. »

Varsovie se vit infliger par trois fois l'argument de la purification par le feu. Les nazis prennent la ville en septembre 1939, l'écrasent. Organisent le ghetto, le liquident. « Les juifs sont moins contagieux morts que vivants », déclare Fischer, gouverneur de Varsovie, cité par Malaparte. 1944. Les nazis rasent la cité insurgée, sous les jumelles des divisions soviétiques, impassibles, intéressées, sinon réjouies. La chute du IIIe Reich n'entraîne pas le déclin des stratégies anti-villes. Souviens-toi de Phnom Penh, souviens-toi de Kigali, souviens-toi... Près de nous, un demi-siècle plus tard, quand les guerres se rallument au cœur de l'Europe, le boutefeu ne livre pas bataille, mais collectionne les « urbicides ». Ainsi l'a détecté Bogdan Bogdanović, architecte et ancien maire de Belgrade, à la vue des premiers faits d'armes de son concitoyen Slobo Milošević et de son ex-armée rouge fédérale. 1991, Croatie, première sur la liste des champs de ruines yougoslaves : Vukovar. Et cetera. Les dieux du XXᵉ siècle se réchauffent aux flammes de leur propre crépuscule ; quand ils profèrent la « destruction du monde », il faut entendre d'abord destruction des villes fixées comme « centres du monde ».

Souviens-toi de Grozny. La capitale tchétchène doublement martyre en 1995, en 1999, fut réduite en cendres par feu l'Armée rouge soviétique, dite russe, pour fêter le millénaire, le siècle nouveau, l'intégrité du territoire et l'amitié entre les peuples. Et Poutine, président de Russie, d'élever cet immonde saccage en exemple universel de lutte antiterroriste : qui cherche une aiguille dans une meule de foin ne doit pas hésiter, qu'il brûle le foin ! Qu'il brûle le pays ! Une guerre « totale » n'est plus une guerre entre États. Elle ne poursuit ni la défaite d'une armée ni la paralysie du centre de décision politique adverse, son ambition survole ces objectifs somme toute limités. Elle vise, par-delà l'État, la cité. Au-delà de l'appareil militaire, la population dans son ensemble. Après un mois de silence, Oussama Ben Laden télé-félicite Dieu. De quoi ? D'avoir « rempli l'Amérique de terreur du nord au sud et d'est en ouest ». Ludendorff est grand, Allah est son prophète !

« La guerre est un acte de violence destiné à contraindre l'adversaire à exécuter notre volonté » (Clausewitz). L'acte parle de lui-même. Lorsque la terreur se tait, elle atteint son intensité maximale. La violence qui engloutit le World Trade Center ne demande rien, c'est-à-dire exige tout. L'absence, des semaines durant, de motivation, de revendication, d'ultimatum exprimé redouble la stupeur et la peur. Trouble extrême d'une violence sans mots. Sa puissance annihilatrice s'affirme non négociable. Dans l'univers concentrationnaire, les victimes interrogeaient : « Pourquoi ? » Le bourreau répondait : « Ici, il n'y a pas de pourquoi. » L'incendiaire de Manhattan se veut sans conditions. Il veut réduire en esclavage les corps et les âmes, tout en bloc.

Le retour de Stavroguine

La stratégie anti-cité est l'option chérie de la violence totalitaire. Dostoïevski et ses « Démons » eussent judicieusement sous-titré les images livrées en boucle sur CNN : « Nous proclamerons la destruction... pourquoi, pourquoi cette idée est-elle si fascinante ? Nous allumerons des incendies ! Nous répandrons des légendes... ce sera un grand chambardement comme jamais encore le monde n'en aura vu... » Dernières secondes avant le crash. Imaginez l'extase du pilote pirate fonçant sur les tours reines. Je n'étais rien, juste un bipède sans plumes parmi d'autres. Désormais je suis tout, je meurs et le monde avec moi. En Mohamed Atta, organisateur suicidaire du feu infernal et fils placide selon papa, avocat au Caire, reconnaissez Érostrate, ce Grec obscur qui, en 356 av. J.-C., incendia le temple de Diane, une des sept merveilles du monde, prêt à tout et à la mort pour surpasser Alexandre en immortalité.

Plus grande est la dévastation, plus époustouflante la gloire. « Je voudrais trouver un crime dont l'effet perpétuel agît même quand je n'agirai plus », supplie un héros de Sade. Le voilà comblé. La folle joie de détruire pour détruire a ravagé le XXe siècle et déborde sur le suivant. La culture de mort, « l'élan froid d'êtres humains mêlant leur suicide à l'assassinat collectif » (*Al-Ayat*[1]), anime l'islamisme radical. Mais pas lui seulement. La maladie est contagieuse depuis longtemps. D'une bourgade en flammes de l'Empire tsariste

---

1. Journal saoudien libéral, publié à Londres.

jusqu'au septembre noir de Manhattan, une fureur, que Dostoïevski a nommée nihiliste, accumule ruines sur ruines. Toujours plus efficace dans ses moyens. Toujours plus universelle dans la table rase qu'elle projette. Kirilov se suicide pour démontrer au monde que Dieu n'existe pas. Atta, en cassant les gratte-ciel, s'éprouve-t-il plus fort que l'Amérique, ce tigre de papier ? Ou, au nom de Dieu, plus puissant que Dieu ? « La volupté du sang flotte au-dessus de la guerre comme la rouge voile des tempêtes au mât d'une sombre galère, son élan sans limites n'est comparable qu'à l'amour » (Ernst Jünger).

Peu importe que les nihilistes se réclament de l'Être suprême ou le vouent aux gémonies. Avec ou sans alcool, ils sabrent le champagne de la déréliction. Les uns comme les autres fêtent leur gloire et leur élection : je tue, donc je suis. Il faut et il suffit que toute vie, toutes les vies ne tiennent qu'à un fil et que ce fil soit moi. Le nihiliste religieux s'improvise glaive du Tout-Puissant et se glisse dans l'infaillible volonté divine, tandis que le nihiliste athée se substitue à elle : celui qui ose se tuer est Dieu. Même prétention, identique procédure. L'accession à la souveraineté passe par la mort, celle des autres, celle de soi. Celui qui croit au ciel, celui qui n'y croit pas, celui qui pose au lieutenant de Dieu, celui qui s'impose comme son successeur. Le nihiliste fait son choix. Toujours le même. De tous les attributs de la divinité, un seul l'intéresse. Pas l'amour. Pas la sagesse. La Colère. En Dieu vengeur, cruel et implacable, les terroristes dévots vénèrent la foudre d'une radicale annihilation dont l'athée Kirilov entend disposer seul. Tous ne retiennent qu'un argument, la preuve par la destruction.

On suppose, non sans feinte naïveté, que seule une foi mystique peut entraîner les bombes humaines jusqu'au sacrifice suprême. Quitte à dénigrer cette folie fanatique, quitte à célébrer un si sublime enthousiasme. On s'abuse sur l'originalité du phénomène. L'idée et le plaisir de faire coïncider sa propre disparition avec celle d'un maximum de semblables n'habitent pas les seules cervelles islamistes. « Nous ne capitulerons jamais, non, jamais ! Nous pouvons être détruits, mais si nous le sommes, nous engloutirons un monde avec nous, un monde en flammes », confiait Hitler dès les années trente. Communiait avec lui une génération guerrière qui n'avait pas admis la reddition de l'Allemagne impériale en 1918. Et, s'il refusait de briller pour sa Révolution, « que le soleil s'éteigne ! » s'étouffait Trotski, implorant le secours des « ténèbres éternelles ».

Qu'est-ce que Dieu pour un nihiliste ? Le génie du Déluge ! De cet ensemble de perfections et de puissances dont se pare le Créateur du Ciel et de la Terre, seule, ici, est retenue l'aptitude à punir et à dé-créer. L'Être, qu'adore le nihiliste croyant et avec lequel rivalise son homologue incrédule, n'est pas celui qui tire les mondes du néant, mais celui qui menace de les retourner à leur nullité initiale. « Si Dieu retirait Sa puissance créatrice des choses qu'Il a créées, elles retomberaient dans leur premier néant [1]. » La faculté de produire ex nihilo se double, estiment nombre de théologiens, d'un pouvoir corrélatif d'*annihilatio*. Il suffit que la main du Tout-Puissant se retire de Son œuvre pour que celle-ci se réduise *ad nihilum*, à rien. À la création absolue répond la capacité absolue de faire table rase. Cette faculté seule fascine les maîtres destructeurs de toute obédience. Tandis que les religions traditionnelles réservent à l'Être suprême le maniement d'une pareille force éradicatrice — les créatures ne peuvent pas annihiler (« *non potest annihilare* », Guillaume d'Ockham) —, voici que la fureur est descendue du ciel sur la terre. À charge pour le croyant de reconnaître le doigt de Dieu dans le doigté de Ben Laden. À charge pour l'incrédule

---

1. Augustin, *La Cité de Dieu*, XII, 25.

ou le sceptique de s'aplatir devant un pouvoir d'anéantir plus puissant que le Tout-Puissant.

L'ivresse extatique des apocalypses islamistes coagule des passions parfaitement plates, banales et profanes. Derrière la promotion mystique d'Allah en Dieu guerrier se profile la vérité vulgaire d'une divinisation de la guerre, tentation plus universelle que les plus universelles religions et idéologies. L'Empire soviétique naquit dans les fièvres du « communisme de guerre » et dépérit lorsque les appels à la lutte finale (sorte de djihad communiste) s'éteignirent en bulles de salive sur les lèvres tremblotantes des gérontes du Kremlin. Le IIIe Reich, quitte à en crever, avait trouvé force et puissance à conduire une Seconde Guerre mondiale pour effacer la honte de la Première. L'islamisme *up to date* prend le relais et s'imagine vivre l'an 80 d'une troisième guerre mondiale, commencée, si l'on suit le calendrier du sieur Ben Laden, avec l'effondrement de l'Empire ottoman ! D'autres préfèrent compter par siècles et partir des croisades... Abandonnons aux théologiens le soin d'expertiser les multiples acceptions ésotériques du combat, spirituel ou non, intitulé « djihad » (guerre sainte) et aux tueurs le privilège de sélectionner celles qui leur conviennent. Le message du 11 septembre porte plus loin. Il dépasse les querelles d'initiés. Il s'adresse à un public planétaire. Il se doit d'être parfaitement clair, même pour l'oreille non musulmane. Et force est de reconnaître qu'il l'est. Il arrache tout un chacun à son univers quotidien, pour le projeter dans un espace-temps incongru, mais facilement reconnaissable.

La guerre, entendez la guerre totale tout juste inaugurée, note Freud en 1915, « rejette toutes les limitations auxquelles on se soumet en temps de paix et qu'on avait appelées droit des gens, elle ne reconnaît pas les prérogatives du blessé et du médecin, ne fait pas de distinction entre la partie non belligérante et la partie combattante de la population et nie les droits de la propriété privée. En proie à une rage aveugle, elle renverse tout ce qui lui barre la route, comme si après elle il ne devait y avoir pour les hommes ni avenir ni paix [1] ». Les gouffres noirs de Manhattan ont parlé d'eux-mêmes. Ils se passent de commentaires religieux, historiques ou politiques. Ils sont en acte, sans s'encombrer d'un babil pléonastique, une déclaration de guerre.

Sont tenus d'ordinaire pour « nihilistes » des comportements attentatoires aux usages et aux normes (« crache sur tout ! »), des attitudes susceptibles de renverser de manière implicite ou explicite le socle des règles communément respectées (« si Dieu est mort, tout est permis »). Ce ne sont là que simples symptômes. Loin d'épuiser le phénomène, ils peuvent eux-mêmes se déguiser en leur contraire. Il existe des nihilismes religieux se réclamant d'un Dieu qui permet tout et exige de Ses fidèles qu'ils transgressent Sa loi. Derrière l'insolence gratuite et le goût des blasphèmes propres à divertir ou à exaspérer la galerie, Dostoïevski a deviné la structure logique qui soude les propos à l'emporte-pièce et les engagements chaotiques. L'enjeu n'est pas d'embraser tel chef-lieu dépourvu d'intérêt, de ridiculiser une autorité d'ores et déjà risible ou d'assassiner un personnage prestigieux, ces anecdotes ne sont que coups d'essai et s'ils en restent là piètres coups d'épée dans l'eau. Seul l'horizon d'une subversion radicale de la société dans sa totalité confère à la mobilisation nihiliste son ampleur et son sens.

Fomenter un « désordre systématique » : la partie se joue à trois niveaux. Il y a les activistes, ces petits groupes de « démons » ou de « possédés », spécialistes de l'invective, des allumettes et de la bombe humaine. Il y a, public autrement fourni, « les nôtres », au sens large où l'entend le manipulateur Verkhovenski, les professeurs « gonflés de bile », les fonctionnaires et les écrivains qui redoutent plus que tout d'être « en retard » d'une transgression ; l'avocat ou le jour-

---

1. Sigmund Freud, *Essais de psychanalyse*, « Considérations actuelles sur la guerre et sur la mort », Payot, coll. « Petite Bibliothèque Payot », 1981, p. 13.

naliste « qui défend un meurtrier cultivé en indiquant qu'il était plus instruit que ses victimes et se trouvait dans l'obligation de tuer pour se procurer de l'argent », etc. Enfin, en retrait, se tient l'unique, le chef, que le mystère entoure et rend si adorable. Messie occulte, Stavroguine se dérobe dans l'ombre tandis que ses lieutenants manipulent les incendiaires suicidaires. Pour les uns il est le dieu caché. Pour d'autres il n'est que le prophète. Mais tous s'accordent à l'introniser « Tsarevitch Ivan » dans « Babylone » en flammes.

L'attentat du 11 septembre a misé pareillement sur les trois tableaux. Le cerveau s'est tenu à distance, bouche cousue, laissant monter à lui l'encens des explications et les parfums des justifications. Les activistes se montrèrent professionnellement à la hauteur de leur travail immonde. Quant à l'opinion publique mondiale, elle fit son boulot d'opinion contradictoire et ne se lassa pas d'exprimer des sentiments pour le moins mêlés. Une bonne moitié de la population terrestre sacrifia à l'idée d'une justice immanente, déclarant la victime coupable des malheurs qui l'affligent. La haine et l'envie conclurent. Par leur « arrogance », leur « opulence » et leur supposée « toute-puissance », les Américains ayant semé le vent récoltaient la tempête. Les « pauvres » de la planète furent conviés à contempler le malheur des « riches ». Et les banquiers du Golfe se virent affublés du soin de défendre les opprimés, Ben Laden portant haut l'étendard des déshérités. Une obscène dénégation masqua ainsi l'extrême et brutale universalité d'un forfait qui écrasa menu, dans le béton en feu, garçons d'étage et banquières, ingénieurs et secrétaires, Noirs, Blancs, Latinos, Chinois, crève-la-faim et spéculateurs, plus de soixante nationalités, le monde entier mêlé dans le pire.

Un triple renversement de toutes les valeurs

Toute mobilisation guerrière conjugue, remarquait Clausewitz, une « étonnante trinité ». Passions, haines et animosités sont 1. l'élément originel d'une fureur que l'ouverture des hostilités réveille et réchauffe au cœur des masses. S'ajoute 2. l'indispensable technicité exigée des militaires qui fixent l'objectif (*Ziel*) des opérations. Et 3. le guidage des autorités politiques qui décident de la fin (*Zweck*) poursuivie. La guerre mondiale nihilistement programmée retrouve cette tripartition : peuple planétaire des « humiliés », commandos destructeurs des chevaliers de la vraie foi, formés et entraînés sur plusieurs continents, et, au sommet, parole d'un commandeur autoproclamé. Les esprits rassis ne retrouvent pas les schémas familiers des conflits entre États ou blocs d'États. Ils sont en retard d'une guerre mondiale et sous-estiment les ambitions et les possibilités de la plus profonde des « mondialisations », celle de la violence.

Il existe un vivier universel de jeunes guerriers émancipés, sans lois ni tabous, prêts à saisir la première arme pour « arriver ». Les parvenus de la kalachnikov, les bigots du couteau se procurent profession, logement, femmes, réputation et identité personnelle. On les a baptisés « Mad Max » en Somalie, « Afghans » en Algérie, taliban en Afghanistan, guérilleros dans la tradition latino, fous de Dieu en terre d'Islam plus généralement. Ils pratiquent le *mbeba*, la grande pagaille, à Brazzaville, le terrorisme dans les villes, les massacres de masse dans les campagnes. Ces révolutionnaires nouvelle manière ne dépendent plus d'un centre international, l'or et les directives de Moscou (ou Pékin) sont en partie taris. Ils pratiquent sans scrupules excessifs l'autofinancement par le narco-trafic (Colombie, Afghanistan), le racket, le vol et le commerce mafieux à grande échelle. Du pétrole et des armes.

La levée irrésistible et planétaire des interdits traditionnels assure le renouvellement ininterrompu des combattants. À un chef de bande de treize ans, au Liberia, on demande : «Ne crains-tu pas de descendre frères et sœurs, père et mère avec ta kalach ?» Réponse du gamin : « *Why not ?* »

Les explications socio-économiques habituelles, la misère, la pauvreté, l'analphabétisme, le chômage, sont trop courtes pour rendre compte d'un esprit combattant si nettement structuré. Les jeunes guerriers se recrutent dans toutes les classes de la société. Ils sont loin de venir exclusivement du lumpenprolétariat et pas nécessairement illettrés ou de basse extraction. Demandez à Ben Laden, interrogez Atta et consorts ! Le recrutement du GIA en Algérie, l'encadrement des milices serbes en Yougoslavie, comme les enquêtes sur les hooligans d'Europe occidentale, montrent la part prise — exorbitante selon les statistiques et déterminante dans les dispositifs organisationnels — par les jeunes et moins jeunes favorisés et éduqués. Sous l'apparence d'insurrections de la misère contre le FMI, la Banque mondiale et la «Mondialisation» fonctionne un mode particulièrement sanglant de rotation et de renouvellement des élites, qui mobilise idéologiquement la masse au nom de la race, de la nation, de la classe ou de Dieu. Coupé de la moralité traditionnelle, réfractaire aux bons usages des démocraties nanties, le jeune guerrier, fauteur des conflits dits de basse intensité, est un déraciné fier de l'être, issu de toutes les classes sociales et se réclamant des obédiences les plus diverses.

Dans la généalogie des hors-la-loi planétaires, le déracinement socioculturel joue un rôle fondamental. Il reproduit sur les cinq continents une situation qui déchira l'Europe du XVIIIe au XIXe siècle. L'Allemagne puis la Russie ont alors cultivé un ressentiment ombrageux devant les agressions de l'«impérialisme culturel» anglo-français, puis ouest-européen, autrement dit devant l'ébranlement propagé par la civilisation des Lumières, marchande, athéologique et antitraditionnelle. L'acrimonie suscitée jadis par Londres et Paris, places fortes du commerce et du bel esprit, trouve son écho dans les mobilisations actuelles contre les petits et les grands Satans occidentaux. La guerre de 14-18 ayant balayé les garde-fous du consensus européen, deux générations russes et allemandes ont retourné contre Versailles et l'« impérialisme » une révolte séculairement mûrie. Ce passage des armes de l'esprit à l'esprit des armes mobilise les énergies militaires et militantes. Il transmue la guerre en « expérience intérieure ». Le livre d'Ernst Jünger, nous sommes en 1922, explicitait les états d'âme des combattants perdus d'après 1918, volontaires des corps francs de la Baltique ou de la Rhénanie, frénétiques « dont le pas de charge disperse au vent, comme feuilles d'automne, toutes les valeurs de ce monde ». Certains, plus tard, finirent nazis. De nos jours, le brise-tout pour qui vivre égale mourir donne la chair de poule. Sa sulfureuse fureur guerrière, sans complexe ni entrave, fait merveille.

La confusion du privé et du public, du civil et du militaire, de l'affrontement armé et de la violence mafieuse, de la bataille et du crime, de l'intérieur et de l'extérieur semble générale et contagieuse. À la limite, la distinction entre la guerre et la paix est supprimée. L'état de guerre, dans l'Europe classique, différenciait amis, ennemis et neutres, les non-mobilisés et, par principe, les non-mobilisables : femmes, enfants, vieillards, handicapés. Au contraire, les nouveaux conflits élargissent immensément la notion d'ennemi : il faut que les populations soient privées de tout recours face aux porteurs d'armes. Espace de mort et espace de vie se recouvrent. Couper les bébés en tranches, et revendiquer ce haut fait comme tel, revient à s'arroger le privilège du Sacrificateur aux yeux d'un bon peuple que les assassins entendent méduser définitivement. N'oubliez pas : les femmes et les enfants d'abord. Le mot d'ordre a fleuri, prospéré, grossi. Il guide aussi bien les pilotes artisans qui fondent sur Manhattan et les professionnels d'une armée régulière qui rasent quartier par quartier Grozny, capitale habitée. En annulant la différence entre temps de guerre et temps de paix, une violence sans frontières — morales, légales, sociales, voire géographiques et étatiques — s'étale, moins illogique qu'on ne la dit. Elle affirme sa logique de souveraineté. Elle s'exhibe maître après ou sans Dieu.

Tous les ambitieux, tous les conquérants, tous les dictateurs que l'histoire put voir défiler n'ont jamais cessé d'exploiter, sans scrupule, le désordre mondial. César, en habile démagogue, dépensa des trésors pour s'adjuger la plèbe romaine. Les Popeyes totalitaires du XXe siècle se disputèrent la mobilisation et la gestion des damnés de la terre. L'évidence de ce fond chaotique, qui perdure à travers les âges, devrait épargner aux belles âmes d'avancer leur pseudo-« cause », sempiternellement rabâchée, alors que s'étale, ici et maintenant, un terrorisme jamais vu. N'en déplaise aux sociologues sommaires ou diplômés, les défavorisés n'ont pas pour habitude de vider leurs querelles en pulvérisant les quartiers chics. Cela se saurait. Et la grande majorité des démunis eût d'ores et déjà éradiqué les villes avant même qu'elles n'existent. Attribuer aux « pauvres », aux miséreux, quatre mille assassinats, d'un coup et de sang-froid, est d'une indécence peu commune, une humiliation, une offense. Misère du monde et décision d'anéantir le monde font deux. Irréductiblement.

Parfaitement éduqués, rejetons de familles aisées, tout à fait adaptés aux modes de vie occidentaux, les pilotes suicidaires qui se crashent sur Manhattan ne sortent ni des bidonvilles ni des caniveaux. Ils forment une élite spécialisée, comme jadis les corps francs des officiers prussiens ou les cel-

lules des révolutionnaires professionnels selon Tchernychevski et Lénine. Ces praticiens de l'Apocalypse élèvent à
un degré d'efficacité inégalé la méthode surréaliste et situa-
tionniste du détournement. Nos kamikazes transforment
l'avion de ligne en sous-bombe atomique, avec la désinvolture d'un Duchamp métamorphosant l'urinoir en œuvre esthétique par sa simple exposition dans une galerie d'art. Dans les
deux cas l'action sidère, mais davantage encore derrière elle
le geste transgresseur. Éminemment répétable, il déconnecte
les repères et subvertit les valeurs. Le haut devient bas.
Sublime et déjection se confondent. Le moyen de transport
tourne au transport de mort. Paix et guerre s'entremêlent. Le
temps sort de ses gonds.

Encore plus inquiétant : par-delà l'acte et l'acteur, le
milieu favorable qui soutient l'action rend l'impossible infiniment possible. Sur les cinq continents, les réseaux terroristes d'envergure internationale, islamistes ou non, s'alimentent à l'immense marché mondial de l'argent sale. Dans les
dernières années de la guerre froide, le scandale de la BCCI
eût pu servir d'avertissement. Cette banque, sise à Londres,
gouvernée par un clan de gangsters pakistanais, prospérait
auprès des petits porteurs musulmans du monde entier. Finan-
cée par les fortunes du Golfe, elle trempait dans d'innombrables trafics illicites, armes, drogue, matières fissiles. Les
dictatures latino-américaines, la Libye et les autres despotismes proche-orientaux comptaient parmi ses principaux
clients. Le Pakistan lui doit en partie son arme nucléaire et la
CIA l'utilisait pour ses financements occultes. Aujourd'hui le
narco-business, le pillage de la Russie par le clan Eltsine puis
le clan Poutine et tant de pétro-corruptions fournissent un
marché noir d'investissements pourris d'ampleur inégalée et
inégale. Combien ta kalach ? Un pain, deux ou trois, sur les
marchés de Kiev ou de Nairobi. Combien ton uranium ? Combien ton anthrax et combien ta variole ?

Assécher les financiers des réseaux terroristes, le projet court les rues. Les États-Unis gèlent les avoirs de quelques dizaines d'organismes soupçonnés d'être liés aux faiseurs d'attentats et bloquent les dépôts et les transactions des puissances financières qui leur refuseraient la coopération. Au regard des possibilités infinies d'opacifier les transferts internationaux, il s'agit d'un minuscule point de départ. Rien que d'insignifiant, si persistent le sacro-saint secret bancaire, les paradis fiscaux, le labyrinthe des financements croisés, le mystère des sociétés offshore et les protections politiques et étatiques occultes. Le procureur général de Genève, qui instruit grand nombre d'affaires de blanchiment d'argent (Elf, Borodine, l'intendant du Kremlin, etc.), demeure sceptique : «Les intérêts de toutes les personnes corrompues dans le monde sont trop grands pour que demain toutes les transactions financières illégales deviennent accessibles aux juges.» Fortunes fabuleuses, trésors insoupçonnés extirpés du pétrole, de la drogue, des armes, comme des «privatisations» mafieuses de l'Empire soviétique, diamants, émeraudes, métaux lourds, non ferreux et ferreux..., l'argent sale circule, achète et corrompt, assurant un bel avenir aux entreprises douteuses. Le détournement nihiliste de ces flux incontrôlés, le retournement de la richesse occidentale contre les institutions de l'Occident restent à portée des gangs terroristes.

Bien que le sort ignoble fait aux femmes afghanes évoque les destins infligés à d'autres populations maudites, le programme nihiliste de troisième guerre mondiale ne se borne aucunement à reconduire les cruautés totalitaires des précédentes. En précipitant New York dans les flammes, soufflant la «tempête des avions» sur le monde, j'appelle, moi, Ben Laden, Machin, Truc, mes associés, mes thuriféraires, mes concurrents et mes successeurs, à la première guerre planétaire. Le «peuple» promis à mobilisation n'est plus, comme

jadis, géographiquement, socialement ou racialement cir-
conscrit. Chaque terrien est télé-sommé de choisir pour ou
contre le « système » satanique, impérialiste, etc. (pour les
adjectifs, voir la logorrhée des marxistes et des coraniques
unis dans leur antimondialisme), bref, contre le responsable
absolu du mal unique qui écrabouille le monde. Les « armes »
et les méthodes de ce conflit titanesque échappent aux dis-
tinctions du temps de guerre et du temps de paix. Tout est bon
pour anéantir. L'économie mondiale, ses échanges, sa technique soigneusement détournés sont convertis en arsenal de
mort par des experts formés à cet effet.

Troisième composante de la fameuse triade clausewit-
zienne, les gouvernements et les autorités politiques deviennent objets plutôt que sujets de la nouvelle guerre. Ils sont
promis à déstabilisation, manipulation ou décomposition. Les
élus qui procèdent à la purgation sanglante de l'humanité
entière doivent planifier leur progression par la conquête suc-
cessive des maillons faibles de l'équilibre mondial. L'ayatol-
lah Khomeyni, à peine vainqueur du chah à Téhéran, entreprit de planter son oriflamme mystique sur un magot
parfaitement profane. Il dénonça la monarchie saoudienne
impie, corrompue, vendue à l'Amérikkke et aux juifs. Qui
garde les lieux saints maîtrise les flux de la propagande. Qui
tient les puits de pétrole règle les flux d'énergie et module les
flux financiers. La lutte pour s'emparer du pouvoir à Riad n'a
pas cessé depuis. Elle se déploie dans le triple registre de la
guerre civile (cinq cents Saoudiens insurgés, riches fils de
famille, prirent la grande mosquée de La Mecque en
novembre 1979 et finirent décapités), de la guerre extérieure
(si Saddam Hussein avait réussi son rapt du Koweït en 1991,
l'Arabie voisine passait sous la férule de son armée victo-
rieuse) et d'une prise d'armes mentale (le wahhabisme « pur »
de Ben Laden défie le fondamentalisme dévoyé et « hypo-
crite » du clan royal). Arabie et Pakistan (autre maillon faible,

nucléaire celui-là), voilà les tours jumelles politico-straté-
giques dont la chute commanderait la troisième guerre mondiale rêvée par l'islamisme nihiliste. Appel au meurtre tous
azimuts, stratégie de l'assassinat indiscriminé, politique de la
subversion totale, les trois dimensions de l'acte de guerre projettent un champ de bataille transcontinental.

Ce qui a changé ? Pas seulement l'extension, mais l'intensité d'un conflit devenu ubiquitaire. Désormais la ligne de
front passe à l'intérieur des individus, des peuples, des fidèles.
Elle fracture la tradition, rompt les alliances. Elle frappe
d'inanité coutumes et convictions les mieux assises. Les
guerres d'antan opposaient des camps relativement homo-
gènes (ethnies, nations, « blocs » de la guerre froide), aujour-
d'hui le nihilisme puise sa force dans la division et la dislocation. Les premières victimes de ses guerres de religion sont
ses coreligionnaires. Pauvres civils algériens ou afghans ! Les
armées musulmanes affrontent des armées musulmanes et les
hommes d'État arabes tombent sous les balles arabes. Sous
d'autres latitudes, une semblable valse des étiquettes mélange
allègrement les partages anciens, qui se révèlent plus sour-
nois, plus hypocrites que jamais, Cuba vit à l'heure du narco-
marxisme, la Russie massacre la population tchétchène au
nom de l'anti-islamisme, tout en vendant armes et matières
fissiles aux puissances islamistes. Où qu'il sévisse, le nihilisme transforme en champ de bataille tout ce qu'atteint la
baguette magique de son terrorisme verbal et pratique.

Les guerres ne sont pas identiques selon qu'elles oppo-
sent les princes, les armées professionnelles, les États, les
nations ou les peuples. Selon qu'elles sont conquérantes ou
défensives. Selon qu'elles se doublent ou non d'une guerre
civile et idéologique. Le moindre lecteur de Clausewitz
entend ces élémentaires distinguos, mais Clausewitz n'a que
peu de lecteurs. On préfère renvoyer dos à dos combattants et

partis. On s'octroie ainsi, à bas prix intellectuel, un brevet d'impartialité angélique. À bas la guerre ! Joli mot d'ordre, grimace d'humanisme qui permet de somnoler jusqu'à la prochaine attaque-surprise des stratèges nihilistes. Et tant pis pour ceux qu'on assassine pendant la sieste ! Primat propagandiste des passions négatives, haine, ressentiment, jalousie, fureur. Primat technique des détournements mortifères. Primat politique de la volonté de dominer dans et par la panique universelle. Le cauchemar trinitaire de la conquête nihiliste doit être médité dans sa menaçante, étourdissante spécificité. Une fois prise en compte l'originalité du coup d'envoi, il est possible de passer au second volet de la question qui tue qui : quelle est la cible finale de l'agression qui prit New York en otage ?

Coup au cœur

L'homme parle, vit en collectivité, habite de petites ou de grandes cités, c'est un « vivant politique », dirait Aristote. À l'origine de la civilisation occidentale, les Grecs inventèrent le citoyen. Forme enfin élaborée de l'existence politique, et nul depuis n'a trouvé mieux. Ils définissaient la citoyenneté par un trait décisif : l'alternance. Le bon citoyen doit savoir (et pouvoir) obéir et commander. Il est, dit Aristote d'entrée de jeu, « celui qui tour à tour gouverne et est gouverné ». Les États de droit contemporains retrouvent ce principe en se réclamant des élections démocratiques. Lesquelles supposent non seulement la pluralité des partis, mais la possibilité de faire valoir des opinions contradictoires, la nécessaire protection des minorités, la liberté de presse, de parole. Bref, les élémentaires droits de l'homme et, précisément, du citoyen. La cité occidentale se fonde ainsi sur le règne de l'opinion publique, touchant les questions ultimes de la vie et de la survie en commun. L'opinion de l'ensemble des citoyens, aussi incompétents soient-ils, prime sur l'avis des aristocraties, aussi compétentes se supposent-elles. «La multitude est meilleur juge», il existe une «supériorité de la foule sur la minorité des gens vertueux», Aristote toujours. Au grand dam d'André Gide, s'exaspérant, et il n'est pas le seul, de l'équivalence dans l'isoloir du bulletin de sa concierge et du sien, la démocratie prend le parti d'Aristote contre le «philosophe roi» que Platon intronise sur le trône de sa République doctrinaire. Chacun pouvant errer et chacun se tromper, même le plus sage, mieux vaut patauger ensemble en partageant la responsabilité des succès et des échecs, plutôt que de pâtir tous des erreurs et de la férule d'un seul.

Face au citoyen, le Grec désigne l'a-social, celui qui campe *apolis*, hors citoyenneté. Au-dessus de la cité, comme les inspirés célestes. Au-dessous, comme la pègre. À côté, comme les étrangers. Contre, comme l'ennemi. «L'individu sans cité est soit dégradé, soit surhumain.» Le livre des livres, référence parmi les références, *L'Iliade* d'Homère signale le danger qu'incarne celui qui «sans collectivité, ni loi, ni foyer, aime par nature la dispute et la guerre». Qu'il se réclame d'un Dieu ou qu'il file l'existence du parfait agnostique, l'outlaw demeure voué à la violence. En lisière de la cité, à mi-distance du ciel et du plus bas que terre se profile l'inquiétante silhouette d'un subversif, le malfrat «sans feu ni lieu», «querelleur» avide de la bagarre pour la bagarre (Aristote encore). Les cités antiques se bâtirent ainsi dans l'horizon d'une malfaisance permanente, qui, sans cesse, les menace de destruction virtuelle. Les périls de la guerre extérieure, les déchirures civiles, les délires idéologiques se cristallisent dans l'*hybris*[1], puissance de chaos, dont la cité doit en permanence surveiller l'explosion.

---

1. «Il existe de nombreuses variétés d'*hybris*», remarque Aristote. On peut traduire : démesure, violence, outrance, fureur, transgression. Voir Héraclite : «C'est la violence (*hybris)* qu'il faut éteindre plus encore que l'incendie.»

À la lumière de la politique grecque, le déluge de feu sur Manhattan est monstrueux, certes, mais de part en part pensable. Monstrueux, car l'attaque a visé la cité, le lieu très précis où les hommes tentent de vivre parmi les hommes. Pensable, parce que rien n'est plus ancien ni plus banal que cette *hybris* de voyous coalisés dans la démolition. Mettre la haine des villes, l'urbicide, au poste de commandement. Interdire aux autres et à soi-même la jouissance d'un espace collectif où chacun et tous, l'un puis l'autre, se retrouvent gouvernant et gouverné. Les villes furent le berceau de la démocratie moderne. Depuis les républiques italiennes et l'éclat de la Renaissance, elles déplient l'espace privilégié d'une permanente réinvention. New York, la cosmopolite, la plus ville des villes, la ville planète, a payé pour toutes les autres. Elle cumule la haine et l'aversion, des rejets et des dégoûts, nullement « aveugles », comme on dit pour mieux se consoler. Mais au contraire extralucides. Contre la cité des citoyens où les hommes décident de leur vie et de leur survie se dresse le camp des voyous tout à leur besogne d'anéantissement.

> *For yonder walls, that pertly front your town,*
> *Yon towers, whose wanton tops do buss the clouds,*
> *Must kiss their own feet*[1],

menace, dans *Troïlus et Cressida*, Ulysse, que Shakespeare campe en soudard politicien, chef d'une bande assoiffée de pillage et préparant la mise à sac de la très belle et opulente ville de Troie. Le premier génocide (littéraire) de l'histoire d'Occident qui fut médité comme tel par Eschyle, Virgile, toute l'Europe chrétienne et renaissante.

---

1. *Car ces murs-là qui font à votre ville un front orgueilleux,*
Ces tours dont les sommets amoureusement baisent le ciel
Devront un jour baiser leurs propres pieds (traduction de R. Marienstrass).

Les Grecs anciens savaient qu'il existait d'autres formes de vie que la leur. Ils connaissaient les empires traditionnels, la Perse et les démocraties nomades, les Scythes. Ils ne créditaient par contre d'aucune capacité politique durable les conglomérats de malfrats, de fous de dieux et de prédicateurs qui hantaient les abords et les marges de leurs cités. L'a-socialité était supposée mourir de ses contradictions. Le sans-loi ignorait l'organisation. Le contre-nature n'avait pas de nature. Il ébranle comme un séisme, il ensevelit comme la lave des volcans. Mais bientôt le magma refroidit, les prairies refleurissent et les gamins gambadent. Après l'orage, le blé mûrit et les amants épongent les pertes humaines.

Il fallut le xxe siècle pour découvrir combien le principe nihiliste de la voyoucratie est susceptible de conquêtes et d'expansion sur les cinq continents. Au cours des aventures totalitaires, une asocialité jusqu'alors éparpillée et papillonnante s'est métamorphosée en puissance cohérente et durable. Au-dessus de la loi, Dieu ou le Secrétaire général omniscient. En dessous de toute loi, le gredin. À côté, le porteur de flingue émancipé. La mayonnaise a pris. Reporter à Berlin, en 1932, Joseph Kessel décelait une fusion croissante entre l'*Unterwelt* de la pègre et une hiérarchie nazie en passe de se saisir du pouvoir. Sur place, Fritz Lang annonçait l'arrivée de Mabuse et la domination des destructeurs. «Dans *Le Testament du docteur Mabuse*, je voulus mettre dans la bouche d'un fou quelques concepts de l'idéologie nazie, par exemple : il faut détruire la foi du citoyen dans le gouvernement qu'il a choisi lui-même [...] pour que des ruines — du chaos — puisse naître un nouvel ordre social (dans le film je remplace cet "ordre" par : empire du crime). » En parallèle, Chalamov, au goulag — qu'il dégusta quinze ans et dont il finit par mourir —, dressait un constat identique : le communisme est une société où le haut et le bas, le monde du crime et les sphères gouvernementales métabolisent et se confondent.

Le dépérissement de la guerre froide n'a pas supprimé la menace nihiliste. Il l'a fait au contraire apparaître dans sa cruelle nudité, sortie de son déguisement flatteur et idéologique. Il l'a déterritorialisée. Désormais, indépendante et flottante, des États l'utilisent encore et s'en font les vecteurs — pas seulement ces dictatures de petites dimensions rituellement épinglées comme des « États voyous ». Mais la guerre nihiliste échappe néanmoins au monopole des régimes nationaux qu'elle déborde et, à l'occasion, renverse. Fasciné par les gigantesques mobilisations industrielles des deux guerres mondiales et par les prouesses technologiques qui suivirent, le XXe siècle finit par identifier puissance économique, progrès technique et capacité guerrière. L'assaut lancé sur New York rappelle aux bons entendeurs que de toute guerre la pierre de touche a été, est et demeure la capacité d'anéantissement. À ce titre, un cutter acheté au Prisunic, brandi par un pirate égorgeant un pilote peut s'avérer plus « rentable » ès dévastations que des fusées à quelques montagnes de dollars pièce. Le défi auquel la cité moderne se trouve confrontée n'est ni momentané ni spécifiquement islamiste. Elle doit faire face à l'illimitation de la violence propre aux guerres de voyous dont, au terme d'une longue maturation, le 11 septembre 2001 marque l'assomption.

La plurimillénaire longévité, sous des lambris historiques variables, du modèle grec de la cité-État, *polis*, étonne. Le mérite de cette structure politique tient à ce qu'il n'en existe aucune autre capable de rassembler des citoyens qui, ne s'entendant pas sur un absolu, se passent d'une foi unique, font leur deuil des traditions immuables et ne s'autorisent pas d'un savoir infaillible. Les cités occidentales se fondent sur l'opinion, la *doxa*, éminemment plurielle, fluctuante et tâtonnante. De là leur réticence devant les monarchies — où un seul sait et décide, au risque de se retrouver tyran. De là leur différend avec les aristocraties — où une mince élite argue de sa naissance, de ses richesses ou d'un supposé savoir et capte tous les pouvoirs. Et leur opposition au populisme, où sous prétexte de démocratie directe — *vox populi, vox dei* — les démagogues, depuis Athènes, chauffent les foules et transgressent les lois. Élisant ses responsables et garantissant, plus ou moins fermement, les conditions constitutionnelles d'une libre discussion, où les minorités comme les experts s'expriment, la cité «mixte» (selon Aristote) ou «représentative» (selon les modernes) tente de combiner les avantages et d'éviter les écueils propres à l'anarchie, à l'aristocratie, à la monarchie. L'État de droit légalise ainsi le droit à l'erreur, à l'hésitation, à l'essai. Ses adversaires, tout au long du siècle passé, ont conclu à sa faiblesse. Voire! La cité occidentale travaille dans et pour l'incertain, d'où la capacité de s'adapter à la fluctuation des temps, de se transformer avec l'évolution des sciences et de la technique et même parfois de faire front contre d'inattendues adversités. Mais parfois seulement. Et c'est alors que j'interroge notre aveuglement face à la cruauté.

Pour toujours

Un spectre hante la planète, celui du nihilisme. Il use d'anciennes religions, il abuse des anciennes idéologies et des exaltations communautaires, mais ne les respecte pas. Il revendique la transgression comme signe de son élection. La secte terroriste des «assassins» tuait aussi bien les chefs musulmans que les croisés chrétiens. Elle opérait sans souci des normes et contre les usages, par-delà le bien et le mal. Religieux ou non, les nihilistes sont des hors-la-loi «antinomistes». Ils pratiquent une double rupture, avec le monde «ennemi», avec la communauté «amie», qu'ils prétendent régénérer malgré elle [1]. Ils

---

1. Voir *La Troisième Mort de Dieu* (NiL, 2000), chapitre XII «Voluptés de la destruction».

creusent ainsi en chaque culture le gouffre dans lequel ils pré-cipitent les autres, et parfois eux-mêmes, à l'enseigne nihiliste du rien à perdre, rien à sauver.

Conformément à leur inébranlable habitude, les chan-celleries n'ont rien prévu. Les états-majors militaires, ou intellectuels, affichent une guerre de retard. L'analphabé-tisme le dispute à la suffisance. On se prononce pour ou contre le prétendu « choc des civilisations », comme s'il allait de soi que la « civilisation de l'Islam » et la « civilisation occidentale » fassent deux. Désolé, messieurs, mais les civi-lisations ne s'additionnent pas comme les boutons de culotte ! En l'occurrence, $1 + 1 = 1$. L'Occident est redevable à l'Is-lam, entre autres babioles d'importance extrême, pour les textes d'Aristote transmis avec de subtils commentaires et pour le culte de l'amour passion. Sans Islam, ni troubadours ni Dante, n'en déplaise aux intégristes qui profanent sa tombe. En retour, la mystique musulmane, la plus exotique en apparence, celle que professent les mollahs chiites, fut programmée par les platoniciens de Perse, lecteurs attentifs de Plotin. Sans Platon, pas de Khomeyni ! Ils sont de chez nous, saint Paul, les kabbalistes, les légions d'inspirés dio-nysiaques et pythagoriciens, qui lèvent les interdits et trans-gressent, paisiblement ou non, la loi au nom d'une vérité qu'ils estiment plus haute. Le fanatisme nihiliste a parasité toutes les grandes religions. Et pas rien qu'elles. Loin d'être étranger à la « civilisation » occidentale, son éclosion symp-tomatique aux antipodes prouve plutôt que l'occidentalisa-tion de la planète est en voie d'achèvement. Que les naïfs qu'un tel diagnostic stupéfie veuillent bien se souvenir que le monde s'occidentalise contre l'Occident, souvent de façon violente (preuve par le Vietnam, l'Algérie...), parfois en ten-tant la non-violence (l'Inde de Gandhi), toujours en cultivant la controverse et les rivalités.

Les collectivités humaines s'adonnaient à la chasse et aux activités belliqueuses bien avant d'inventer un État. Des longues enquêtes de l'ethnologue Pierre Clastres en Amazonie il ressort combien les « sociétés sans État » se révèlent de part en part « sociétés pour la guerre », s'exerçant à maîtriser une fureur qui anime, dès l'origine, la condition humaine. L'antériorité anthropologique de l'art de livrer bataille explique pourquoi, aujourd'hui encore, lorsque les disciplines institutionnelles étatiques se démantèlent, des comportements belliqueux affleurent, qui témoignent de pulsions ancestrales. L'« être en guerre » précède l'existence d'États qui revendiquent le monopole, plus ou moins complet et toujours fragile, d'une violence collective persistante.

Le défi d'assumer lucidement notre être en guerre définit la « civilisation » inventée par les Grecs. Hésiode, jetant un regard sans complaisance sur les cruautés, les laideurs et les mensonges des rapports sociaux, s'abstenait de rêver à un âge d'or mythique et révolu. Il n'opposait pas la guerre sanglante et la paix harmonieuse. Il ne laissait de choix qu'entre plusieurs manières de rivaliser. Il dressait face à face deux Éris : la mauvaise querelle qui patauge dans les bains de sang, et la bonne, celle de la concurrence et de l'émulation, celle des injustices relevant du tribunal. Rien ne lui était plus étranger que l'idée d'éradiquer définitivement les animosités et les hostilités tapies au cœur de chacun. La bonne Éris se contente de détourner les haines fondamentales en direction d'empoignades moins meurtrières, qu'elles soient sociales, culturelles ou économiques. La moralité occidentale se révèle ici plus dissuasive que persuasive. Elle se réclame davantage des gouffres à éviter que des suprêmes félicités à poursuivre.

Si l'on admet que la mêlée moderne porte en elle l'anéantissement comme la nuée l'orage, il faut conclure que le sens profond du conflit armé résulte d'une confrontation de l'homme avec son néant. Quel néant ? Celui qu'il risque, voici qui exclut tout pacifisme absolu. Celui dont il est intrinsèquement capable, voilà qui rend les fureurs belliqueuses désastreuses. La « guerre absolue », la violence sans bornes, c'était au temps de Clausewitz les grandes batailles napoléoniennes d'anéantissement, c'est aujourd'hui la guerre anti-cité, l'atrocité nihiliste ouverte et déclarée, assumée comme exemplaire, proposée sans pudeur à l'imitation universelle. Octobre 2001, Ground zero, un pompier : « Le pire c'est qu'on trouve pas les corps, on cherche, on cherche et pas de corps. » Le journaliste : « Pourquoi ? » Le pompier : « Quand le fer fond et que le béton s'effrite sous la chaleur, que devient la chair humaine ? Dites-le-moi. Toute cette poussière dans l'air, toute cette poussière qu'on respire, c'est du béton et la chair des copains. » Il semble émerger d'un je-ne-sais-quoi qui tient pour moitié d'une chambre à gaz à ciel ouvert, pour moitié d'une aurore nucléaire.

Le nihilisme est de part en part une affaire intérieure d'Occident (preuve par Hitler, Lénine et ses sous-fifres). La lutte contre le nihilisme est l'affaire des affaires pour un Occident qui, inventeur de la « cité », a du même coup buté sur l'*hybris* anti-cité. Pour l'unique civilisation qui, dès l'origine, se sait vulnérable et mortelle, l'antagonisme de l'être social (*polis*) et de l'être asocial (*apolis*) polarise la scène, à la fois primitive et finale, où se joue la survie. Oublions les grands soirs, les extases révolutionnaires et les conversions mystiques. Pour un Athénien de bonne époque, comme pour un New-Yorkais du jour, le monde à l'envers, c'est d'abord la guerre. « En temps de paix les fils ensevelissent leurs pères ; en temps de guerre, les pères ensevelissent leurs fils. » Préférer la guerre à la paix est « insensé », *anoetos*, dément, poursuit Hérodote. N'empêche, ironise le premier des historiens, « il agrée aux dieux » que la guerre soit notre lot. L'éducation de l'insensé, la maîtrise policière et militaire du furieux destructeur, le contrôle d'une colère latente, voilà les conditions d'existence d'une cité. Rien de pacifiste dans ce rejet inaugural de la préférence guerrière. La cité demeure exposée aux agressions. La cité doit se défendre. Et par la guerre si nécessaire. Rien de manichéen non plus. L'*hybris* ne se cantonne pas chez les autres, hors des murs. Homère et les tragiques décèlent son remugle à l'intérieur des cités et des cœurs.

La culture antique ne s'autorisait pas d'une « échelle de valeurs » unique et sans équivoque. Chaque cité, les minuscules et les grandes, définit l'idéal de vie collective qui lui est constitutionnellement propre. Chaque cité s'autorise de surcroît à le modifier. Varron et Plutarque dénombrent rétrospectivement plusieurs centaines de « biens communs », différents d'une cité à l'autre. On croirait voir l'ONU ! En revanche, touchant les fureurs belliqueuses, les haines délétères, l'engrenage de la vendetta et du ressentiment, l'infanticide, la tyrannie et toutes les variétés de la protéiforme *hybris*, poètes et penseurs ont l'œil. Ils dressent le tableau d'une adversité tous azimuts contre laquelle précisément la cité se construit. À Manhattan l'assaut se renouvelle, la guerre des voyous plus que jamais s'affiche absolue, résolue à dominer la ville, qu'elle tente de réduire en fosse commune.

Avec l'insensé qui préfère la guerre à la paix cohabitent ceux qui font le choix de vivre en paix avec leurs proches, avec eux-mêmes. Ils se croient heureux et le sont puisqu'ils le croient. Ils se croient avisés puisqu'ils ignorent l'insensé qui, lui, ne les ignore pas. Plongés dans un sommeil heureux, filant de doux rêves, ils oublient que les couteaux s'aiguisent. Ils se révèlent ainsi, par un autre tour de folie, dirait Pascal, bien que paisibles, pas moins insensés. Les Grecs assignent à l'oubli, *lêthê*, une puissance d'aveuglement maléfique. Ils définissent la vérité (*alêthêia* ou anti-oubli) par la faculté de dévoiler ce que les trous noirs de la mémoire voilent. Le 11 septembre fut un moment de vérité, d'*alêthêia* cruelle. L'émotion d'alors désenchanta nos quiétudes. Elle manifesta qu'à l'insu des majorités tranquilles le nihilisme poursuit sa longue marche. Il faut savoir émotion garder.

2

L'opium des Grands

> *Jupiter se met à table ; il plaisante sa femme ; il adresse des mots équivoques à Vénus ; il regarde tendrement Hébé ; il claque la fesse de Ganymède ; il fait remplir sa coupe. Tandis qu'il boit, il entend des cris s'élever des différentes contrées de la terre ; les cris redoublent, il en est importuné. Il se lève d'impatience ; il ouvre la trappe de la voûte céleste et dit : « La peste en Asie, la guerre en Europe, la famine en Afrique, de la grêle ici, une tempête ailleurs, un volcan... » Puis il referme sa trappe, se remet à table, s'enivre, se couche, s'endort, et il appelle cela gouverner le monde.*
>
> Diderot

Un criminel est un criminel. D'accord pour le saisir mort ou vif. D'accord pour casser son organisation et déférer les massacreurs, qu'ils s'appellent Ben Laden ou Tartempion IV, devant quelque tribunal prévu à cet effet. Et après ? La vie reprendra-t-elle son cours ? chacun retournera-t-il au statu quo ante, d'autant plus réconforté qu'il fut un court instant ébranlé, voire paniqué ? L'invite à raison-garder menace de tourner à émotion-tuer et à préjugés-retrouver. « Je crois au bout du compte avoir quand même raison : la modernité est un puissant convoi de marchandises que ne feront pas dérailler les récents événements, même s'ils sont douloureux et uniques en leur genre », et voilà M. Fukuyama rassuré sur ses ratures de pensée. Les uns voyagent en troisième classe, d'autres en première, mais aucun accident ne viendrait abolir la SNCF. Quoi qu'il advienne, il ne se passe rien. Le train de la modernité, comme la divine providence, ne saurait subir le sort des Twins. L'imagination ferroviaire du Libéral comme du Marxiste paraît intarissable. Elle donne des ailes à la locomotive d'une histoire incapable de retour en arrière. De l'avant, de l'avant jusqu'à la victoire finale ! Robert Musil, écrivain peu enclin à l'autosuggestion euphorisante, se souciait quant à lui davantage des locomotives qui se tamponnent. Après 14-18, il constate, amer : « Nous avons été pareils à ces voyageurs de wagons-lits qui ne se réveillent qu'au moment de la collision », ceux qui survivent, passé le temps d'une bonne gueule de bois, se rendorment de plus belle, bercés par l'idéologie de wagon-lit des gentlemen spécialistes ès happy ends.

On efface tout et on recommence ? Jusqu'à la prochaine alerte ? Aussi imprévue et impréparée que la précédente ? Vite, oublions que le criminel profita de circonstances favorables, et en particulier d'un aveuglement des plus partagés. Le patron de l'apocalypse bénéficia, le 11 septembre 2001, d'un temps clair, certes, mais avant tout d'un double parrainage. Premier parrain, premier apprenti sorcier, toujours négligé et souvent caressé depuis quelque temps dans le sens du poil, la Russie. Si Moscou n'avait pas sous Brejnev et Andropov (le saint protecteur de Vladimir Vladimirovitch Poutine) envahi l'Afghanistan, dévasté le pays, exterminé les hommes, aligné d'entrée de jeu un million de morts, cassé les structures sociales, les extrémistes n'auraient pas eu l'occasion d'investir les ruines. Les Russes sous Poutine, tout juste dégagés de la gangue communiste, n'ont rien perdu des traditionnelles méthodes : ils pillent et martyrisent les Tchétchènes et veulent abattre Maskhadov, qui, chef de résistance comme Massoud, les humilia lors de la première guerre (1994-1996); partisan d'un islam tolérant, il fut élu, sous contrôle de l'OSCE, démocratiquement, président de son pays. La peau de Maskhadov ? Éliminé comme Massoud ? Au bénéfice de qui ? Sinon d'une ceinture verte et fasciste qui enserre l'ancienne Union soviétique. Deuxièmes parrains, deuxièmes apprentis sorciers : les démocraties spécialisées dans l'abandon des démocrates. Tandis que l'Europe somnolait comme souvent, les États-Unis armaient les fondamentalistes d'Afghanistan, refusant leur aide aux résistants modérés. Si le commandant Ahmed Chah Massoud avait obtenu le soutien qu'il réclamait et les honneurs qui lui étaient dus, il siégerait à Kaboul et parions que les Tours jumelles debout domineraient New York. Des milliers d'Américains furent victimes non d'une erreur politico-stratégique ponctuelle, mais d'une cécité récurrente.

Loin des yeux

Il est certes prudent de rallier à sa cause le maximum de pays limitrophes, ou directement concernés, pour sonner l'hallali de l'ennemi public numéro un. L'urgence commande. Les démocraties ont intérêt à gagner le soutien des non-démocrates (Pakistan, Chine, Russie, Arabie saoudite). Les utiles combinaisons diplomatico-militaires s'accompagnent néanmoins d'un risque de dérapage mental. On glisse très paresseusement de la légitime coalition tactique à quelque douteuse alliance stratégique qui à son tour se noie dans une fallacieuse union sacrée. Chaque coalisé saisit l'occasion de qualifier avec aplomb, avec ignominie, « terroristes » les opposants, les indépendantistes, les séparatistes ou simplement les démocrates. Tout adversaire des pouvoirs en place est vitupéré, classé en Oussama 1, 2, 3, et la confusion règne. Le président Poutine s'en va, répétant en bon propagandiste : la Russie fut la première, elle reste le fer de lance de l'antiterrorisme. Son porte-parole détaille : depuis deux ans Moscou combat en

Tchétchénie des islamistes, émules et protégés de Ben Laden. Il précise dans les colonnes des *Izvestia* (11 octobre 2001), journal quasi officiel : ils étaient huit cents au départ, il en reste deux cents (partis ? morts ? Il ne le dit pas). Bravo ! Voilà un exemple digne de notre admiration ! Pour liquider quelques centaines de hors-la-loi, et ne pas y parvenir, Moscou a rasé une capitale, saccagé un pays entier, miné les champs et les routes, chassé, tué, torturé, enfermé, violé, affamé, livré au froid, aux épidémies, à la gangrène, à la soldatesque avide de pillage et de sang un peuple entier. Bravo ! dit le chancelier allemand à son confrère du Kremlin : il nous faut, à la lumière du 11 septembre, professer une opinion plus nuancée (*differenziert*) touchant la situation en Tchétchénie. Bravo ! La presse de Moscou comme l'allemande dans son intégralité concluent que les (très faibles) critiques jusqu'alors chuchotées ne sont plus de saison. Haut les cœurs ! Carte blanche à l'armée russe ! Des signaux plus discrets émanent de Washington et fredonnent un message analogue. Dégoût. Tristesse. Haut-le-cœur.

Étrange persévérance dans l'erreur d'État ! Ces gens qui nous gouvernent veulent-ils mourir idiots ? Pour commencer, la Maison-Blanche couvre les yeux fermés l'État lige du Pakistan, qui installe et adoube l'État des taliban et son Ben Laden de cœur. Pour recommencer, l'Occident bénit l'État Poutine, à qui tout semble désormais permis dans sa sphère d'influence. Il en va de même pour la Chine, qui peut torturer le Tibet et trancher les cous en série. Aucun démenti, fût-il asséné dans le feu d'un 11 septembre, ne paraît guérir l'illusion que la somme des raisons d'État produit paix et raison. L'opinion occidentale s'est émue des impairs linguistiques du président américain baptisant maladroitement « croisade » la nécessaire autodéfense de sa patrie, elle s'est offusquée, à juste titre, des cavalcades idéologiques des rares politiques tambourinant leur supériorité chrétienne sur un islam rétrograde. Mais nul n'a dit mot, personne, presque personne, n'a été, parmi ces belles âmes sensibles, choqué par l'élévation du massacre massif des Tchétchènes en paradigme de la lutte antiterroriste. Au secours.

Le numéro 8 du G7, membre permanent du Conseil de sécurité, publie, et se vante, que l'éradication de huit cents terroristes implique la décimation et le martyre de huit cent mille êtres humains. Pour un « terroriste » présumé j'en casse dix mille. Le coup est un peu cher en douleurs humaines, non ? Y aurait-il de quoi enthousiasmer les braves gens qui nous gouvernent ? L'alliance des Grands soigne sa propagande : États du monde entier, unissez-vous ! Plus qu'une bévue ou une erreur de parcours, davantage qu'une bavure collatérale, affleure ici un préjugé vieux comme les traités de Westphalie (1648) : l'État est ennemi du terrorisme, le terroriste est ennemi de l'État, donc aucun État ne saurait être terroriste. Donc chaque gouvernement demeure charbonnier chez soi. Donc il définit en pleine souveraineté droits et devoirs de ses sujets (*cujus regio, ejus religio*). En conclusion : ceux qui ne se soumettent pas sortent du droit commun, rebelles donc, terroristes donc, gibiers de potence donc. Le rêve éculé d'une internationale des États, assurant l'ordre envers et contre tout sur le Vieux Continent d'abord, puis sur la planète, reverdit après chaque catastrophe. Il flatte la vanité des grands et dissimule, jusqu'à la prochaine alerte, leur cécité originelle et leur croissante impuissance. Tant pis pour les petits.

Il y a ceux qu'on ne voit pas (loin des yeux, loin du cœur). Il y a ceux qu'on voit mais qui ne comptent pas (il n'est pire sourd que celui qui s'entend à ne pas entendre). Ni vus ni reconnus, les Tchétchènes se trouvent verrouillés dans une double solitude. Le premier blocus, militaire, massif, n'est pas hermétique, des informations filtrent. Moins visible, la seconde muraille, mentale, mondiale, celle de l'indifférence délibérée, parachève l'enfermement. L'incongru qui s'obstine à proximité de la grande puissance russe est d'office laissé pour compte. Pourquoi, me demandai-je en contemplant, honte à moi, sur une télé tchétchène pas encore dérobée, dans une maison tchétchène pas encore détruite, en compagnie d'une famille tchétchène pas tout à fait décimée, le numéro un russe fêté par les capitales ouest-européennes. Pourquoi ces fanfares et ces tapis rouges ? « Ils ne savent pas », me glissa par pure politesse mon hôte. Lui savait que nous savions, lors même que nous feignions l'ingénuité. L'exquise obligeance qu'il mit à m'épargner son accablement me poursuit encore.

Un an plus tard, rebelote et retour de comédie. Fraîchement élu, le président des États-Unis rencontre pour la première fois son homologue russe et se rassure : nous nous sommes dévisagés, les yeux dans les yeux, et j'ai trouvé « un homme honnête et digne de confiance ». Nul n'est tenu de prendre pour argent comptant les compliments qu'on fait pleuvoir sur un rival. Serait-ce pour l'amadouer ? Serait-ce pour l'endormir ? W. a forcé le trait. Quel dialogue franc et sincère ! Pas un de ces « bavardages diplomatiques », où chacun tente de piéger l'autre : « L'aurais-je invité dans mon ranch s'il ne m'avait paru digne de confiance ? » Cri du cœur ? Naïvetés ? Diplomatie au cube ? Déclaration d'amour ou exagération délibérée qui vaut déclaration de mépris ? Le compliment hyperbolique abuse les uns, amuse les autres. Qu'importe ! Ce qui est dit est dit. Ce qui est tu est annulé. Le numéro un de Washington a fixé le numéro un de Moscou dans le blanc des yeux, officiellement il n'y a vu que du feu. Surtout pas celui qui embrase le Caucase. Aucune trace des cadavres tapis dans le regard de son vis-à-vis. Il fait mine de n'en avoir cure. L'adoubement du « partenaire stratégique » n'en est que plus démonstratif. Mais de quoi ?

Troisième épisode. Jusqu'au 11 septembre, rappelle John Le Carré, on exprimait parfois quelques réticences vis-à-vis de « Vladimir Poutine et sa boucherie tchétchène [...] certaines voix dont la mienne allaient jusqu'à suggérer que Poutine rejoigne Milošević à La Haye — les deux faisaient la paire. Eh bien, c'est terminé, tout ça ! La construction de la grande coalition donnera à Poutine une odeur de sainteté, comparé à certains de ses petits camarades » (*Le Monde*, 18 octobre 2001). Cher David Cornwell, faut-il attribuer cette rapide promotion à une realpolitik qui compenserait son peu de moralité par une intelligence à l'abri de tout soupçon ? Ou bien ne pensez-vous pas que le vertige des sommets incline irrésistiblement nos princes et leurs « petits camarades » à se donner la comédie ?

James Bond *or not* James Bond ?

Le marquis de Custine, tout émoustillé qu'il fût par l'aimable accueil que lui réserva le tsar Nicolas Ier, souverain le plus important de l'époque, marquait quelque prudence : « Le plus grand des maux que souffre la Russie, l'absence de liberté, se peint jusque sur la face de son souverain : il a plusieurs masques, il n'a pas un visage. Cherchez-vous l'homme ? Vous trouverez toujours l'Empereur. » De fins chroniqueurs de la presse moscovite s'amusent et s'angoissent de l'inépuisable aptitude qu'a V. V. Poutine d'endosser une infinité de costumes, de postures et de langages : amiral de la flotte sur le pont des sous-marins nucléaires, matelot en maillot rayé dans les soutes, judoka sur tatami, pilote de chasse, parasol, caleçon de bain, soda, doigts de pied en éventail, skieur émérite, médaille de la Vierge, ambitions de mouchard, à quatorze ans il rêve du KGB, fleurs sur la tombe d'Andropov et fleurs sur celle de Sakharov, auditeur attentif, chef impératif, tolérance affichée et langue de truand, ex-

pionnier prodige, orphelin émérite, professionnel des services
et des poignées de main, chasseur de dissidents et protecteur
des corrupteurs... Caméléon, concluent-ils. Voilà un homme
qui apprit son métier et le pratique en toute connaissance. Un
bon espion, ce caméléon : un tsar, un président élu, un second
couteau des « organes » — trouvez le dénominateur commun.
La capacité de rouler n'importe où, n'importe quand, à n'importe qui, des yeux doux !

Loin de fuir ou de démonter ce diagnostic malveillant,
l'ancien pion des « organes » le retourne à son avantage.
Devant la presse américaine rassemblée, il expose les avantages de son précédent travail : les années passées dans les
« Services » soviétiques l'ont doté d'un sens aigu du contact
humain. L'obligation de fréquenter des personnalités fort dis-
semblables, « journalistes, savants, politiciens, citoyens ordinaires », a développé, dit-il, sa faculté d'« activer en chacune
le meilleur d'elle-même ». L'étonnement poli que ces confi-
dences suscitèrent me paraît gravement sous-estimer la révolution mentale qu'elles impliquent. Enfin ! La voix autorisée
d'un membre permanent du Conseil de sécurité de l'Organisation des Nations unies dévoile pour la première fois l'émi-
nence psycho-philosophique d'une profession jusqu'alors
tenue en piètre estime, sauf dans les bandes dessinées. Voilà
l'indic, la balance, l'agent double, le flic politique couronné
Socrate de notre temps, maître accoucheur de la vérité de chacun. Le penseur d'Athènes se réclamait du métier de sa sage-
femme de mère. Le premier Russe tire sa légitimité de son
organisation tutélaire — Tcheka, Guépéou, NKVD, KGB,
FSB, organes efficaces, dont les victimes, en un demi-siècle,
font un bon tas de dizaines de millions. Et personne pour se
frotter les yeux ! Vladimir n'en rougit jamais. Il en est fier, il
n'a pourtant été qu'un fonctionnaire de basse besogne, pas un
brillant James Bond chargé d'explorer les terres ennemies,
non, un vulgaire surveillant dissimulé dans l'ombre, chasseur

de dissidents[1]. Bon prince, il crédite sans vergogne son homologue américain, dont le père dirigea la CIA, d'une généalogie supposée symétrique. Je suis toi, tu es moi. V. V. = W.
Ça passe ou ça casse. Ça passe. Chaque super-Grand se mire
dans le reflet réfléchi, même riquiqui, de son alter ego.
Numéro A complimente et en rajoute. Numéro B glisse mezza
voce : ne me la fais pas, ce n'est pas aux vieux singes des
organes qu'on apprend à faire la grimace. Message aller-
retour : amis ou pas, nous sommes du même monde, dans
l'entre nous d'une gémellité spéculaire. Pareils! Également
inhumains, « KGB = CIA », ou, en antistrophe, identiquement
bons papas. Avis à nos préfets : il en est même pour écrire
que le KGB fut une école de formation digne de l'ENA, notre
École nationale d'administration.

Ce numéro de commedia dell'arte, des psychologues
l'ont nommé « stade du miroir », moment décisif où l'enfant,
entre douze et dix-huit mois, découvre, jubilant, l'image globale de son corps. Il exulte de se découvrir aussi autre que les
autres, lesquels se révèlent du coup aussi moi qu'il se sentait
lui-même. Quand un Grand rencontre un autre Grand, ils véri-
fient une pareille symétrie. On se souvient du sagace Churchill et du bon Roosevelt baptisant affectueusement « oncle
Joe » leur doux et éphémère allié, le fameux Joseph Staline,
occupé sous leurs yeux à dévorer la moitié de l'Europe. Les
partenaires stratégiques ne sont pas totalement dupes du qui-
proquo qu'ils diffusent et bichoutent. Derrière l'idylle de leur
identification chaleureuse, chacun pousse ses pions et négo-

---

1. Deux journalistes, Carlo Bonini et Guiseppe D'Avanzo, ont enquêté sur le
passé très flou du président russe. Ils ont démonté l'hagiographie officielle et entre
autres mensonges celui concernant son appartenance à la Ire direction du KGB (section « prestigieuse » concernant l'espionnage et le contre-espionnage extérieur). Vladimir Poutine aurait fait ses classes dans la misérable V[e] direction : celle chargée de
la surveillance intérieure, persécution des dissidents et asiles psychiatriques. Voir *La
Repubblica*, 11 juillet 2001.

cie ses chasses gardées. Ils s'accordent pourtant à maintenir le mythe des sauveurs suprêmes, qui s'assemble se ressemble, leur coexistence reconstitue immanquablement une galerie des glaces vivante d'où émane un savoir extralucide des uns sur les autres et de leur ensemble hautain sur le reste de l'univers.

Le nouveau venu russe a saisi la règle d'intronisation : nul n'exige qu'il se présente comme un petit saint, il faut et il suffit qu'il s'affiche investi des responsabilités suprêmes entre collègues non moins responsables également suprêmes. Est-il bon ? Est-il méchant ? L'important, c'est la question, pas la réponse, qui doit demeurer en suspens. Gant de velours et main de fer, soupçonnent les uns. Main de velours et gant de fer, supputent les autres, voire, rendant hommage à Talleyrand : de la merde dans un bas de soie. Soufflant le chaud et le froid, cultivant le paradoxe du menteur qui dit « je mens », le caméléon se mue en sphinx. Confiants ou dubitatifs, mais toujours fascinés, ses interlocuteurs spéculent sur ce qu'il compte faire en oubliant d'observer ce qu'il fait. Le lieutenant du KGB fait valoir que le sort du monde tient à un fil et que ce fil tient dans son regard. Et les autres « Grands » d'entre-échanger ce regard, comme les trois Nornes [1] qui, filant nos destinées, se repassent leur œil unique.

Les sommités de mon village ou de mon université, les notables du canton, les caciques de la république et les chefs cooptés de la communauté internationale calculent, à des échelles différentes, pareillement. Ils se tiennent mutuellement en respect, ferment le cercle et s'accordent entre autorités pour dominer leurs désaccords. Ils sont « partenaires » : Narcisse rencontre Narcisse ; et même partenaires « stratégiques » : ils échangent des assurances de survie. Les grands comptes font

---

1. Les *Parques* romaines, dans leur version nordique.

les grands amis, avides de s'éterniser les uns les autres en maîtrisant conjointement les risques d'annihilation réciproque. Eu égard aux enjeux toujours vitaux de ces tournois villageois et planétaires, le menu fretin, maintenu hors jeu, n'entre pas en ligne de compte. À l'occasion la joute bascule, l'image se retourne et l'exultation devant le miroir de soi s'inverse en déception haineuse face à une silhouette déclarée trompeuse ou ennemie. L'oscillation maniaco-dépressive anime le commerce des puissants et prétend imposer ses tragi-comédies aux populations téléspectatrices vouées à subir sans agir.

Le cérémonial des sommets coupe l'humanité en deux. En scène, ceux qui comptent (dans la double acception du terme : ils calculent et n'oublient jamais de se compter). Hors scène, ceux qui ne comptent pas (des quantités négligeables inaptes de surcroît à prendre la mesure de leur peu de réalité). Les Olympiens partagent le même palais de cristal, où ils domptent à huis clos le destin. Les exclus sont relégués aux oubliettes, leur advienne que pourra.

L'affectation de grandeur redouble la disjonction de deux mondes par l'opposition de deux manières de sentir et de réfléchir. Une élite qui fraternise avec elle-même se plaît à survoler l'horizon borné des subordonnés. En tisonnant sa très sale guerre au Caucase, Poutine se forge une image, saisit le pouvoir, se fait plébisciter, mais peu importent ces prémices, « il est digne de confiance ».

Souvent la cruauté
Crime dans un autre homme est vertu dans un roi,
flagorne le poète Dorat, tressant, avant Voltaire, des couronnes à Pierre le Grand, tel W. Bush à V. V. Poutine.

L'existence dans les hauteurs affranchit des normes habituelles ; les conventions morales ordinaires s'avèrent extraordinairement élastiques et les règles du raisonnement les plus communes, comme celle d'éviter de se contredire, sont mises entre parenthèses. Il est absurde de souscrire une assurance vie dans une agence qui d'ores et déjà n'honore pas les contrats précédemment passés. Ainsi raisonnent les personnes privées. Entre Olympiens, pareille déférence pour le principe de non-contradiction ne semble guère de saison. Un citoyen ordinaire trouve suspect un responsable qui ne respecte pas ses engagements. Un épargnant ou un chef d'entreprise investissent rarement pour vingt ans dans une affaire dont ils ne peuvent prévoir le profil à six mois. Par contre, les autorités des États-Unis et de l'Union européenne tirent des plans sur la comète et programment l'avenir énergétique d'un continent — de l'Atlantique à l'Oural — et l'avenir nucléaire de l'humanité sans interroger plus avant la crédibilité des fournisseurs oligarques moscovites, dont ils assurent, force crédits aidant, la promotion. Deux poids, deux mesures, aux décideurs privés les recommandations impératives de la rationalité, aux décideurs politiques le privilège du coup de foudre, en attendant la foudre des coups.

Entre le règne de la diplomatie céleste et la vie terre à terre du mortel ordinaire, il n'y a pas seulement disjonction et opposition, mais également subordination. Dans l'ordre de la connaissance, les hautes sphères sont supposées éclairer les basses et la réciproque n'est pas vraie. Dans l'ordre de la puissance, le supérieur s'impose à l'inférieur, l'inverse paraît impossible. Les « partenaires stratégiques » d'aujourd'hui cohabitent à leur insu dans l'« appartement suprême » fabulé jadis par Leibniz à la pointe d'une pyramide figurant l'ordre du monde. Vus d'en haut, les mystères se dissipent, les embarras se dénouent, les crimes et les malheurs qui accablent les bas étages révèlent leur utilité providentielle. Dans un panorama réservé aux rares élus l'ensemble de la création s'organise selon une théodicée, justice de Dieu, où chaque souffrance promeut un plus grand bien dans un monde qui se dévoile le meilleur possible. Leibniz, érudit génial, croyait avoir trouvé, grâce aux mathématiques, la science transcendante qui intègre le mal au bien, l'impuissance à la puissance et le zéro à l'infini. Les savoirs d'aujourd'hui — économie politique, calculs stratégiques, psychologie des « services » — sont plus fragiles, mais la conviction de ceux qui s'en affublent compense la modestie des capacités. Parfois le courant passe. Parfois non. Les locataires du loft leibnizien s'entre-devinent les Uniques par qui le siècle marche ou tombe en panne. Dictant la loi, la pluie et le beau temps, ils manifestent une inaltérable inclination à se placer souverainement au-dessus des impératifs du bon sens et comme hors du temps où l'irréparable a lieu.

Il serait commode et attendrissant d'imaginer que les princes modernes s'élèvent ensemble au-delà des usages communs pour toucher le firmament des valeurs universelles et infaillibles. Il serait roboratif, et à peine moins commode mentalement, de supposer, au contraire, derrière un unanimisme de spectacle, les manigances conscientes d'un — ou de plusieurs — mauvais esprit. Un malveillant qui sait ce qu'il fait rassure. Il aimante l'hostilité ou la haine qu'il suscite. Grâce à lui, les ennemis ne perdent pas le nord. Rien ne sert pour autant d'angéliser ou de diaboliser. Force est de constater que les gentils supposés comme les méchants suspectés ne trompent pas seulement leur public, mais s'abusent eux-mêmes. Bourgeois gentilhomme, femmes savantes, candidats à la gérance historico-mondiale du genre humain, Picrochole, Pyrrhus essuient d'identiques rebuffades. Pour avoir sans souci rompu avec le bon sens, ils se retrouvent, un 11 septembre, les quatre fers en l'air. Les enchantements sont volatils, les désenchantements passent aussi vite et les maîtres auto-couronnés du monde le réorganisent derechef, sans prendre davantage en compte les laissés-pour-compte. Cet éternel retour d'un état-major ailé pilotant l'humanité par-delà le bien et le mal, au-delà du bon sens et du principe de non-contra-diction, m'étonne. Pas vous ?

L'ivresse des cimes transcende la bouffée d'amour-propre qui envahit un quidam parvenu au faîte de sa carrière. Les analgésiques ordinaires permettent aux simples gens d'oublier leurs douleurs. L'opium des grands leur permet de gommer et d'oublier celles des autres. J'interroge l'insensibi-lité face à la cruauté. Je n'incrimine aucun trait de caractère, j'aime à croire que les porte-parole de la communauté inter-nationale sont aussi bons fils, bons pères qu'ils le signifient, photos à l'appui. Je ne les imagine pas spécialement méchants, ni moins informés que le commun des mortels. Je me demande comment ils fonctionnent et nous à travers eux. Pourquoi admettre que les décideurs décident à mille lieues au-dessus des massacres que parfois ils perpètrent et plus sou-vent tolèrent, c'est-à-dire perpétuent ? Je suis curieux de démêler la mécanique mentale qui épargne aux princes de l'actualité les règles minimales du raisonnement prudent et cohérent. S'ils s'exonèrent — les yeux dans les yeux — si aisément des réalités cruelles, n'est-ce point qu'ils projettent, chacun dans la pupille de l'autre, un film à l'eau de rose, une sorte de conte bleu d'un compte où larmes et douleurs sym-phonisent en quelque immuable rédemption finale ?

Post-histoire ou pré-histoire ?

Pendant une décennie, nos glorieuses instances ont dif-fusé force invitations pour village-vacance. De quoi éblouir une civilisation planétaire qu'on suppose coûte que coûte réconciliée avec elle-même. Il est grand temps d'examiner pourquoi l'humanité éclairée a systématiquement refoulé le démenti que le cours du monde infligeait à de si charmants programmes. Les charniers millionnaires d'Afrique, les atrocités islamistes, l'effondrement économique, social et moral de la Russie ne sont ni prévus, ni jaugés, ni rétrospectivement pris en compte. Qu'est-ce qui rend à tel point aboulique et paralysée une société globale disposant des moyens d'information et d'intervention les plus formidables de toute l'histoire humaine ? Quelles infamies futures va couvrir cet art consommé de se voiler la face en feignant la surprise ? Quand une catastrophe se produit, se reproduit, se re-reproduit, les autorités responsables immanquablement s'excusent d'un qui l'eût cru ? Interrogeons cette fausse naïveté. Si l'horreur privée ou publique, infime ou gigantesque a lieu, c'est qu'elle est possible. Si nous la tenons pour impossible, si nous l'imaginons inimaginable, il faut s'en prendre à nos œillères et nous stupéfier non de la réalité mais de notre étonnement.

La fin heureuse de la guerre froide introduit, euphorie aidant, une procédure double de déni des réalités. Il y a la fuite en avant qui célèbre divers fantasmes de sociétés «post-historiques», où les fureurs sanguinolentes n'ont plus lieu d'être. Il y a la fuite en arrière, qui promet le retour aux communautés traditionnelles «pré-historiques», où l'*hybris* est bridée par la coutume et la religion. Dans les deux cas, il s'agit de sauter par-dessus l'actualité féroce, qu'on estime insignifiante, vouée à disparition plus ou moins proche. Dans les deux cas, un même paradigme soutient des vœux pieux. Puisque le communisme a jeté l'éponge. Puisque le communisme ne gouverne plus tout à fait la moitié de la planète (tout en conservant le tiers de l'humanité), on croit passer en douce de la fin d'une (marxiste) illusion à la fin de l'illusion en général. Donc à l'entrée dans une réalité sans illusion. Effarant hommage du vainqueur au vaincu, dont la chute délivrerait l'humanité d'une capacité millénaire de tromper, de se tromper et de s'entretuer. Étrange pouvoir posthume attribué au marxisme, dont la disparition élèverait la conscience planétaire à une pureté rationnelle qu'elle n'a jamais connue, ou la rendrait à une

pureté religieuse depuis longtemps perdue. Les miracles annoncés de paix et de prospérité se font attendre. Dans l'intervalle,
la taupe nihiliste fait son trou, ronge et mine la réalité.

Première Bonne Nouvelle accompagnant surréalistement
la chute de l'Empire soviétique : l'humanité terrestre vient
d'entrer dans l'existence post. Fin des idéologies. Adieu les
causes sublimes. Terminés les conflits de grande amplitude
géopolitiques. En lice ne rivalisent désormais que des acteurs
centraux soucieux de croissance et de développement, donc
voués aux concurrences pacifiques. Enfin le paradis sur terre.
Dans les marges, quelques ataviques paumés, petits États
voyous et succédanés groupusculaires, aiguilles perdues dans
les bottes de foin et bavures de mappemonde ne perturbent
pas l'équilibre global, pas plus que les rixes de banlieue n'entravent le commerce des capitales. Pareille bergerie se décline
en multiples versions, plus idylliques les unes que les autres.
La plus connue fut aux États-Unis baptisée : Fin de l'Histoire.
Question de M. Fukuyama (*Le Monde*, 18 octobre 2001) : « Il
est intéressant de se demander si l'Islam radical constitue une
réelle solution alternative à la démocratie libérale occidentale. » Question à la question : pourquoi l'islamiste et les
autres nihilistes ne se soucient jamais d'une telle interrogation et l'interdisent ? Réponse : « Nous sommes toujours à la
fin de l'histoire, parce qu'il n'existe qu'un système qui continuera à dominer la politique mondiale, celui de l'Occident
démocratique libéral. » Réponse à la réponse : il ne s'agit pas
de remplacer le « système », mais de le faire nihilistement sauter, preuve par la chute des tours. Quant à la solution de substitution, le démolisseur abandonne gracieusement à Dieu ou
au hasard de faire bouillir les marmites de l'avenir avec plus
de talent que notre expert en sens de l'histoire.

Paradoxalement, la célébration de la victoire occidentale
empruntait ses catégories à l'adversaire défait. Lorsque

Kojève l'hégélien avait avancé l'idée d'une « fin de l'histoire » aux aventures du xxᵉ siècle, ce stalinien du Tout-Paris couronnait de palmes l'autocrate du Kremlin, l'*uncle* Joe de Churchill, le petit père dévorateur de peuples... Peu importe l'équivoque filiation, puisque dans les deux cas un identique point final vient museler les incertitudes originaires. À Moscou dans les années trente, à Washington dans les années quatre-vingt-dix, les horloges ont sonné le même *Te Deum* de la Raison : tout ce qui est rationnel est réel, tout ce qui est réel est rationnel. Les guerres et les perturbations subsistantes sont intellectuellement et stratégiquement poussière dans l'œil. Les « conflits de faible intensité » au Caucase, dans les Balkans, en Asie, en Afrique sont tenus pour vestiges du passé, vétilles et broutilles, à peine des ombres, tout juste des nuages de beau temps qui viennent s'effilocher sur les tableaux champêtres où les nouveaux bergers chantent à leurs bergères l'harmonie promise.

Une Bonne Nouvelle *bis* attend les insatisfaits de la première. Une fois quittées les bipolarités de la guerre froide, plutôt que l'homogénéité rationnelle post-historique, il conviendrait de redécouvrir l'hétérogénéité des civilisations : Huntington désigne ainsi des macro-ensembles culturels et religieux d'envergure continentale (et de définition assez floue), que la grande aventure économique et guerrière du xxᵉ siècle est supposée avoir recouverts sans jamais les effacer. Moins optimiste que le premier, le second modèle laisse prévoir force conflits frontaliers, entre chrétienté latine et chrétienté orthodoxe, entre chrétiens et musulmans, entre juifs et musulmans, hindouistes, etc. Néanmoins ces conflits resteraient transitoires, en attendant que s'installe un partenariat raisonnable fondé sur le principe du « chacun chez soi », assurant le partage du monde entre les grandes cultures religieuses. Ici, ce n'est plus la Raison qui, de Washington, régit le monde, mais Dieu qui — de quatre ou cinq citadelles spirituelles — gouverne l'irrationnel et enchaîne le déchaîne-ment des passions subversives. À la coexistence dissuasive au bord des abîmes de la guerre froide succède la cohabitation à distance des minarets, coupoles et clochers. Autant de mondes clos (les fameuses « civilisations ») où les citoyens vivent pai-siblement comme des bébés bulles, tant que les mondes exté-rieurs s'abstiennent sagement d'intrusions déstabilisantes. À charge pour chaque bulle de s'organiser selon un code de droits et de devoirs qui lui est propre ; ainsi y a-t-il des droits « coraniques » ou « bibliques » de l'homme, des droits du citoyen sud-est asiatique ou proche-oriental. La torture, l'es-clavage, le viol, c'est selon, question de latitude, question de géographie, question de « civilisation ». L'énonciation de droits universels vaut contresens droit-de-l'hommiste ou déclaration de guerre impérialiste. Les grands auraient pour tâche unique d'éviter les chocs.

Un œil fixé sur l'avenir post-historique de la gestion rationnelle des hommes et des choses, l'autre louchant encore vers des collectivités théologico-politiques du passé, les grands fuient deux fois l'examen des calamités présentes. En avant vers l'*Homo economicus* ! En arrière vers l'*Homo reli-giosus* ! Le premier se doit de poursuivre un intérêt purement consumériste, en usant de moyens strictement raisonnables. Le second, on l'imagine obéissant et respectueux à la manière du Platon Karataev de Tolstoï, toujours prêt à mourir pour les us, les coutumes et le tsar. Les deux figures, proposées alter-nativement en guise de pivot du nouvel ordre mondial, sont pourtant aussi minoritaires et décalées l'une que l'autre. Sur une bonne partie du globe dévastée, il est encore plus facile de se procurer de l'argent avec une mitraillette qu'une mitraillette avec de l'argent. La logique militaire ou mafieuse l'emporte de loin sur la légalité des contrats et le culte des tra-ditions. Elle traverse les cultures, les peuples, les ethnies, les individus, et dresse à l'occasion les musulmans contre les musulmans, les chômeurs contre les chômeurs et chaque déraciné contre sa famille et lui-même. Le grand rêve de la fin des violences majeures suppose l'oubli post- et pré-historique de deux siècles de séismes économiques et intellectuels, de guerres et de révolutions mondiales. Qu'on le veuille ou non, l'unification de la terre a d'ores et déjà eu lieu, par le truchement d'une histoire de fer, de feu, de sang.

À écouter attentivement les interprétations courantes et dominantes, force est de constater qu'à leur insu, tour à tour, elles couronnent le nihiliste roi. En demandant aux croyants de se constituer support d'une remise en ordre transcontinentale, Huntington et tant d'autres réjouiraient Voltaire, partisan d'un dieu « rémunérateur et vengeur[1] ». L'exigence est contradictoire. On demande aux religions de rester closes et étanches comme toujours et d'assurer la paix mondiale en s'ouvrant les unes aux autres comme jamais, chacune devant s'affirmer infaillible et absolue pour ses fidèles aussi bien que relative et simplement utile aux regards extérieurs. Lorsque Leibniz imaginait un univers constitué de monades sans portes ni fenêtres, il postulait qu'une providence supérieure réglait la circulation. De même, il faudrait une religion des religions pour assurer que l'harmonie l'emporte sur les dissonances. L'*Homo religiosus* n'ordonne la planète qu'à condition de se dédoubler, il faut à la fois qu'il croie et qu'il ne croie pas, en conférant à la croyance de l'autre la même valeur qu'à la sienne. Il doit comprendre que d'un point de vue suprême toutes les croyances se valent, autrement dit, qu'aucune n'est suprême : « Ne faut-il pas croire en Dieu, non point parce qu'Il est vrai, mais parce qu'Il est faux ? »

---

1. « Je veux que mon procureur, mon tailleur, mes valets, ma femme même croient en Dieu ; et je m'imagine que j'en serai moins volé et moins cocu » (*A.B.C.*, dix-septième entretien). L'argument parut blasphème aux croyants et insuffisamment radical aux incrédules : *Voltaire, pauvre déiste / De toi rit le spinoziste / L'indifférent nihiliste / Te lit pour te mépriser*, 1763.

(Nietzsche). Le citoyen planétaire s'endort à l'occasion *religiosus*, mais se réveille nihiliste.

Le sujet post-historique triomphant semble par contre échapper aux embarras du religieux, il calcule son intérêt, opte pour les solutions les plus rentables et conclut que la guerre et la violence ne paient pas. À condition toutefois de vivre et d'agir dans une société pacifique et prospère, ordonnée par un État de droit. Ce qui entraîne, touchant ses pleins pouvoirs, quelques restrictions ! D'abord faut-il qu'une telle société existe : les hommes et les femmes qui ont fait la société américaine au moment de la fondation des États-Unis « n'étaient pas des individus rationnels calculant leur intérêt », reconnaît Fukuyama. Il faut ensuite qu'une telle société soit défendue, là, le post-historique jette l'éponge et baisse les bras : « Par contraste avec les sociétés libérales, les communautés qui partagent les mêmes "langages du bien et du mal" sont vraisemblablement soudées d'un ciment plus solide que celles qui ne sont fondées que sur le partage d'un intérêt égoïste. » Bref, l'auteur claironne au début de son essai la victoire définitive de la raison calculante sur l'illusion idéologique pour découvrir *in fine* que les prétendus vainqueurs ressemblent aux « derniers hommes », incarnations les plus serviles et les plus impuissantes du nihilisme : « Vous bombez vos poitrines, mais hélas elles sont vides », leur jetait Nietzsche. L'individu post-historique, en fait, ne vit pas *au-delà,* mais *à côté* d'une histoire, la sienne, que d'autres ont fondée et que d'autres protègent. Quant à la disparition de l'adversaire, il en profite, mais il n'y est, comme d'habitude, pour rien. Son « analyse des coûts et profits » lui rend parfaitement inintelligible le courage d'un dissident, hier comme aujourd'hui. Si l'on remarqua peu combien l'apologie du post se mordait la queue, son épilogue prenant l'exact contre-pied de son prologue, c'est qu'un tel parcours maniaco-dépressif est des mieux partagés. On a gagné, mais le gagnant est un homme perdu, le dernier des hommes. Ainsi vagabondent les *up and down* de la spéculation boursière et alternent les *stop and go* de la politique des sommets.

Triomphe de la raison universelle qui frappe la guerre d'inanité, retour en force du religieux qui refonde les sociétés et rééduque les furieux déracinés. Autant de solutions miracles dissimulant un nihilisme rampant. Les bonnes nouvelles ne sont rien moins que nouvelles, elles rafraîchissent les mythes éculés du XIXᵉ siècle. Elles ressuscitent l'heureuse époque où la France prévoyait à chaque décennie une renaissance de la foi tandis que l'élite occidentale accumulait déclarations de paix et condamnations des sauvageries « d'un autre âge ». Et tant pis si Dieu ne finissait pas de mourir et la terre de se gorger de sang. Comprenons que la divine surprise de la chute de l'Empire soviétique libéra un immense désir de « fermer la parenthèse », en revenant, comme si de rien n'était, au statu quo ante. Si l'idée biscornue d'une « fin de l'histoire » fit un tel tabac et recueillit tant de suffrages, c'est qu'on fantasmait l'interruption définitive d'une histoire précise, celle du XXᵉ siècle et de ses records d'inhumanités. Le rêve bleu qui conclut de la fin d'une illusion (soviétique) à l'extinction de toutes les illusions se redouble : la disparition d'un adversaire passe pour manifester l'abolition de l'adversité. La guerre froide aurait été la der des der. Le monde est enfin sauvé ! Sa survie garantie !

Le surhomme dans les nuages

Pour comprendre par quelle aberration la soudaine éclipse de la bipolarisation vaut billet pour l'Éden, il convient de rappeler combien les découpages binaires — ici l'ami, là l'ennemi — ont longtemps structuré les mobilisations populaires et nationales. Carl Schmitt a même cru déceler le centre

de gravité de toute politique moderne dans l'acte inaugural —
la « décision » — par lequel un nous s'instaure communauté
permanente. En se dotant d'un vis-à-vis irréductiblement hostile, en projetant toute l'adversité de la nature et des hommes
sur un adversaire présumé absolu, une collectivité organise à
moindres frais la perception des périls. L'État français s'est
de la sorte institué face à une succession d'ennemis hérédi-
taires tournants : Angleterre, Italie, maison d'Autriche, Allemagne, etc. La partition des blocs — Est contre Ouest — mon-
dialisait ce stéréotype apparemment intangible. En 1989, le
schéma bipolaire explose, obsolète ; les frontières morales,
mentales, géographiques se mettent à flotter. Tous amis !
annoncent les Grands, euphoriques, feignant de croire qu'avec
l'adversaire numéro un disparaît l'adversité. Voilà comment
la fin fêtée de l'histoire en est venue à signifier contradictoi-
rement terminus et accomplissement. Voilà comment l'histoire méchante et sanglante vouée à promptement s'évanouir
reprit en catimini du galon. Voilà comment l'histoire glorieuse et heureuse d'une civilisation maîtresse d'elle-même
comme de l'Univers fut à contretemps portée au pinacle.

Depuis dix ans, les Grands croient partager cette Histoire
unique, dont chaque camp autrefois revendiquait la maîtrise.
À qui appartient la longue durée ? Aux communistes qui se
flattaient de « rattraper et dépasser » l'Occident ? Ou à ce dernier, désormais seul en lice ? L'événement surpasse ses
acteurs d'un jour, il ne saurait souffrir le démenti d'une actualité peu amène. Il prétend nouer le passé, le présent et l'avenir de la Terre dans la trame d'une Histoire unique, dont
l'existence passe pour aussi incontestable que jadis l'existence de Dieu. Nous sommes tous les voyageurs du train
Humanité et nous sommes dès lors solidaires. Ainsi va la
romance des temps nouveaux ! Tel ou tel pays peut s'engluer
dans les difficultés, on va évaluer son « retard », on dispute de
son « décollage » ou de son « blocage », on expertise sa faculté

de « rattrapage », on programme des transitions, on combat des embouteillages, ce ne sont là que problèmes d'horaires. L'essentiel, c'est de ne pas rater le « train de marchandises » cher à M. Fukuyama et à tant d'autres. Les conférences au sommet réunissent les patrons aiguilleurs ; ils gèrent les difficultés de la circulation et suggèrent aux voyageurs, peuples et civilisations, les itinéraires les plus judicieux.

Le consensus veut qu'une société ou bien se développe, ou bien stagne, ou bien meure. Pourquoi exclure d'office l'hypothèse d'un développement à rebours, d'une sorte de contre-histoire ? Lorsque Thucydide interroge trente années de guerre du Péloponnèse, il s'autorise un regard médical, il scrute les plaies, analyse le procès d'une corruption conquérante, il étudie le pourrissement de la civilisation grecque depuis la guerre inter-cités jusqu'à la guerre civile et la folie la plus intime. Autrement dit, l'historien classique se concentre sur ce que les modernes négligent : un contre-développement de longue durée. Les inventeurs grecs de l'enquête historique se dotaient d'un regard direct sur ce qui n'allait pas, sans éprouver le besoin de s'entendre préalablement sur la bonne manière de faire que les choses allassent bien. De même les médecins honnêtes diagnostiquent des maladies sans s'accorder sur une idée universelle de la santé. Tout au contraire, réunis au chevet d'une humanité diversement souffrante, les Grands, gérants de l'Histoire unique, palabrent à l'infini sur une santé globale, dont ils s'attribuent généreusement et la connaissance définitive et la possession inaliénable.

L'axiome fondamental qui gouverne les bonnes pensées d'après guerre froide affirme urbi et orbi la fin de l'adversité. Chaque sommet s'installe quasi automatiquement dans le « midi » nietzschéen, instant de l'« ombre la plus courte », où passé et futur sont noués dans la grande politique des maîtres olympiens du devenir. Pour eux, tout revient au même, car le même revient toujours. L'avenir du monde est et reste entre leurs mains, à « six mille pieds au-dessus de la mer et beaucoup plus haut par-delà toutes choses humaines ». L'ivresse des sommets surmonte et les dilemmes moraux et l'angoisse de se contredire, puisque, hors d'atteinte de toute altérité hostile, le même ne connaît plus que le même et fait tourner toute chose dans un « anneau d'éternité », *annulus aeternitatis*. L'Histoire unique est son propre sens. Elle ne court nulle part. Elle n'est jugée par rien. Elle n'a pas d'extérieur, elle ne peut donc être contestée. Les Grands n'ont de compte à rendre qu'à eux-mêmes. Ils vivent ce que Nietzsche appelle l'éternel retour, « la forme extrême du nihilisme [...]. L'existence sans but, mais revenant dans une répétition inéluctable, sans final, dans le néant ». Bien entendu, ils ne s'en rendent pas compte. Ils partagent avec leur public la bonne conscience d'un nihilisme qui s'ignore en chacun, mais que chacun découvre à l'occasion chez l'autre.

La première figure du nihiliste-malgré-lui surgissant dans l'après guerre froide fut le sujet post-historique triomphant qui piteusement se retourna en « dernier homme ». Il a sa manière à lui de parier sur la fin de l'adversité, s'estimant délivré des menaces absolues, plus rien ne risque de lui paraître insupportable. Comme le chameau nietzschéen, il supporte tout. Comme l'âne, il dit oui à n'importe quoi. À travers lui, l'*Homo economicus* se révèle nihiliste passif.

La deuxième figure, celle du nihiliste actif, se retrouve dans le « lion ». L'*Homo religiosus* invoqué comme pivot sine qua non de l'ordre planétaire doit, pour remplir sa nouvelle mission, « conquérir sa liberté et être le roi de son propre désert ». D'où le glissement partout sensible du conservatisme traditionaliste vers un intégrisme irrespectueux qui revendique le « droit sacré de dire non, même au devoir ». Périsse l'ancestrale justice puisque je suis élu pour sauver le monde ! L'adversité que le chameau-post expulsait théoriquement de l'univers, permettant tout à tous, le lion la chasse en lui-même ; il se permet le pire qu'il ne reconnaît plus comme pire. « Il lui faut découvrir l'illusion et l'arbitraire au fond même de ce qu'il y a de plus sacré au monde... »

La troisième figure, celle du nihiliste accompli, est incarnée par l'enfant nietzschéen. Il joue à créer. Il crée en se jouant. C'est l'artiste ; il réunit en lui le chameau et le lion. Il supporte et accepte l'adversité en niant qu'elle soit adverse, puisqu'elle n'est que la matière d'une œuvre qui la dépasse. C'est le surhomme « ayant perdu le monde, il conquiert son propre monde ». Quand un Grand rencontre un autre Grand, deux surhommes se donnent l'accolade, nous sommes vrais et bons parce que nous sommes puissants. L'Histoire unique est un enfant qui joue.

Beaucoup de nietzschéens doctrinaires s'ingénient à hiérarchiser ces trois figures et nous invitent à dépasser un nihilisme de bas étage, celui du chameau et de l'âne, pour accéder au nihilisme parfait, voire à un au-delà olympien où le nihilisme se transfigure en pure puissance d'affirmation, en pur « amour ». C'est probablement ainsi que les Grands se satisfont d'eux-mêmes, ils « aiment » les petits au point d'aimer (dirait Deleuze) et de « positiver » (dirait Carrefour) tout ce qui arrive à leurs chers protégés, fût-ce le plus cruel. Je doute que cette hiérarchie édifiante rende compte d'une circularité sans cesse affirmée avec une détermination quelque peu angoissée. *Circulus vitiosus deus*, les trois figures renvoient les unes aux autres dans une ronde dite vicieuse pour ce qu'elle n'exclut ni ne dépasse rien de ce qui existe, y compris le plus répugnant. Ni doctrine ni catéchisme, le nihilisme, sous toutes ses formes et dans tous ses états, demeure silhouette insolite, « le plus inquiétant de tous les hôtes[1] », celui

---

1. *Dieser unheimlichste aller Gäste* (Nietzsche).

qui tend aux gens de bonne compagnie le miroir noir qui les effraie.

Ce qui était attendu n'est pas venu. La paix pour plusieurs générations rata le coche. La prospérité universelle manquait au rendez-vous. Ce qui est venu n'était pas attendu. La bipolarité d'antan dissimulait, en même temps qu'elle la disciplinait, une barbarie sans nom ni visage, prête à s'affubler aujourd'hui de n'importe quel masque. Une violence à drapeaux amovibles et à convictions tournantes sort de l'abri-prétexte des grandes causes de jadis et essaime hors contrôle. Les raisonnements binaires, la partition en deux camps s'auréolant chacun d'un avenir pour l'ensemble de l'humanité rendaient crédible pour le partisan, intelligible pour l'adversaire et compréhensible pour le spectateur l'engagement même le plus sanguinaire. La violence qui se dépouille des habits de gala idéologiques se propose dans sa progressive nudité à la fois plus visible et moins lisible. Le furieux ne pose plus la question du pourquoi, il ne se sent plus obligé de paraître méditer les fins dernières, il brandit son cutter, sa kalachnikov, son couteau, sa machette, sa hache, ou braque ses fusées. C'est une fois l'allumette allumée qu'il interroge : pourquoi pas ? La guerre ne ressemble plus à la guerre, ni la révolution à la révolution ; si la folie demeure fidèle à sa sauvagerie, elle se manifeste désormais nihiliste. Et Nietzsche de dire : « Que signifie le nihilisme ? Que les valeurs suprêmes se dévalorisent. Le but fait défaut, la réponse fait défaut à la question pourquoi ? » Au stade terminal, non seulement la réponse mais la question à son tour fait défaut. L'absurde s'accepte point de départ.

De la mondialisation des bombes humaines

Les rendez-vous des Grands se tiennent, paraît-il, par-delà les idéologies. Les pays les plus riches (G7) discutent finances, équilibre, développement. Ils se veulent pragmatiques. Se cooptent-ils un huitième — la Russie —, dans l'attente d'un neuvième — la Chine —, ils entendent de la sorte élargir le concert des puissances responsables et régler le sort de la planète. Les yeux dans les yeux. Entre autorités responsables. Même le manifestant, qui les conteste parfois violemment, ne met pas en doute qu'ils président aux destinées du monde, sauf à trouver qu'à leur place il gouvernerait mieux. En apparence, ils ont donné congé aux illusions du passé ; leur « réalisme » tempère le libéralisme par l'étatisme ; le révolutionnarisme, sous la forme atténuée, « modérée » de diverses dictatures populistes, participe lui aussi à l'ordonnance des potions magiques promettant bonne gouvernance et bonheur au plus grand nombre. En apparence seulement.

Mon hypothèse est inverse. Loin d'avoir largué nos idéologies centenaires, les Grands du jour ne se sont émancipés que du principe de non-contradiction, c'est-à-dire du bon sens qui exige qu'on se garde de mélanger les torchons et les serviettes et qu'on n'affirme pas blanc et noir en même temps. Du coup, la quadrature du cercle n'a plus de secret pour ces princes qui marient allègrement le culte du Marché (libre et bienfaisant), de l'État (diversement providentiel) et des Peuples (qui toujours, n'est-ce pas, n'aspirent qu'au mieux-être). La part dévolue à chacun des trois fétiches de la modernité prête à d'infinies discussions. Comment moderniser ? Faut-il renforcer d'abord l'État, ouvrir davantage au Marché, ménager la rue et les « pouvoirs populaires » ? État nourricier, Marché bienfaisant, Peuple créateur sont les trois facteurs qui composent l'équation des équations, celle de la bonne gouvernance moderne qui veut que les princes « fassent vivre et laissent mourir », par opposition aux autorités anciennes dont le souci n'était pas de gouverner la vie mais la mort, en jugulant guerres, famines et crimes, comme chantent les litanies des Églises d'antan ; comme jadis Antigone rappelle l'outrecuidant Créon aux devoirs élémentaires d'un responsable de la cité. Que prétendent désormais gérer les G7, G8, G9 et autres prestigieux sommets ? Rien d'autre que l'art de *faire vivre* l'humanité, ce moderne « biopouvoir » (Michel Foucault), prosaïquement désigné comme puissance de maintenir la « bonne santé » de l'économie et d'entraîner l'ensemble des mortels dans la ronde générale du développement et de la prospérité. Tant de bonnes intentions ne prêteraient pas à controverse, n'était qu'elles supposent un état de non-guerre, qu'elles tiennent pour acquis. Les noces de l'État, du Marché et du Peuple ne se célèbrent que dans la Paix. Dès qu'on réintroduit rivalités et conflits entre États, prédateurs et corrupteurs dans le marché, violences au sein du peuple, finie l'harmonie préétablie ! L'équation du bonheur universel se révèle bien peu universelle.

Les Olympiens programment dans la plus stricte intimité une pacification censée émaner d'en haut et de proche en proche étendre ses harmonies à la terre entière. Ils conviennent qu'une aussi grandiose opération requiert du temps. Ils supposent que le temps travaille pour elle. Pareille perspective évacue hors champ les « menues » violences qui démentent les réconciliations ourdies là-haut. En proposant son témoignage, fort, ému, émouvant, sur les guerres oubliées qui fleurissent dans les marges de la Grande Actualité, Bernard-Henri Lévy a souligné combien les mouroirs des antipodes paraissent inactuels. Et « insensés » au regard tant des idéologies qui dévastèrent il y a peu la planète que des puissances qui la dominent aujourd'hui. À première vue ces « guerres de troisième genre » sont dépourvues de sens. La soldatesque ex-marxiste ou ex-antimarxiste (en Angola : MPLA et UNITA) a perdu l'auréole poétique des guérilleros de jadis, se sacrifiant pour, disent-ils, le peuple et la liberté. Aujourd'hui ils se disputent les revenus du pétrole, se partagent ceux des diamants et le cours des rivières ; ils instituent de conserve, à la kalachnikov, l'esclavage des pauvres hères qui plient sous leur joug. Sont-ce là, pour autant, situations purement et simplement «absurdes»? Bernard-Henri Lévy laisse à juste titre la question ouverte. Et j'ai, personnellement, envie de prolonger la discussion[1].

«Insensés», ces conflits le paraissent. À deux titres.
1. Eu égard à leur réalité, à leur enjeu opérationnel, décidément limité, on y meurt pour un bout de territoire, une part dans le marché des narcotiques ou des prises d'otages, rien qui rappelle les ambitions telluriques d'antan («Prolétaires et peuples opprimés, unissez-vous!»). 2. Eu égard à l'idéal, à l'enjeu politico-idéologique, la libération du «genre humain» est hors saison, on se contente d'invoquer des communautés ethniques ou religieuses, fictives ou réelles, mais toujours circonscrites. En pratique comme en théorie, sur le terrain comme dans les propagandes, les mobilisations du «troisième genre» s'avèrent irréductiblement municipales, par là «absurdes» parce que dépourvues d'universalité.

Néanmoins, cette absurdité est. Elle existe positivement. Elle ne témoigne pas seulement en creux, négativement, du manque, ici-bas, des idéaux qui jadis explosèrent, ou de la paralysie des euphoriques ambitions dont nos princes nous fatiguent. Précisément, parce qu'elle se nourrit du dépérissement des grands discours et de l'impuissance des puissants, la permanence de l'état de guerre «insensé» qui flotte sur les cinq continents manifeste la figure inquiétante de l'après guerre froide. La vie sociale a horreur du vide; quand la tradition ne cimente plus et que lois et démocratie manquent à l'appel s'instaurent des relations humaines d'un type particulier. Entre le gardien armé et le civil astreint au travail obligatoire, entre le taleb et la femme afghane, entre le Groupe

---

1. Bernard-Henri Lévy, *Les Damnés de la guerre. Réflexions sur la guerre, le mal et la fin de l'histoire*, Grasset, 2001.

islamique armé et le douar qu'il rançonne ou égorge resurgit la dissymétrie absolue qui accole l'esclave au despote. Ce règne dispersé mais proliférant de l'homme à la kalachnikov, je crains qu'il ne faille le décrypter comme la vérité profane et profondément nihiliste de la précieuse « fin de l'histoire », où les ignorants fêtent l'apothéose de la raison. Le sens des guerres insensées, c'est l'instauration de l'esclavage devenu solution finale aux problèmes de la modernité.

L'histoire ne meurt pas d'un seul coup, elle agonise au fil du temps, par miettes, à mesure que les populations s'abandonnent ou sont abandonnées à la régie des machettes, des carabines, des cutters. « L'agonie n'a lieu que dans les maladies où la vie s'éteint par degrés », précise le *Littré*. À l'orée du xxe siècle, l'Europe éclairée baignait dans la certitude que les temps de l'esclavage étaient derrière elle. Revenue de cette illusion pour avoir institué au cœur même du Vieux Continent le pire de ce que l'homme peut infliger à l'homme, elle crut par la grâce de l'antifascisme et de l'anticolonialisme tirer un trait et en finir à jamais. Les guerres oubliées, les miasmes des guerres froides, les renvois des guerres chaudes, les sociétés larguées à la dérive, les peuples abandonnés lui retournent désormais l'image d'une planète qui se délite, morceau par morceau. L'histoire n'est pas assujettie à progresser ou à disparaître, elle peut ici avorter, là-bas pourrir, plus qu'une fois ses fruits démentent la promesse de ses fleurs.

Jusqu'au 11 septembre 2001, les Grands ont tenu ces agonies pour négligeables bavures exotiques. Les massacres étaient « africains », les fureurs « balkaniques », les résistances « caucasiennes » et les guérillas toujours lointaines, sauf quand quelque touriste de chez nous en tombait victime. Ils découvrent maintenant qu'ils ne sont pas hors d'atteinte, ce qu'une poignée d'intellos fous ne cessait de leur dire. Le vomi de l'histoire remonte jusqu'à eux. La lèpre des ruines gagne les terres confortables. Des grottes de l'Afghanistan aux tours de Manhattan, la conséquence est bonne, le pourrissement, absurde en son écorce, nihiliste en son noyau, est une puissance universelle.

La violence quasi invisible des guerres « oubliées » et celle qui frappe spectaculairement le cœur de New York manifestent une seule et même hybris sans frontières. À la base, aux quatre coins du monde, elle éradique au pistolet mitrailleur les fragiles possibilités d'assurer un minimun de droit à chacun ; au sommet, elle programme l'annihilation brutale de la cité démocratique ; aux deux bouts de la chaîne, elle lance son mortel défi au XXIe siècle en substituant, dès qu'elle le peut, la loi du voyou aux chances et aux risques d'une existence libre.

Absurdité n'entraîne pas insignifiance. Non-sens au regard des grandes visions du monde qui jadis l'emmitouflaient, la violence nue parle. Elle vise un destinataire à terroriser. Elle affirme une autorité et une propriété. Elle décide ceci est à moi, cela n'est pas à toi. Elle suit sa logique et promeut une stratégie. Elle définit une gouvernance, une manière d'arracher et de conserver le pouvoir sous l'Olympe, dans la bonne moitié des basses terres. La violence, qui ne s'embarrasse plus, ou si peu, de justificatifs théoriques et de notes de frais idéologiques, demeure porteuse de messages. Quitte à changer de style, de moins en moins déclarative et de part en part prescriptive, elle ne décrit pas, elle décrète. Elle délaisse le souci d'être pour la fièvre de faire ou, plus précisément, elle se choisit exclusivement performative : être, c'est faire. La Bovary prend un amant et réinvente, par sa seule mise en scène, un contenu à ce mot devenu creux, l'« amour ». Un groupe inconnu prend des otages, il n'en faut pas davantage pour s'étiqueter « révolutionnaire », sa transgression vaut bulletin de naissance et carte d'identité. Le nihiliste sans pourquoi est un horticulteur, il cultive les nouveaux jardins de l'esclavage. Il fleurit parce qu'il fleurit, en imposant aux proches et aux lointains son pourquoi pas ?

Du terroriste comme ennemi de l'humanité

La coalition nécessaire contre le commanditaire de la boucherie de Manhattan fut, comme toute alliance, lestée d'ambiguïtés. Dans l'urgence, on n'évita guère les écarts de langage, tel le président américain se réclamant d'une « croisade » pour se rétracter le jour suivant et filer à la mosquée toute proche. Le sens général de l'action entreprise, promise à longue durée, fut condensé par l'étiquette « guerre contre le terrorisme », tous les partenaires acquiescèrent, sauf à disputer illico de la définition dudit « terrorisme ». Depuis deux siècles, le vocable véhicule de lourds quiproquos. Il stigmatise d'abord le franc-tireur, l'irrégulier, le sans uniforme, qui supplée une armée (en déroute ou en formation) et défend un territoire (envahi ou occupé) : guérilla espagnole ou russe contre Napoléon, française contre les Prussiens en 1870-1871. Il ostracisa davantage encore le « partisan » qui ne se réclame plus d'un État constitué (même si défait), mais d'une nation en formation, d'une société à venir, ce pourquoi il double sa guerre « de libération » contre un envahisseur ou un colonisateur par une guerre civile (« révolutionnaire »). Si le 11 septembre constitue un tournant décisif et marque l'assomption d'une menace nouvelle, force est de repenser le concept flottant de terrorisme ou d'y renoncer.

Violence et terreur sont inséparables. Il n'est pas d'épreuve de force qui n'étoffe les échanges de coups par des échanges, même implicites, de menaces. Chaque camp promet de frapper plus fort si l'adversaire ne vient pas à résipiscence. Dans un duel de deux volontés, où chacun refuse la loi de l'autre, est vaincu le combattant qui anticipe mentalement, dans la peur et la panique, sa défaite physique et se voit « déjà mort ». « Qu'est-ce qu'une bataille perdue ?... C'est une bataille qu'on croit avoir perdue » (Joseph de Maistre). Le plus effrayant gagne. Le plus effrayé cède. Tout guerrier se doit de paraître redoutable et inspirer la crainte. Toute guerre implique, des deux côtés, une dose de terrorisme.

Néanmoins, la terreur risque sans cesse de transgresser le cadre de la guerre en suscitant le double aveuglement du terrorisé et du terrorisant. Soit la panique détruit le combattant, soit la fureur l'emporte au-delà des buts assignés. Pâris, l'amant d'Hélène, fuit le champ de bataille ; Ajax, le champion grec, transforme son propre camp en terrain de massacre. La terreur non contrôlée devient *hybris* et celle-ci s'achève folie, pour qui la produit comme pour qui la subit.

Maîtriser la terreur pendant la bataille est dévolu à la discipline, « force des armées », dit-on. Après la bataille, c'est la tâche de la cité. Toutes les mythologies indo-européennes, souligne G. Dumézil, manifestent la difficulté de brider l'enthousiasme d'un héros tout feu tout flamme. Horace, le vainqueur fou furieux, meurtrier de sa sœur Camille, symbolise pour Rome le danger de l'illimitation d'une ardeur qui n'épargne plus son camp. L'autonomisation de la terreur pour la terreur menace indistinctement amis et ennemis. Le terroriste transgresse le cadre du conflit originel, il joue « perso » et ne rend compte de rien à personne.

La maîtrise de la terreur est dès lors bilatérale. Les deux parties se liguent contre un paroxysme qui les menace l'une et l'autre. La plupart des guerres distinguent ainsi violences licites et illicites au nom des us et conventions, qui excluent certains moyens (les poisons), préservent des lieux (sanctuaires), prohibent des armes (l'arquebuse, les gaz), sauvegardent les populations (distinction du civil et du militaire). Ces « lois de la guerre », éminemment fragiles et variables, limitent les pratiques violentes, mais plus encore les potentialités de la terreur : le pas permis vaut pour inimaginable. En abolissant ces frontières, le tout permis nihiliste des initiateurs d'une guerre totale émancipe le terrorisme que les guerres traditionnelles tentaient de contrôler. Dans la tradition : les frappes ciblées de l'aviation américaine évitant au maximum les civils d'Afghanistan ; à l'inverse, destruction totale de Grozny par l'armée russe en l'an 2000. Si les pacifistes se moquent de la différence, la liesse initiale, qui a saisi les gens de Kaboul inquiets mais délivrés par les guérilleros de Massoud grâce à l'aviation américaine, tient compte de cette distinction. Le 13 novembre 2001, les taliban s'enfuyaient, le ministère pour l'Éradication du vice et la Promotion de la vertu était forclos, la musique envahissait la capitale afghane, la ville manquait de barbiers.

Distinct du soldat, du franc-tireur et du partisan, le terroriste absolu (un État, un groupe, un individu) s'affiche d'entrée de jeu libéré de toutes règles. Ce faisant, il affranchit les capacités annihilatrices modernes de toutes limites. En déchaînant une violence sans frontières, qui n'épargne de facto personne, en suscitant une épouvante qui vise n'importe qui, c'est-à-dire tout le monde, la guerre se criminalise et le terrorisme international s'avère agression contre l'humanité. Cela fonde en droit une alliance universelle contre le terrorisme entendu, précisons-le, dans sa version nihiliste.

Avant le tribunal de Nuremberg condamnant les chefs nazis, il existe un précédent en droit international et un seul, mais particulièrement éclairant, celui du pirate des mers. Il fut défini comme ennemi de l'humanité (*hostis generis humani*), à charge pour tous les pouvoirs de s'en emparer « mort ou vif ». L'expression réitérée par le président américain est traditionnelle et bienvenue, malgré les incompréhensions et les sourires méprisants d'auditeurs sans mémoire. Il fallut que l'équilibre européen s'affermisse (traité d'Utrecht 1713) pour que les principaux États modernes s'accordent et bannissent la piraterie. Un siècle plus tard, la toute neuve marine des États-Unis pourra, en toute légitimité internationale et sans prétention coloniale, purger Alger de ses écumeurs des mers.

De quelle autorité se prévalent les États qui placent le pirate au ban de l'humanité ? Disposent-ils de la souveraineté sur les espaces marins ? Justement pas ! Aucune puissance ou coalition de puissances n'exerce sur les océans un pouvoir analogue à celui d'un État dans son territoire terrestre. La mer est un espace « libre » qui n'appartient à personne, explique Grotius dès 1609, en distinguant chose privée (possédable), chose publique (un fleuve, propriété commune des populations avoisinantes) et chose commune (l'océan et la mer) : « Si le peuple romain a pu armer militairement des flottes et punir les pirates saisis sur la mer, ce n'est point en vertu de son propre et privé droit, mais du droit qu'ont aussi sur la mer les autres peuples libres » (Grotius, *De la liberté des mers*). S'il est douteux que tel fut l'avis des Romains, c'est en revanche ce que postule originellement le « droit des gens européen » qui ne reconnaît d'emblée aucun « maître du monde ».

Le principe de 1609 reste vrai en 2001, les forces armées américaines poursuivent le commanditaire des crimes de Manhattan et d'Afghanistan, jusque dans ses repaires. Au nom des « autres peuples libres », elles organisent la campagne militaire contre Al-Qaida et les taliban. Le pirate considère que l'espace maritime est *res nullius*, une terre vierge qui n'est à personne, un terrain de chasse où tout est bonne prise pour le premier tireur. Le juriste et l'Europe éclairée stipulent que l'espace maritime appartient à tout le monde (*res omnium*), que la circulation et le commerce y sont libres, que nul n'a le droit d'entraver la liberté de chacun en usant de la violence. L'océan est « impossédable » ; en prétendant y exercer par la force une souveraineté, le pirate porte atteinte à la liberté de tous et s'auto-définit comme criminel : « L'océan, que l'Antiquité appelle immense, infini, père de toutes choses et sans autres bornes que le ciel... ne peut être ni contenu ni renfermé, et possède plus véritablement qu'il n'est possédé lui-même » (Grotius).

Une humanité empêchée de communiquer est atteinte dans ses conditions d'existence. L'air et la navigation aérienne relèvent comme l'eau d'un domaine « commun », le terroriste qui détourne les avions et les propulse en arme de destruction massive paraît, au même titre que le pirate d'antan, un ennemi déterritorialisé de l'humanité, justiciable d'une « guerre contre le terrorisme ». La cible est le nihiliste destructeur, distinct du soldat, du franc-tireur, du partisan, même si à travers ces trois figures mûrit une violence absolue qui plante son drapeau et réclame les pleins pouvoirs à Ground zero. Héros d'une agression sans frein ni fin, les pirates ou les Hitler s'attaquent non point à tel ou tel, mais à tous dans la mesure où leur guerre totale ne sape pas seulement les conditions de telle ou telle paix, mais de toutes. La propagande par l'exemple de l'explosion nihiliste propage des menaces pas moins dangereuses, mais plus contagieuses que la prolifération nucléaire.

Le spasme d'un Hiroshima planétaire ne hante plus les stratèges. Le fantasme d'une révolution mondiale et totale s'étouffe dans les bibliothèques. L'Ennemi absolu a quitté le plateau. Il convient soit de dormir sur les deux oreilles — ainsi fut-il depuis dix ans —, soit de repenser l'impensable sous les figures manifestes d'un nihilisme mutant. Inutile de diaboliser derechef un seul adversaire, c'est l'adversité protéiforme qu'il faut apprendre à repérer. « La vertu doit briller à travers l'adversité » (Aristote).

Peut-être l'horreur du 11 septembre enseignera-t-elle aux Grands ce qu'il en coûte de jouer avec le feu. Peut-être Moscou reconnaîtra que, enlisée dans une très sale guerre au Caucase, son armée se transforme en cohortes d'irrécupérables malandrins, tandis qu'en face douleurs et désespoirs deviennent incontrôlables. Peut-être V. V. Poutine se résoudra-t-il à la paix en stoppant la mécanique infernale stalinisme-islamisme déclenchée par ses prédécesseurs, ces apprentis sorciers qui, à partir de 1978, en dix années d'invasion, d'occupation et de casse précipitèrent l'Afghanistan dans l'abîme.

Peut-être les démocraties s'interrogent-elles sur les dérives de leur partenaire stratégique et réfléchiront-elles, à deux fois ou plus, avant de reproduire « les yeux dans les yeux » de si catastrophiques aveuglements. Peut-être se garderont-elles de fêter la Russie, son pétrole, ses mafias et son despotisme comme une Arabie saoudite bis et sa misère comme celle d'un Pakistan géant. Peut-être.

La presse américaine confie, après la réception du numéro un russe dans le ranch du numéro un américain : « Quelques remarques de Bush pendant ce sommet soulevèrent la question de la continuation de la guerre en Tchétchénie et celle des réticences de M. Poutine à accepter des "médias" libres. D'aussi énormes écarts touchant le ralliement de Moscou au modèle occidental de démocratie et de droits de l'homme, s'ils devaient se perpétuer, rendraient impossible toute authentique "mutation des relations bilatérales" quelle que soit l'alchimie des rapports personnels de deux présidents[1]. » S'agit-il côté presse d'un vœu pieu, côté autorité d'un effet de manche ? Ou bien le malheur de New York dessille-t-il quelques paupières officielles ? Peut-être n'est-il pas démesurément optimiste d'espérer avec les tragiques grecs que la souffrance et le malheur, le « pathein », puissent être source de « mathein », de sagesse ou pour le moins de prudence.

---

1. *Washington Post*, 17 novembre 2001.

Pourquoi nous combattons [1]

Il est l'homme le plus heureux d'Afghanistan. C'est du moins ce qu'il dit. Il s'appelle Ahmadi Sha, il a trente-trois ans et, chose rare dans un pays peuplé de silhouettes chétives par nature ou par nécessité, il est plutôt grassouillet. Ahmadi tient une boutique d'appareils ménagers dans la rue Nadir-Pastun, près de la rivière Kaboul, et sa vie a été un calvaire pendant les cinq années où les taliban ont tenu la capitale. « Si je pouvais attraper le mollah qui m'a fait fouetter devant tout le monde et qui a fait brûler tous mes téléviseurs, je l'étranglerais de mes propres mains, dit-il, les yeux enflammés. Je n'oublierai jamais ce que j'ai vécu dans la prison de Pul-i-Charki. » Cette prison est un endroit sinistre, avec des oubliettes qui paraissent tirées d'un roman d'Alexandre Dumas. Ahmadi y a fait quelques séjours, dont le dernier voici six mois à peine.

Quand il retrouve son sourire, il explique avec émotion qu'il n'est pas encore habitué à vivre sans peur, à voir passer les heures sans redouter à chaque instant l'apparition subite des fanatiques au turban noir. Il a hérité son commerce de son père, qui le tenait de son grand-père, et dans sa famille on n'a jamais su faire autre chose que vendre des appareils électriques. Au début des Gramophone et des radios à lampes,

---

1. *Pourquoi nous combattons* : ainsi s'intitulait une série de films mis en scène par de fameux cinéastes hollywodiens, sous la direction de Frank Capra, durant la Deuxième Guerre mondiale. Parmi eux, des chefs-d'œuvre. Ils devaient motiver les GI's et expliquer à la population les raisons de l'intervention américaine contre le nazisme en Europe.

plus tard des télés, des antennes paraboliques et des disques compacts.

« Quand les taliban sont arrivés en septembre 1996, et qu'ils ont interdit à peu près tout, nous avons caché notre marchandise dans une cave, mais il faut bien vivre et, de temps en temps, nous vendions quelque chose », explique Ahmadi, sans cesser de regarder du coin de l'œil un écran où Sarus Khan et Karisma Kapur, le héros doucereux et l'héroïne pâmée de centaines de films indiens, luttent, souffrent et s'aiment jusqu'à l'épuisement. Il n'est jamais arrivé qu'un de ses clients clandestins le dénonce, mais il suffisait qu'une patrouille du ministère de la Promotion de la vertu passe devant sa vitrine et suspecte quelque chose de bizarre pour qu'ils lui tombent dessus comme des chacals. « Ils m'interrogeaient et plusieurs fois m'ont jeté à la rue, obligé à m'étendre par terre et fouetté. Normalement il y avait sept coups de fouet, mais la dernière fois ils m'en ont donné vingt. »

Hier, il a été si occupé qu'il n'a pas pris le temps de déjeuner. Il a vendu cent vingt téléviseurs, ce qui ne laisse pas d'intriguer quand on sait que l'Afghanistan est toujours dépourvu d'émetteur de télévision. « Les gens achètent en même temps une antenne et un récepteur numérique, grâce auxquels ils peuvent capter trois cents canaux internationaux », explique Ahmadi. Bien que certains, tels CNN ou la BBC, soient cryptés et que d'autres émettent dans des langues que personne ne comprend, « les Afghans s'en foutent. Ils passent des heures collés à l'écran et ils ne se lassent jamais de voir ces filles qui rivalisent dans les concours de beauté italiens » (de Kaboul, Alejandro Rojo — envoyé spécial d'*El Mundo*, traduction de Gérard Dupuy —, *Libération*, 16 novembre 2001).

3

Vivre sa vie

De la banalité individuelle du nihilisme

Aimer une religieuse sous la forme d'une actrice !...
Et si c'était la même ! Il y a de quoi devenir fou !

Gérard de Nerval

Polis, nantis, adaptés à la modernité, adoptés par elle, les missiles humains du 11 septembre ne pleuraient pas misère. Bonne éducation. Profil de carrière prometteur. Tout le portrait d'un cadre occidental moyen-supérieur. Les quelques adolescents qui acclament Ben Laden trois semaines plus tard dans le métro parisien ne comptent pas davantage au nombre des damnés de la terre. Ils viennent avec beaucoup d'autres de conspuer *La Marseillaise* et d'interrompre un match de football, où l'équipe de France menait contre celle d'Algérie. Leurs parents ont émigré du Maghreb, eux-mêmes disposent de la nationalité française. Ne croyez pas qu'ils croupissent, affamés, dans les bidonvilles. L'Afrique entière les envie. Tant de clandestins risquent leur vie et gagnent leur mort pour débarquer incognito sur les terres européennes qu'ils méprisent. Les jeunes banlieusards s'estiment plutôt défavorisés, preuve s'il en fallait de leur intégration. Ils ne se comparent pas aux Africains, mais aux Français du faubourg Saint-Germain dont ils partagent les écarts de langage, les manières et les évaluations, mais pas les revenus. Leur conduite insolente confirme que la France a déteint sur eux. Ils ont compris habiter une contrée où chacun trouve naturel que les paysans en colère déversent leur purin devant les préfectures, tandis que les routiers bloquent les autoroutes les veilles de week-end. Ils savent combien les usagers, dont ils font partie, tolèrent que les bus et les métros les plantent sur les quais. Et les policiers de revendiquer, manifester, bloquer la circulation, tandis que leurs syndicats envisagent publiquement d'envahir le ministère de l'Intérieur qu'ils sont censés garder. Tous les Gaulois sont frondeurs, remarquait Jules César. Les émigrés de la deuxième génération ont de qui tenir. Rattrapés par leurs « ancêtres », ils s'intègrent en contestant, parfois dans l'outrance. Concluez que les sicaires bon chic, bon genre recrutés par le milliardaire saoudien, aussi bien que les claques qui spontanément le fêtent, sont nos proches prochains.

Quand devient-on nihiliste ?

Le citoyen oscille. Tantôt il cultive le calcul glacial propre à l'*Homo economicus* et défend sans scrupules insurmontables ses intérêts personnels, il revendique, s'associe, adhère à nombre de lobbies et, à l'occasion, moyens trébuchants aidant, il investit et spécule. Tantôt il cède aux élans du cœur et s'élève *Homo religiosus*, feignant d'oublier le calculateur intéressé qu'il ne cesse d'être. Le nihiliste fait le pont. Il pousse au paroxysme la polarité. Il balance, aller retour, du cynisme au jour le jour à la fureur du possédé. S'inventant synthétique par un double détournement, il rejette tradition et religion au nom de la modernité et récuse la modernité pour son manque de « sens », c'est-à-dire d'idéal religieux. Empruntant au présent sa négation du passé et au passé sa contestation du présent, le révolté démolisseur végète dans l'entre-deux. Il écrase tout avenir sous le poids de sa double négation ou explose en plein vol. La foi fanatique entretient les voyages collectifs. Les overdoses dopent les errances individuelles.

Seules, croit-on, des créatures ataviques, sorties de quelque Moyen Âge mental, sont capables de se sacrifier afin d'honorer leur Idéal par l'horreur. Allons donc ! Le meurtre et le suicide sont à portée de tous. La combinaison des deux se passe de l'intercession d'Allah. D'aucuns se précipitent dans la mort en criant vive Staline. D'autres en hurlant que Hitler est grand. D'autres encore pour leur photo pleine page dans les news de la semaine. Mohamed Atta a-t-il manifesté un exceptionnel courage en s'écrasant sur les tours ? Ni plus ni moins que le père ou la mère qui se tue avec ses enfants. Le courage de la saloperie court les rues et la rubrique des faits divers. Inutile de feindre d'exotiques mystères, si l'enfer, c'est les autres, les autres sont tellement nous ! Le nihilisme islamiste est avant tout un nihilisme et comme tel une manière contemporaine de vivre sa vie et de meurtrir celle des autres. Pathologie qui ne contamine pas l'islam exclusivement, les religions concurrentes et les courantes absences de religion ne sont pas immunisées.

Le match Algérie-France de football se tint le samedi 6 octobre 2001 au Stade de France (Saint-Denis). La partie fut arrêtée à quinze minutes de la fin, alors que la France menait 4 à 1. Il embarrasse, ce charivari des beurs qui sifflent leurs idoles, conspuent les joueurs, envahissent la pelouse, interrompent la partie, huent les responsables exhortant au calme sous une pluie d'ustensiles divers. Deux ministres — deux femmes, tiens donc ! — furent (légèrement) atteintes à la tête. Patatras ! le symbole de la grande réconciliation des peuples, des classes et des générations capota. Le miracle de saint Football n'opérait plus, du moins pas dans le sens attendu. Les turbulents regagnèrent leurs foyers respectifs sans autre forme de violence.

Contents. Eux aussi avaient joué dans le symbolique et posé pour les télévisions. Zidane, nous voilà ! Chacun son tour. Pour apprécier pareil retournement, il eût fallu se souvenir de la fin du roman de Dostoïevski. Elle conte l'échec d'une fête de bienfaisance organisée au bénéfice des institutrices démunies par l'épouse du gouvernement, Julie Mikhaïlovna. Madame vaquait de l'un à l'autre, répétant : « Nous devons essayer de comprendre la jeune génération ; moi, j'agis par la douceur et la retiens ainsi sur le bord du précipice. » Les douceurs, et pas davantage les brutalités, ne tiennent lieu de lucidité. Sous prétexte de « comprendre », Julie Mikhaïlovna ferme les yeux sur les tensions et les intrigues qui désintègrent sa province. La fête qu'elle voulait symbolique tourne, nihilistes aidant, à la contre-performance plus symbolique encore. Vous eussiez dû penser, Marie-George, aux déboires de la pauvre Julie. Pour distinguer les enjeux, la littérature, madame la ministre, est de plus grand secours que votre carte du parti.

Qu'entend-on par nihilisme ? Distinguons. Ou bien, définition numéro 1, version restreinte, la mienne : le nihilisme nie le mal, il en cultive l'ignorance. L'innocent qui, après le 11 septembre, acclame Ben Laden, l'expert qui comprend l'horreur et finit par la justifier à force de l'expliquer sacrifient, fût-ce à leur insu, à l'axiome nihiliste fondamental : il n'y a pas de mal. Ou bien, définition numéro 2, généralement reçue, mais à mes yeux erronée, le nihilisme est l'ignorance du Bien. Dans ce cas, la modernité entière passe sous sa coupe. L'économie où tout se vend et s'achète. L'univers sans dieu où nul ne sait à quel saint se vouer. Le débat ouvert où chaque conviction et son contraire s'affirment librement. Voilà qui illustre une condition humaine régie par l'axiome de substitution : il n'y a pas de Bien — commun, infaillible, immuable.

Un sophisme des plus répandus postule que ces définitions 1 et 2 se recouvrent. S'il n'y a pas de Bien, il n'y a pas de mal. Et réciproquement. Dieu et Diable apparaissent et disparaissent de conserve. Évidence trompeuse. Erreur absolue. Si j'admets la définition 2, le doute méthodique de Descartes ou l'inquiétude de Hamlet tombent dans l'escarcelle du nihilisme, pour autant qu'ils laissent en suspens ou mettent entre parenthèses l'existence et le fondement des valeurs suprêmes. Montaigne aussi serait nihiliste : « C'est, à l'avis de Socrate, et au mien aussi, le plus sagement juger du Ciel que de n'en juger point. » Nommons relativiste (et non nihiliste) cette hésitation très partagée touchant l'Idéal. Elle se distingue d'un nihilisme stricto sensu (définition numéro 1) qui escamote l'existence du mal et de l'horreur. L'enfer des Twin Towers produit une émotion assez générale, bien que chaque citoyen ému conserve par-devers soi une idée singulière et incomparable de son paradis préféré. Dès qu'on délaisse les jeux de mots et leurs équivoques, expérience du mal et expérience du bien, loin de se recouper, s'avèrent parfaitement hétérogènes. Elles font deux. « La maladie se sent, la santé peu ou point ; ny les choses qui nous oignent au pris de celles qui nous poignent » (Montaigne).

Emma Bovary circule entre les deux définitions précédentes. Elle a rompu avec les croyances (chrétiennes) de son enfance et ne s'en inquiète guère. Relativiste, donc. Elle vit sa vie sans souci des dégâts qu'elle sème derrière elle et des souffrances qu'elle inflige, suivant ainsi la pente du véritable nihilisme (définition numéro 1). L'héroïne de Flaubert est *confondante*. Elle conjugue les charmes chaleureux d'une libération brutale et l'audace glacée d'une brutalité libérée.

César à Carpentras

C'est à tort qu'on classe dédaigneusement la Bovary parmi les faibles femmes, les évaporées de province victimes de médiocres amants, de voisins stupides ou de publications sentimentales et plates. Plus erroné encore serait de l'ausculter à distance telle une débile mentale ou de la classer petite-bourgeoise type, pur cristal d'aliénation sociologique. Malade, dépressive, défaillante, impuissante Emma ? Allons donc ! Voilà certes ce que diagnostique, en avance sur tous les commentateurs savants, le curé Bournisien, qui, fort de sa bonne santé, la renvoie à son médecin de mari. Les conclusions péremptoires que s'autorisent la religion et la science sur le « cas » de cette « malheureuse » coincent Emma dans les filets de la maladie nerveuse, à charge pour les esprits supérieurs et savants de lui administrer, sans autre forme de procès et deux siècles durant, la camisole des antidépresseurs. Charles Bovary, lui, ne partage pas ce mépris hautain. Il aime, il idolâtre, il admire (et Flaubert avec lui). Son épouse adorée, belle, forte, c'est la vie même, celle qui s'éteint en lui quand il perd le seul être où rayonnait le plaisir d'exister. Séduit et subjugué par la splendeur de cette vamp avant la lettre, Baudelaire, rare parmi les contemporains, refuse de noyer Emma dans le rituel sordide des passades ratées. Il l'héroïse, « c'est un César à Carpentras », et succombe, ébloui : « La Pallas armée, sortie du cerveau de Zeus, la bizarre androgyne, a gardé toutes les séductions d'une âme virile dans un charmant corps féminin. »

Emma-César ? Emma-Athéna ? Fichtre ! Quelle aura pour une pharmacienne adultère, qui, accablée de dettes, met fin à ses jours ! Le roman s'est saisi d'un fait divers très ordinaire et l'a propulsé miracle mystique. Elle est venue, elle a vaincu, elle a vu. *Veni, vici, vidi*, César, vous dis-je. Pour finir, la déesse d'un jour délaisse le jour et Carpentras conquise. Révélation, oui, mais de quoi ? De qui ? Révélation d'une âme pure ? Certainement pas. D'une perversité insondable ? Pas davantage. Flaubert ne consent ni au prêche édifiant ni aux imprécations diabolisantes. Encore moins aux attendrissements larmoyants. Il prête corps, vie et parole à une puissance qui, envers et contre tout, s'affirme jusqu'au bout. Emma *dolorosa*? Connais pas. En lieu et place, une personne qui ne cède jamais sur son plaisir et ne laisse quiconque décider de sa vie, une personne qui conduit sa barque sans attaches de port en port, jusqu'au dernier dont elle décide encore. Emma? «Un homme d'action», répond Baudelaire.

Flaubert buta très tôt sur la difficulté de cerner dans sa banalité le nihiliste quotidien. À peine montré du doigt, celui-ci tourne à l'exception et vire à l'Autre, dont l'altérité extra-ordinaire garantit contre tout retour sur soi. Le rire «énorme» des géants rabelaisiens, l'outrance grotesque du «Garçon» qui hante les écrits de jeunesse, les démons qui visitent saint Antoine projettent au loin, trop loin, les créatures hors normes. Le sans foi ni loi, c'est moi, retourne le romancier. Rien n'y fait. On le suppose ou blessé ou calculateur. Mme Bovary ouvre une inédite voie. Construite par petites touches, de l'intérieur vers l'extérieur, l'héroïne ressemble à chacun et personne n'imagine pouvoir lui ressembler. Emma n'est pas la photo d'une femme qui faute. Ni le cliché d'une boutiquière délurée. Ni le portrait d'une passion. Ni la caricature d'une transgression. Elle se prouve et s'éprouve en avançant; elle accomplit pas à pas l'apprentissage de la muflerie universelle, par elle et en elle affleure l'expérience nihiliste de l'existence.

L'héroïne de Flaubert vole de ses propres ailes. Elle naît d'une fracture. Ni son père ni les bonnes sœurs chargées de l'éduquer ne lui transmirent un quelconque art de vivre, la jeune déracinée dut s'inventer seule. L'adolescente travaillait sans filet. La tradition restait muette. L'au-delà se détournait. La voix céleste de la conscience demeurait aphone. Silence complet côté morale, seul son plaisir parlait, d'une voix lointaine, ténue, étouffée par les bruits ambiants. Plaisir espéré avant d'être timidement éprouvé, lu avant d'être connu, car, dit La Rochefoucauld, « il y a des gens qui n'auraient jamais été amoureux s'ils n'avaient jamais entendu parler de l'amour ». Emma Bovary entreprit de vérifier en son existence la promesse de ses lectures. Elle cherchait « à savoir ce que l'on entendait au juste par les mots de *félicité*, de *passion* et d'*ivresse*, qui lui avaient paru si beaux dans les livres ». Pareille confrontation permanente du lu et du perçu, de ce qui est dit et de ce qui est fait, de la contemplation et de l'action ne traduit pas seulement la conscience d'une expérience, mais l'expérience de la conscience. Non pas le reflet d'une vie, un roman entre mille autres possibles, mais la mise à l'épreuve de la possibilité romanesque, ici et maintenant.

Emma ne se paie pas de mots et ne se contente pas de rêver sa vie. Elle vit ses rêves, quoi qu'il en coûte. Cette tête brûlée applique à la lettre l'axiome qui résume, selon Kant, la révolution des Lumières : aie le courage de juger par toi-même, « *sapere aude !* ». S'affranchissant des tutelles de la famille et du qu'en-dira-t-on, Emma a décidé de « marcher sur la tête », comme les Français de 1789 vus par Hegel, et de diriger en capitaine absolu le principe qui détermine son être au monde. Emma façonne sa biographie, sculpte sa vie. Elle n'accorde son cœur, tel Pygmalion, qu'aux seules fabrications de son esprit, sans hésiter à jeter les ébauches d'amants mal dégrossies, trop en dessous de son concept. Elle s'émancipe de la dernière « naïveté », qui grève ses homologues romantiques. Quand Werther découvre sa bien-aimée, l'éblouissement est réciproque, « elle dirigea ses regards vers le ciel puis sur moi ; je vis ses yeux remplis de larmes, elle posa sa main sur la mienne et dit : Klopstock ! ». Rousseau ou Klopstock, peu importe la référence littéraire, du moment qu'elle patronne et authentifie la rencontre. Le coup de foudre est pré-programmé dans les évangiles du cœur, Jupiter qui incendie n'est pas un dieu trompeur. Juré ! Promis : « Tout le roman ne semble vouloir dire autre chose que ceci : en dépit de toutes ses sottises et de tous ses égarements, l'homme, conduit par une puissance supérieure, arrive cependant à bon port», confie Goethe à Eckermann. Ainsi parle la littérature (allemande) qui est la voie et la vérité ; infalsifiable, elle organise l'expérience et la surplombe, alors que pour Emma tout ce qui est écrit devient objet de l'expérience, quitte à se révéler mensonge.

Le roman d'apprentissage raconte l'histoire d'une formation-éducation — *Bildung* — au croisement des hasards de l'existence et du cours réglé d'une biographie. Dans l'apprentissage goethéen, la conscience singulière s'élève peu à peu au-dessus des contingences individuelles, elle finit par se découvrir partie prenante d'un ordre du monde qu'elle apprend à connaître et à aimer. Un plan concerté régit les êtres et les événements de la même façon que l'écrivain hiérarchise les péripéties et les effusions. Au départ, le hasard semble roi ; en fin de parcours, la main invisible devient providence reconnue comme telle, et le héros s'approprie son destin, tout ce qui fut réel, partant énigmatique et perturbant, est reconnu rationnel, donc nécessaire, donc utile. Quand bien même le personnage viendrait-il à mourir ou à se suicider, sa triste fin physique n'entache point un happy end spirituel, où le sacrifice de l'individu authentifie les sentiments éternels dont il s'avère, à ses dépens, l'éphémère héraut. En revanche, l'apprentissage chez Flaubert élève son héroïne d'un cran encore, non seulement elle domine la contingence anecdotique des passades, mais elle se déprend de l'espoir d'atteindre un ordre caché où les élans du cœur ne seraient plus peines perdues. Rien, aucune franc-maçonnerie dissimulée, à l'instar de la goethéenne société de la Tour (entente entre les hommes d'élite pour déterminer ce qui est nécessaire, indispensable au bien suprême), ne surdétermine les passions des protagonistes. Ils désertent le service d'une logique supérieure. Adieu la « province pédagogique » organisée en sous-main par l'esprit créateur ! Seul demeure le plat pays du fait divers. « Terrain de sottise, le milieu le plus stupide, le plus productif en absurdités, le plus abondant en imbéciles intolérants », voilà la province antipédagogique selon Baudelaire et Flaubert, la province telle quelle, sans transfiguration, la province dans sa crudité, révélation finale non d'un ordre caché, mais d'un désordre permanent, définitivement établi.

L'éducateur devant être lui-même éduqué, l'enjeu n'est plus d'éducation mais d'autoéducation. Privée de directeur de conscience diplômé et infaillible, la femme de tête n'en fait qu'à sa tête. Tornade, la subversive balaie tout sur son passage, carrière, famille, héritage, réputation, consensus, bienséance. Et détruit encore après sa mort. Son époux se suicide. Sa petite Berthe, doublement orpheline, échoue à l'Assistance. Emma est une « force qui va », elle n'avance que pour romantiquement étreindre et embrasser ; le baiser tue à son insu. Ses courses au plaisir sont animées des meilleures intentions, elle poursuit une jouissance vraie et une vérité jouie ; elle se lance comme Faust à la recherche de l'instant absolu — *nunc stans* — où ici et maintenant le ciel paraît descendre sur terre et ne laisser aux humbles mortels extasiés plus rien à désirer. L'objectif, on ne peut plus classique, que s'est fixé l'épouse du docteur Bovary, est le sublime, ce point où la création s'éclaire elle-même et prononce un *Fiat lux* souverain. Et la lumière fut. Ici la théologie judéo-chrétienne et la rhétorique païenne du pseudo-Longin traduit par Boileau s'accorde à célébrer la « présence réelle » d'un Verbe qui se fait Chair. Emma progresse dans la dévastation en parfaite innocence. Elle s'est bornée à lire très religieusement les romans à la mode, « ce n'étaient qu'amours, amants, amantes, dames persécutées s'évanouissant dans des pavillons solitaires ». Elle s'adonne à l'Imitation du héros romantique, comme d'autres à celle de Jésus-Christ ou de Mahomet. Flaubert fait exploser sa bombe nihiliste d'une manière d'autant plus convaincante que son pouvoir désintégrateur ne résulte pas d'une volonté délibérée de nuire. Sadienne et sadique malgré elle, digne héritière d'un *Médecin malgré lui* selon Molière.

Le rire de l'histoire

Flaubert se réclame d'Aristophane et de ses successeurs. Le voyage au bout de l'amour qu'il impose à son héroïne plonge la belle dans l'inextricable confusion du sublime et du ridicule. Le court-circuit soudain où plénitude de l'être et vacuité du néant s'électrisent l'une l'autre dans un même éclat de rire n'est perçu que par le lecteur. Emma est émue. Léon empressé et avide. Ils s'enferment dans un fiacre qui les promène sans destination des heures durant. Par moments, une voix furibonde enjoint au cocher : « Marchez donc. » Que se passe-t-il dans la nacelle ? Motus, bouche cousue. La litote souligne l'équivoque, tandis que « les bourgeois ouvraient de grands yeux ébahis devant cette chose si extraordinaire en province, une voiture à stores tendus et qui apparaissait ainsi continuellement plus close qu'un tombeau et ballottée comme un navire ». Confession intarissable de deux âmes mises à nu ? Exercice prolongé de bête à deux dos ? Qu'importe ! Le mystère romanesque atteint un comble comique, les différences s'évanouissent, la soudure des corps et des âmes frise la perfection. Une poule n'y retrouverait pas ses petits. Soigneusement entretenue par les impétrants, la communion ambiguë du charnel et du spirituel les enveloppe, le carrosse les brinquebale comme barque sur la vague et les séquestre comme un catafalque hermétiquement clos. Le couple fête sa naissance et sa mort, il touche ici à l'essentiel : l'indistinction du très haut et du très bas, du divin et de l'infernal, de la fusion mystique et de la confusion animale.

C'est sans le savoir et sans le vouloir qu'Emma fait le vide autour d'elle. Elle est d'autant plus redoutable que rien ne peut l'arrêter. Flaubert gagne. En deux siècles, la bombe qu'il bricole a transformé la planète plus sûrement que l'énergie nucléaire. L'exception d'Yonville, la pas-comme-les-autres a investi les sociétés contemporaines. La quinze-soixante-dix ans que ciblent les agences de publicité, c'est elle. Elle qui consomme, à crédit ou pas, elle qui fait consommer amants et troubadours, qu'on consomme en photo, en souvenir ou en vrai. Parfums, chiffons, prêt-à-porter, escapades estivales, rencontres, séparations, elle est tout ce qui rétablit la balance commerciale de la France et l'activité des cabinets d'avocats new-yorkais. Le principe du fiacre clos affichant, rideaux fermés, son secret gouverne les agences de tourisme mondial, les programmes des villages vacances, les locations dans les îles du Sud, la pêche sous-marine, les paradis érotico-fiscaux, le centre-ville et les banlieues. Les adolescents qui rêvent des caprices des stars et les stars qui rêvent d'adolescence permanente, vous reconnaissez ?

Que reste-t-il des promesses savantes et morales qui berçaient les révolutions industrielles de la belle époque ? Elles chantaient un avenir harmonieux et doux : un couple, donc des berceaux, donc une famille, cellule de base d'une société bien ordonnée, donc des villages, donc une patrie, donc l'humanité ! Michelet, Comte, monseigneur Dupanloup, tant d'historiens et tant de sociologues, tant d'écrivains bucoliques et tant de démographes, comptes en main, récusés d'avance par la fiction de Flaubert. Malheureuse France, que ses autorités politiques et spirituelles vouèrent un siècle durant à une abominable décadence, triste pays, proie des hommes débauchés et des femmes perdues, qui ne fait plus assez d'enfants. Et que sont devenus nos exemplaires voisins ? La prolifique Allemagne ? La pléthorique et chaste Italie ? Force est de constater qu'elles ont suivi : la patrie d'Emma Bovary n'était pas en retard ni en comateuse dégénérescence, mais à la pointe du progrès et en avant-garde. Partagée entre la crainte et l'espérance de multiples bouleversements, apocalypses nationales, déluges sociaux, rédemptions ou renaissances culturelles, l'Europe moderne ne connut aucun séisme plus radical que l'immense révolution Bovary. Avec elle s'effondrent le bon vieux temps et les traditions millénaires, la famille, l'éducation, le travail, la politique, la manière de s'habiller et la façon de se déshabiller. Rien n'est plus comme avant. Où sont donc les neiges d'antan ?

Même la tant glorifiée « libération de la femme » ne s'élève pas au niveau de l'anticipation de Flaubert. Emma Bovary — androgyne selon Baudelaire, unisexe sur l'étiquette des Uniprix — ne libère pas la femme en elle, elle se libère de la femme. Le culte de l'éternel féminin masque mal les fétichismes du bourgeois. « Béranger a chanté ses amours faciles, Lamartine les migraines sentimentales de son épouse », écrit Gustave à Louise Colet. Emma renverse les rôles, dirige les opérations et se montre plus souvent violante que violée. Pour autant, elle ne pose pas à l'amazone. Loin de se borner à retourner la situation, en usurpant la place dominante du mâle, elle subvertit les partages manichéens de la virilité et de la féminité. Autour d'elle, en elle, après elle, triomphe l'anarchie des sentiments, à charge pour le cinéma, la télévision, les horrifiques mass media d'en démultiplier l'évidence. Héroïne, héros « de » notre temps, Emma n'a pas, avec cent ans d'avance, épousé notre époque, c'est notre actualité qui tout entière l'épouse.

Cherchez la femme ! Dans l'oreille d'un assoiffé d'éternel féminin, Flaubert glisse, malicieux : tu ne la chercherais point si tu ne l'avais définitivement perdue. En s'émancipant du modèle de la femme-mère, Emma dynamite un lien social ancestral et profond. Elle achève de disloquer la conjonction jouissance-procréation, garantie d'ordre moral. Elle quête son plaisir sans se soucier de marmaille. *Bye bye*, Charlotte, les bergères ne virent plus aux matrones. Ces libertés qu'elle prend, Emma les a reçues en héritage ; elle démocratise le legs des exceptions d'antan, digne et modeste fille des **grandes** dames que chantèrent l'antique Grèce puis l'Italie **et** la France. Le scandale de la fille perdue naît de son formidable pouvoir séparateur. C'est à travers elle que la société découvre le découplage irrésistible entre destins privés et intérêts (dits) communs. Le bon amour ne se mesure plus à la belle grossesse. La pilule contraceptive réitère la leçon, mais c'est avec un siècle d'avance qu'à Yonville les dés furent jetés. L'hédonisme individuel et la pérennité de l'espèce font deux. Radicalement. Aucune providence n'harmonise l'instant sensuel et l'éternité de la race. N'en déplaise à Thomas d'Aquin, la recherche du plaisir propre ne conduit ni automatiquement ni naturellement au Bien commun et souverain. Les ponts ont sauté, Éros se fracture et explose. L'énergumène produit, reproduit la possibilité banale et désormais universelle de l'égoïsme nihiliste selon saint Flaubert.

Les autres œuvres de l'auteur amplifient son entreprise de démolition. Dans *L'Éducation sentimentale*, la Révolution bouscule, balaie, déracine et finit par se dévorer elle-même. Comme Emma. Dans *La Tentation de saint Antoine* la religion et dans *Bouvard et Pécuchet* le savoir encyclopédique se vident de l'intérieur. « Ils mettaient en doute la probité des hommes, la chasteté des femmes, l'intelligence du gouvernement, le bon sens du peuple, enfin sapaient les bases. » Comme Emma. Avec *Salammbô*, sanglante saga de Carthage, aux richesses incomparables, l'Europe du commerce et de l'industrie trouvait un miroir noir, dont elle se détournait, prenant le plus grand soin à ne pas s'y mirer. Sous la croûte superficielle des bonnes mœurs bouillonne l'énergie inquiétante et formidable d'Emma, pécheresse sauvage où s'entremêlent, indissociables, création et destruction, comme dans la leçon d'hégélianisme condensé et comique que Pécuchet exhume du premier chapitre de la « Science de la logique » : « Puisque l'existence du monde n'est qu'un passage continuel de la vie à la mort, et de la mort à la vie, loin que tout soit, rien n'est, mais tout devient ; comprends-tu ? » Peu importe que Bouvard comprenne. L'interminable et creux dialogue qui le noue à son amical alter ego vérifie en permanence l'identité de l'Être et du Néant, axiome fondateur du devenir nihiliste.

L'artiste n'est pas un nihiliste

Flaubert a-t-il lui-même donné dans le nihilisme ? En apparence, oui. Sa chère Louise Colet, son ami Maxime Du Camp et son biographe Jean-Paul Sartre, sous des angles divers, ne se privent pas de lui reprocher un non-engagement suspect. Une secrète connivence lie en effet Emma et Gustave, dont on garde en tête le fameux « Madame Bovary, c'est moi ». L'héroïne annihile dans la vie les bienséances morales, l'auteur en purge son œuvre. Il se veut réaliste, c'est-à-dire antiromantique. S'il cède volontiers à l'injonction de Goethe de contempler « Hélène dans toutes les femmes », il récuse radicalement l'idéalisme de l'Allemand qui transforme dans la foulée Hélène en rédemptrice, la Grèce en avant-scène d'une Jérusalem céleste, et érige la beauté en symbole du Bien. Parente de l'Hélène d'Homère et de la Pandora d'Hésiode, Emma Bovary, femme d'un pharmacien provincial, ne crochète pas les serrures du paradis.

Hélène *bifrons*, la Bovary inquiète. Côté cour, pour ses adorateurs et pour elle-même, elle incarne la moitié du ciel, l'idéal féminin, qui, à la Goethe, nous « tire vers le haut ». Côté rue, sous l'œil critique de l'écrivain et dans le regard peu à peu désabusé du lecteur, l'ange intercesseur tourne à l'ange exterminateur. Tout entière soumise à la loi de son bon plaisir, Emma passe, sans cesse et sans souci, de sa *violance* personnelle — refus des tabous — à la violence sur autrui : la petite Berthe n'aura jamais été qu'une poupée qu'elle cajole ou repousse au gré d'humeurs changeantes, ou brutalise comme par mégarde. Sous la plage, le pavé. Sous l'hégémonie sentimentale, le sang, la solitude et la mort. Derrière Emma, un champ de ruines.

Aux yeux de Flaubert, son héroïne est une erreur de lecture. Elle rêve, elle chante, elle lit et prend au pied de la lettre l'« attirante fantasmagorie des réalités sentimentales ». Elle se précipite sur les romans roses en « littéraliste », à la manière dont les forcenés de Dieu dévorent le Coran, toujours à aiguiser leur dogmatisme fanatique en sélectionnant les versets qui confirment leurs pulsions et en occultant les autres. Pas d'hésitation, ni problèmes d'interprétation, ni subtilités exégétiques, Emma déchiffre les histoires de chevaliers et de damoiselles comme le wahhabite son texte sacré, comme le taliban les récits de la guerre sainte et comme une cuisinière peu inventive son livre de recettes. C'est écrit, il suffit d'appliquer. Le mode d'emploi doit être suivi sans complications inutiles. Emma « rejetait tout ce qui ne contribuait pas à la consommation immédiate de son cœur ». Emma jouit des livres en « sentimentale » et non, confie Flaubert, en « artiste ». Pour elle le texte est prescriptif. Elle l'ânonne sans aucun recul. Elle ne savoure pas le « paysage ». Elle ignore le côté descriptif d'une littérature qui dévoile. Emma n'a jamais connu qu'une lecture militante des œuvres de Walter Scott ou de George Sand. Pour cette enfant prodigue des grands romantiques, comme pour l'activiste qui brandit les versets choisis de Marx ou de Mahomet, il ne s'agit plus de contempler le monde, mais de transformer les vies, quitte à tailler et charcuter.

L'héroïne nihiliste sait qu'elle fait sa propre histoire, mais ignore romantiquement l'histoire qu'elle fait. Emma vit sa vie comme un roman, mais ne lira jamais le roman de sa vie, elle n'a pas d'oreille pour les dissonances. Ravageuse comme une maladie mortelle, innocente comme l'enfant de chœur, Emma la romanesque pense sur le mode persuasif et parle dans le registre performatif. Selon l'acception que le linguiste confère à ce terme : lorsque dire, c'est faire, lorsque l'énonciation définit l'énoncé, lorsque la parole, du seul fait d'être émise, établit la vérité de ce qui est dit, il s'instaure entre le dire et le dit une liaison performative insécable. L'exemple type en est le serment solennel de l'engagement nuptial : «tu es ma femme» définit simultanément l'un par l'autre l'époux et l'épousée, la formule apparie des conjoints qui ne deviennent tels qu'au moment où la conjonction est prononcée. À chacun de ses amours, Emma réitère une opération semblable, elle idolâtre l'heureux élu dans la mesure même où elle élit l'heureuse idole ; elle choisit ses adorations et adore ses choix. Lorsqu'elle change d'amour, une persuasion chasse l'autre, insensible à tout démenti, elle se jure derechef vivre par et pour le grand amour, le seul, l'unique.

Derrière l'apparente « erreur » de lecture, Flaubert laisse deviner la stratégie réitérée d'une fuite en avant forcenée, grâce à laquelle la douce vole d'échec en échec sans jamais éprouver la nécessité d'un retour sur soi. Elle fonce d'une extase à l'autre, comme le terroriste affairé fomentant attentat sur attentat s'épargne les interrogations calmes, donc gênantes. La passion pour la passion et l'action pour l'action court-circuitent avec un égal bonheur la chance et le risque d'une réflexion. Plutôt une fin effroyable qu'un effroi sans fin, semble signifier le suicide nihiliste. Emma et Atta, même combat ! Autrement dit : plutôt mourir que se voir mourir. «Quelquefois la fuite de la mort fait que nous y courons comme ceux qui, de peur du précipice, s'y lancent eux-mêmes » (Montaigne, *Essais,* II, 3).

Emma n'a pas d'yeux pour les maux qui fleurissent sous ses pas. Son nihilisme niche dans l'acceptation muette de sa propre cruauté. Des Idéaux, n'en déplaise aux moralisateurs, elle n'en manque jamais. Son romantisme renouvelle à foison d'inépuisables fonds d'exaltations sublimes. Sa faillite est ailleurs, dans l'escamotage d'une destruction dont la belle ne se soupçonne jamais partie prenante. Emma se mire étrangère au mal. Ici le regard que Flaubert jette sur son héroïne échappe totalement à cette dernière : elle se voit idéale, il la contemple fléau. Tandis qu'Emma vit jusqu'au bout une expérience nihi-liste, Flaubert introduit son lecteur à l'expérience *du* nihi-lisme. L'écrivain confia à Louise : « Il est permis de tout faire si ce n'est faire souffrir les autres. Voilà toute ma morale. » Voilà le point de rupture. Voilà le point délicat où Emma et Gustave se quittent. La dame Bovary n'a cure des peines qu'elle inflige à ses proches. Est nihiliste celui qui ne s'em-barrasse pas de faire souffrir l'autre.

Voyage au bout de la guerre

Flaubert, qui s'accepte incrédule — « le fond de ma croyance est de n'en avoir aucune » —, se méfie des bien-pen-sants qui taxent de nihilistes les opinions qui défrisent et, de proche en proche, excommunient tous les relativistes en matière de bien suprême. En 1855, sous Napoléon III, son ami Maxime Du Camp, frère de plume et complice d'expéditions orientales, se permit d'accabler par voie de presse un émigré, quelque peu républicain et athée : « Le romantisme allemand aboutit, dans son dernier représentant Monsieur Henri Heine, au nihilisme absolu. » Flaubert se fâcha tout rouge et la rup-ture s'avéra sans appel : « On accuse Goethe d'égoïsme (nouveau !) et Heine de nullité ou de nihilisme, je ne sais plus. Je ne donne pas trois ans à notre ami Max, s'il continue ainsi, pour devenir complètement imbécile. » Maxime perdit son ami, gagna une médaille, puis Gustave inventa, pour son usage personnel, un synonyme de nihiliste : « mufle ». Sartre dira : « salaud ». L'important n'est pas le vocable mais l'expérience qu'il désigne. Celle d'une cruauté masquée, aussi conquérante dans la pratique qu'inavouée dans la pensée.

L'expérience du nihilisme file entre les doigts. Rien ne sert de clouer les autres au pilori ou de scandaliser par de provocantes confessions, mieux vaut s'épargner de titiller la curiosité publique en mettant en scène d'extraordinaires caractères — l'ange déchu, le poète maudit, l'enfant du siècle trahi par son siècle, un Bonaparte cloné arrivant en retard, la victime des circonstances, le surhomme chez les sous-hommes, l'amant qui ne trouve pas à aimer, l'aimée en quête d'amant —, autant de désemparés peuplant les baraques foraines d'une littérature de quatre sous. Les interprétations psychologiques et les explications sociologiques, qui en font leurs choux gras, minimisent ; elles transforment en cas d'espèce ou en pathologies individuelles un état de choses nihiliste dont Flaubert au contraire annonce l'universalité.

Lorsque éclate, gronde et passe la guerre de 1870, le vieux Flaubert devine que le pire est encore à venir. « Toute l'Europe portera l'uniforme [...] le meurtre en grand va être le but. » Michelet et Renan sont un instant désarçonnés par l'entrée des Prussiens dans Paris. Elle dément les rêves bleus et les prophéties idéales des phares intellectuels du moment. L'auteur de *Madame Bovary* n'a plus que dix ans à vivre, son œuvre déjà accomplie témoigne pour l'avenir noir qu'il augure. Il n'a rien à perdre. Il n'hésite pas à singer Hegel, ce philosophe allemand que le Paris de la littérature met alors à la mode. Flaubert brosse en une phrase et trois étapes l'histoire du genre humain : «Ah! dans quel monde nous allons entrer! Paganisme, christianisme, muflisme : voilà les trois grandes évolutions de l'humanité.» En un mot comme en trois, qu'est-ce que le nihilisme? C'est le devenir mufle de l'Européen alphabétisé. C'est Yonville qui devient la vérité de Paris. C'est Chavignolles, couronnée capitale des lettres et des arts. Emma, Bouvard et Pécuchet brillent au zénith d'une civilisation qui prend en charge la planète. Flaubert, mi-Galilée, mi-Christophe Colomb, a découvert les nouveaux soleils de la modernité triomphante.

«Quelle barbarie! Quelle reculade! J'en veux à mes contemporains de m'avoir donné les sentiments d'une brute du XIIᵉ siècle. *Le fiel m'étouffe.* Ces officiers qui cassent des glaces en gants blancs, qui savent le sanscrit et qui se ruent sur le champagne, qui vous volent votre montre et vous envoient ensuite leur carte de visite, cette guerre pour de l'argent, ces civilités sauvages me font plus horreur que les cannibales. Et tout le monde va les imiter, va être soldat! La Russie en a maintenant quatre millions. Toute l'Europe portera l'uniforme. Si nous prenons notre revanche, elle sera ultra-féroce, et notez qu'on ne va penser qu'à cela, à se venger de l'Allemagne. Le gouvernement, quel qu'il soit, ne pourra se maintenir qu'en spéculant sur cette passion. Le meurtre en grand va être le but de tous nos efforts» (lettre de Flaubert à George Sand, 11 mars 1871).

Les nihilistes naviguent «par-delà le bien et le mal». Nietzsche cisela la formule à partir d'une expérience beaucoup plus terre à terre que ses philosophes de commentateurs ne le laissent supposer. En 1870, le jeune helléniste doué, fou de musique et d'un Wagner pas encore panthéonisé, s'engagea dans l'armée prussienne dès les premières salves. Vu ses piètres performances physiques, il fut versé dans l'infirmerie, où dysenterie et diphtérie manquèrent l'emporter. Cloué à son grabat, il eut loisir d'apprécier les recoins glauques, les coulisses noires, cachées et antihéroïques de l'Histoire. Les charniers de Wissembourg et de Wœrth furent son baptême du feu, il découvrit la banalité du nihilisme au contact des « pires horreurs ». La fausse nouvelle de l'incendie du Louvre, pendant la Commune de Paris, redoubla une angoisse qui plus jamais ne le quitta. Il pressentait que les guerres nationales ou civiles ébranlaient « toute l'existence scientifique, philosophique et artistique » de l'Europe. La « lutte contre la culture » passait à l'ordre du jour devant ses yeux horrifiés. Nihilisme contre civilisation : l'expérience vécue sur le terrain par le jeune écrivain fixe définitivement les enjeux. En lecteur attentif de Stendhal et de Dostoïevski, Nietzsche subodore, « nihiline russe » aidant, que le péril est simultanément intérieur et planétaire. « Le visage de la mort est la grande secousse qui éveille ! L'expérience que Nietzsche a faite en 1870 dans les ambulances françaises, l'événement de la guerre, qui a été pour sa pensée d'une importance décisive ou qui, tout au moins, a accéléré son évolution à la manière d'un catalyseur, s'est présentée cinquante années plus tard, avec des dimensions infiniment accrues. Cinquante années plus tard, la mort était devenue la sombre souveraine de toutes choses et l'horreur de la mort criait jusqu'au ciel. C'est alors seulement que l'effondrement de toutes les valeurs devint manifeste [1]. »

Il n'est pas de nihilistes malheureux. Que la bonne âme, qui les imagine bourrés de remords et tourmentés d'absolu, s'inspire de Pascal, peu enclin cependant à sous-estimer la « misère de l'homme sans Dieu ». Le penseur extralucide sut reconnaître aux « libertins » qui l'entouraient une fabuleuse capacité de se « divertir ». Divertir au triple sens, 1. de se détourner (dé-convertir) de la foi, 2. de s'en détacher avec

---

1. Hermann Broch, *Création littéraire et connaissance*, Gallimard, 1985, p. 334.

détachement, sans y prêter importance ou attention, et 3. de vivre sa vie joyeux et jouant. Que les professeurs de philosophie se remémorent Alcibiade, premier patron des nihilistes occidentaux. Fils prodige d'Athènes, dont il provoqua la chute, voyou historico-mondial, riche et bien né, il trahit sa cité au profit de Sparte, l'éternelle rivale, puis vendit les Spartiates aux Perses qu'il lâcha derechef pour rallier les Athéniens et boucler la boucle... Libre à l'Académie platonicienne de claironner que ce héros transgresseur ne fut qu'un mauvais élève et qu'il eût dû suivre avec plus d'assiduité les recommandations de Socrate... Libre aussi d'expliquer les tragédies de l'humanité par l'école buissonnière des citoyens tête en l'air. Dévalant la même pente pédagogique, l'homme politique prédit souvent la catastrophe à ceux qui ne lui prêtent oreille. Chaque donneur de leçon brandit trop aisément la clé unique du mystère : est nihiliste celui qui n'a pas bénéficié de mes objurgations. Voilà de quoi persuader les seuls convaincus.

Grande est la bien-pensante tentation de fantasmer qu'un individu qui se moque de la morale est un être à qui la morale manque. Mutilé du cœur, estropié de la conscience, le nihiliste se trouve alors photographié en creux, défini par ce qu'il n'a pas. Maladivement insensible, maladroitement ignorant, il tromperait les autres en se trompant sur lui-même, sans repérer le ver qui intérieurement le ronge. Pareil diagnostic emprunte son illusoire évidence aux préjugés de qui l'énonce. Rappelons qu'il existe des moments heureux et sans souci, dont les citoyens peu respectueux des bonnes mœurs ne jouissent pas moins que ceux qu'elles cuirassent. Souvenons-nous que l'absence de morale n'est pas tenue pour un mal suprême eu égard aux tartuferies que les parangons de vertu entretiennent. Les nihilistes sont actifs plus que réactifs. Loin de se morfondre, ils s'acceptent tels qu'ils sont et s'affirment envers et contre tout.

Sur les lèvres de ces réfractaires rigoureux n'allons pas lire des questions qu'elles ignorent : « Le but fait défaut. Il manque une réponse », dit Nietzsche. Manque pour qui ? Les nihilistes, même religieux, taliban compris, scandalisent dans la mesure où ils échappent à ces torturantes interrogations. Ils fleurissent parce qu'ils fleurissent et, comme la rose des mystiques, s'épanouissent sans pourquoi. Tout juste haussant les épaules devant des objections qui leur paraissent saugrenues, se défendent-ils d'un péremptoire pourquoi-pas ? Pourquoi bouder son plaisir ? Pourquoi refuser de savourer le savoureux et s'abstenir de saisir le saisissable ? Pourquoi ne pas tuer et se tuer ? Autant d'insolences déstabilisantes publiées dès l'origine grecque de la civilisation occidentale. À qui fera-t-on croire qu'elles reçurent réponse définitive ? Autant de pourquoi pas ? que la culture tourne et retourne jusqu'à les rendre incandescents d'indécence.

Homme d'action, manipulateur des consciences et des corps, à l'occasion stratège du discours et du prêche, le nihiliste gagne à être saisi dans sa positivité. Ses écarts de conduite ne tiennent pas à une interprétation fautive des Livres saints et des publications savantes, il vaque à ses plaisirs, coraniques et théologiques s'il le faut. Inutile de l'halluciner sous les traits d'un prêtre défroqué et désespéré, dans l'anxiété d'un croyant en révolte contre sa croyance ou d'un abonné perdu de la *Revue de métaphysique et de morale* qui n'aurait pas pris le temps de méditer les sagesses qu'elle véhicule. L'histoire du vocable « nihiliste » suggère le côté affranchi et autonome du personnage.

On doit à Anacharsis Cloots, en 1793, la première apparition glorieuse du mot : la république n'est ni déiste ni athée, « elle est nihiliste », c'est-à-dire coupée de toute référence à l'Être suprême, fût-elle négative. L'affirmation choqua. Elle valut à l'éphémère président du club des Jacobins d'être expédié illico à la guillotine sur ordre exprès de Robespierre. Une semblable radicalité oppose les « nihilistes » russes des années 1860 à leurs « pères » (la génération des aristocrates révolutionnaires de 1840 fut, de loin, moins terroriste). En 1862 paraît *Pères et fils*, roman de Tourgueniev, où l'Europe éclairée découvre une rage nouvelle de détruire, la contestation impitoyable des autorités, le rapport polémique à soi, la volonté insatiable de saper en ses fondements la totalité du système social. L'appellation « nihiliste » devient vite synonyme d'extrémiste. Les jeunes révoltés hésitent à s'en parer, elle étiquette en politique et en morale des audacieux en rupture de tout que rien ne retient. Le nihiliste est l'homme d'une pratique plutôt que l'inventeur d'une théorie. Il se soucie moins d'élaborer des thèses que de démolir. Le nihiliste abandonne le ciel aux nuages et s'adjuge la terre pour théâtre d'opération. Reste à le débusquer dans les fureurs de sa volupté et les voluptés de sa fureur.

Le nihiliste : un treizième à table

« D'abord il ne fut qu'une mode polémique et littéraire, un phantasme créé par la crainte des libéraux et des réactionnaires devant les violents et profonds échos suscités par les réformes dans l'esprit de la jeunesse intellectuelle. Ensuite, il devint pour un temps un drapeau politique, le jour où Pisarev adopta cette dénomination en disant que Tourgueniev avait dépeint avec exactitude l'état d'esprit de la jeunesse matérialiste, et en se proclamant lui-même nihiliste. Par là, Pisarev entendait que l'*intelligencija* révolutionnaire devait surtout tenir un rôle critique et corrosif et que les obstacles à abattre en Russie étaient si grands que même un comportement purement négatif suffirait largement à remplir la vie de sa génération. »

(Franco Venturi, *Les Intellectuels, le peuple et la révolution*, Gallimard, tome 1, p. 580.)

1. Agir à la Pougatchev

« Dans les manifestes de ce cosaque analphabète qui suivait le drapeau d'une absurde foi religieuse, sous la signature portant le nom fantomatique d'un idiot inconnu de tous (Pierre III) se trouvaient des principes sociaux plus vivants, des promesses plus solides, des prophéties plus certaines et plus menaçantes que tout ce qui était contenu dans les "codes" humanitaires de Catherine II ou même dans les déclamations radicales et libérales contre le trône et l'autel qui résonnaient alors sur les rives de la Tamise, de la Seine ou de la Delaware. »

(Lavrov, *in* F. Venturi, *op. cit.*, tome 2, p. 781.)

(Lavrov réanime en 1873 une espérance des démocrates russes : après l'échec des révolutions de 1848, la Russie devait prendre le relais par « une jacquerie en permanence, une Saint-Barthélemy des propriétaires », écrit Golovine. Herzen rêve de même. La révolte de Pougatchev embrasa le tiers de l'empire de Catherine II entre 1772 et 1774.)

2. Le Catéchisme

Primat de la destruction

« Le révolutionnaire méprise tout doctrinarisme et a renoncé aux sciences profanes, qu'il laisse aux générations futures. Il ne connaît qu'une seule science, la science de la destruction.

« C'est pour cela, et seulement pour cela, qu'il étudie actuellement la mécanique, la physique, la chimie et même la médecine.

« Pour cela il étudie nuit et jour la science vivante — les hommes, les caractères, les situations et toutes les conditions du régime social actuel, dans toutes les couches possibles (*sic*). Le but n'est qu'un : la destruction la plus rapide de ce régime immonde. »

Mentir

« Le révolutionnaire ne s'introduit dans le monde politique et social, dans le monde dit instruit, et n'y vit qu'avec la foi dans sa destruction la plus complète et la plus rapide. Il n'est pas un révolutionnaire s'il a pitié de quelque chose dans ce monde. Il doit pouvoir détruire les situations, les relations ou les personnes appartenant à ce monde : tout et tous doivent être pour lui également haïssables. Tant pis pour lui s'il a des attaches familiales et des liens d'amitié et d'amour ; il n'est pas un révolutionnaire si ces liens peuvent arrêter sa main Dans le but de la destruction impitoyable, le révolu-

114

tionnaire peut — et souvent même doit — vivre dans la société, en se faisant passer pour ce qu'il n'est pas. »

Vivent les brigands !

« Notre mission est la destruction terrible, totale, générale et impitoyable. Par conséquent, en nous rapprochant du peuple, nous devons avant tout nous unir à ces éléments de la vie populaire qui, depuis la fondation de l'État moscovite, n'ont cessé de protester, non pas en paroles mais en actes, contre tout ce qui directement ou indirectement est lié à l'État : contre la noblesse, contre la bureaucratie, contre les prêtres, contre les marchands et contre les paysans riches et exploiteurs. Nous devons nous unir au monde hardi des brigands, les seuls et authentiques révolutionnaires de Russie. Unir ce monde en une force terrible et invincible. »

(Extraits du *Catéchisme révolutionnaire* écrit en 1869 par Netchaïev, approuvé par Bakounine in Michael Confino, *Violence dans la violence, le débat Bakounine-Necaev,* Maspero, p. 100, 102, 104.)

Un avis autorisé

« Il est encore vrai que N. est un des hommes les plus actifs et les plus énergiques que j'aie jamais rencontrés. Lorsqu'il s'agit de servir ce qu'il appelle la cause, il n'hésite et ne s'arrête devant rien et se montre aussi impitoyable pour lui-même que pour tous les autres. Voici la qualité principale qui m'a attiré et qui m'a fait longtemps rechercher son alliance. Il y a des personnes qui prétendent que c'est tout simplement un chevalier de l'industrie — c'est un mensonge ! C'est un fanatique dévoué, mais en même temps un fanatique très dangereux et dont l'alliance ne saurait être que funeste pour tout le monde. »

(Bakounine, « Lettre à Talandier »,
1870, in *Correspondance de Michel Bakounine,*
Librairie académique Perrin, 1896, p. 325.)

3. Échos

On en cause dans les salons

« Ça donne vraiment à réfléchir, ainsi qu'en faisait la remarque un journal du matin, ces nihilistes russes, ces artisans désintéressés du néant, se vouant à toute une vie de misère, de privations, de persécutions pour leur œuvre de mort — et cela sans l'espoir d'une récompense ici-bas ou là-haut, mais seulement comme par instinct et un amour de bête pour la destruction ! »

(E. et J. Goncourt, « 1890 », in *Journal,* coll. Bouquins, Robert Laffont, p. 444.)

et au sommet des montagnes

« La haine de ces nihilistes est terrible, s'attaque en-dessous, creuse et trame. On a beau être un lapin comme le président, allez donc vous méfier du lit d'auberge où l'on couche, de la chaise où l'on s'assied, de la rampe du paquebot, qui cédera tout à coup pour une chute mortelle. Et les cuisines préparées, le verre enduit d'un poison invisible.

« — Prenez garde au kirsch de votre gourde, au lait mousseux que vous apporte le vacher en sabots. Ils ne reculent devant rien, je vous dis. »

(A. Daudet, *Tartarin sur les Alpes.*)

et chez les exilés d'après 1848

« Et je me réjouirai quand l'éclair de la Destruction sigillera les ténèbres ! Et je collerai mon oreille au sol ébranlé ! Et je recueillerai les râles des mourants ! Et je dilaterai mes narines aux vents du nord chargés de poudre.

« Car je ne serai pas coupable de tout cela, moi qui crie sans répit aux nations d'Occident : Arrêtez-vous maudites sur la pente de l'abîme ! Enrayez ! Enrayez ! !

« Voici venir sur vous les mille cohortes de l'invasion : les géants aux yeux verts, enfants de la Baltique, et les Mongols cuivrés par le soleil. Enthousiastes de la mort, avides du pillage et de voluptés, ils arrivent, rapides comme leurs cavales, maigres comme des loups à jeun.

« Rangez-vous par pitié devant la gueule de leurs canons et le fer de leurs lances. Car ces hommes sont durs comme des chênes verts, tandis que vous êtes cariés comme le liège qui crie sous l'acier barbare.

« À genoux, cités superbes, filles de la Bourgeoisie ; il n'est pas une de vos pierres qui repose honnêtement sur l'autre, rachetez la honte de votre vie en vous préparant à mourir sans peur. »

(Ernest Cœurderoy, 1825-1864,
Hurrah ! Ou la révolution par les Cosaques,
Plasma, p. 85.)

et au xxe siècle

« Lénine est quant à lui un homme d'une force exceptionnelle ; vingt-cinq ans durant il s'est tenu au premier rang de la lutte pour le triomphe du socialisme ; il est l'une des figures les plus marquantes et les plus considérables de la social-démocratie internationale ; c'est un homme de talent qui possède toutes les qualités d'un "chef" jusques et y compris le cynisme, indispensable dans ce rôle, et une vraie dureté de hobereau pour la vie des masses populaires.

« Vladimir Lénine introduit le régime socialiste en Russie selon la méthode de Netchaev : "à toute vapeur à travers le marais". Lénine, Trotski et tous ceux qui comme eux coururent à leur perte dans les eaux stagnantes de la réalité russe sont visiblement convaincus, à l'instar de Netchaev, que "le moyen le plus facile pour séduire un Russe est le droit au déshonneur" et, froidement, ils déshonorent la révolution, ils déshonorent la classe ouvrière, en la contraignant à organiser des tueries sanglantes, en favorisant les pogromes, les arrestations d'innocents, etc. »

(Maxime Gorki, 23 novembre 1917,
in *Vie nouvelle*, n° 177,
Pensées intempestives,
L'Âge d'homme, p. 101.)

« Vestes de cuir, belle stature, solides gaillards, casquettes rejetées en arrière, mèches bouclées sur le front, pommettes saillantes, plis décidés au coin des lèvres, gestes arrondis... C'est la sélection du peuple russe malléable et cagneux... Vestes de cuir, et pas trace de sensiblerie... Vestes de cuir, barbe à la Pougatchev... C'est drôle ? »

(Boris Pilniak, *L'Année nue*,
Gallimard, 1926, p. 209.)

4. Actualités du XXIᵉ siècle

Un stratège :
« Ces dernières semaines ont introduit dans le monde une menace entièrement nouvelle : le nihilisme d'un mouvement fondamentaliste richissime et insatiable. Cette expérience est stupéfiante, par maints côtés terrifiante et particulièrement déprimante pour ceux qui par profession étudient la guerre ; même confrontés à des conflits portés au comble de la violence, ils avaient conservé l'idée qu'en ces matières subsiste quelque élément de rationalité. Cette croyance a été balayée par la cruauté suicidaire de l'attaque des tours jumelles. »

(John Keegan, *The Daily Telegraph*, 25 octobre 2001.)

Un précurseur :
« J'avais approuvé avec d'autres responsables anti-impérialistes d'idéologies diverses le principe de frappes aériennes

contre ces mêmes objectifs ennemis à New York et Washington. »

(Ilitch Ramirez Sanchez, dit Carlos, prison de la Santé,
in *France-Soir*, 18 septembre 2001.)

Un fin lettré, traducteur des poètes persans, historien :
« Contemporain du léninisme comme du nazisme naissant, l'islamisme égyptien s'organise au Caire en puissant
parti politique d'extrême droite, structuré autour d'un comité
central et d'un chef charismatique. À son tour, "la Base" ou
al-Qaida de Ben Laden reproduit à la perfection les méthodes
du Komintern : propagande simpliste martelée, cellules
secrètes, ramifications internationales. »

(Michael Barry, « Le détonateur afghan »,
in *Politique internationale*, n° 93.)

Vu de près
« Nous sommes allés bien plus loin que les kamikazes
japonais et païens, quantitativement et qualitativement. Ils
devaient faire piquer leurs avions sur des navires de guerre
américains, avec un seul ordre en tête : ne pas rester en vie.
Nos kamikazes se font exploser au milieu d'adolescents juifs
qui font la queue devant une boîte de nuit ou s'abattent avec
des avions détournés sur des milliers d'innocents. Pendant
ce temps, les foules dansent à l'évocation de leurs hauts
faits, les élites saluent leur héroïsme et on prie pour leurs
âmes pures...

« Les fanatiques, comme toutes les faibles personnalités, trouvent dans la collectivité un remède à leur sentiment d'infériorité et cherchent dans les grands mythes une
référence supérieure. L'anarchiste russe Kropotkine (1842-
1921) n'affirmait-il pas que son amour de l'humanité ne
laissait dans son cœur aucune place pour un être en particulier ?

DOSTOÏEVSKI À MANHATTAN

« Hier on sacrifiait les autres au nom de la pureté de la race ; aujourd'hui, on le fait au nom de la pureté religieuse... La charia du fanatique est en réalité une loi de la jungle, où les tueries en gros et en détail sont un hobby. »

(Afif Lakhdar, in *Al-Hayat*,
novembre 2001 [quotidien saoudien].)

4

Le cogito du nihiliste

Fair is foul and foul is fair.
William Shakespeare,
Macbeth[1]

Il y a violence et violence. Celle qui foudroie Manhattan se distingue moins par la quantité de victimes assassinées, on a fait tellement pire, que par la qualité intrinsèque de la décision préalable. Ici se manifeste une volonté parfaitement délibérée et totalement arbitraire d'écrabouiller toute âme qui vive dans un périmètre donné. J'appelle cogito nihiliste pareille résolution. Le soldat d'une guerre courante légitime les morts qu'il fait par les morts qu'il évite. À tort ou à raison selon les cas, il prétend se défendre et double son « je tue, donc je suis » par l'excuse d'un « je tue, donc tu es ». Le nihiliste ne s'embarrasse pas de tels plaidoyers. Soldat d'une guerre « absolue » (au sens de Clausewitz), il se veut annihilateur plutôt que défenseur. Il œuvre dans la pure et simple destruction. L'échelle de ses hauts faits varie en fonction des moyens de dévastation qu'il se donne, mais il lui suffit d'un seul corps pour signer sa profession de

---

1. « Le beau est affreux et l'affreux est beau » (traduction de François-Victor Hugo).

foi et inscrire sur les chairs déchirées : « Je torture, donc je suis. »

Pourquoi la torture ?

On rassure à bon compte en supputant qu'après la guerre froide l'intensité des conflits diminue. Et cela petit à petit jusqu'à l'extinction proche, totale, des feux. Certes, la fureur nue doit se vêtir de nobles motifs et de slogans fringants pour collectiviser les humeurs belliqueuses. L'être humain n'est pas un vulgaire animal, dites-moi ! Il pense sa cruauté, il l'enveloppe, il la pare de concepts et justifications. Attention pourtant, aujourd'hui comme hier, à ne pas naïvement inverser les facteurs. La violence précède les théories qui l'enjolivent, elle manifeste une inclination incurable à se prendre pour fin. Un crime n'est pas intense parce qu'il paraît logique et raisonnable. Il se donne pour logique et raisonné dans la mesure où il se désire intense. Motifs, prétextes, excuses toujours se bousculent. Abusant de la naïveté publique, les tortionnaires justifient la torture par son utilité. On démolit un corps pour obtenir des aveux, démanteler un réseau, prévenir des attentats et, dit-on, sauver plus d'individus qu'on n'en mutile. Inutile de rétorquer, inutile d'avancer une évaluation contraire, inutile d'additionner les vengeurs que chaque martyr déchiré suscite. Ni les calculs ni les contre-calculs ne sauraient expliquer la prodigieuse épidémie de supplices, qui, en quelques dizaines d'années, a déshonoré la plupart des armées, déconsidéré tant de polices et démoralisé les plus honorables causes.

L'exigence des Lumières, ostracisant la « question » et les châtiments corporels, fut oubliée. La recherche de l'information n'est que l'alibi commode d'une pratique qui trouve sa vérité non pas dans un hypothétique résultat, mais dans son accomplissement même. On enferme la tête de la victime dans un sac en plastique. Et s'il est transparent ça peut être amusant. On incarcère le corps, des jours et des semaines, dans un trou creusé à même la terre, si étroit qu'il ne peut bouger ses membres et baigne dans la pisse et la merde. On casse les os, les bras, les jambes à coups de marteau, on viole femmes et hommes en public. Tels sont, parmi tant d'alléchantes prestations, quelques raffinements russes en Tchétchénie. Manières, entre nous soit dit, qui n'ont rien de spécifiquement russe. Ce sont plutôt de simples variations locales tirées du florilège universel que le XXᵉ siècle a su si copieusement ressusciter. « Une liste des techniques modernes de torture occuperait des pages entières. Car chaque endroit du corps, chaque posture, chaque mouvement peut prêter flanc à la torture. L'imagination et l'invention n'ont pas de limites. S'il s'agissait réellement de vérité ou de mort, tout cela serait superflu. Mais la torture n'est pas expéditive. Elle est un laboratoire de l'imagination destructive [1]. »

Autant l'art des supplices ne s'explique nullement par les motifs officiels qu'il s'assigne ; autant il serait bêta d'attribuer son extraordinaire prolifération au hasard. Ni insensée ni absurde, la torture manifeste une micro-logique de domination par la destruction. Elle appose son codicille imprévu au paradoxe hégélien du maître et de l'esclave. Que le vaincu, dans une lutte à mort, devienne l'esclave du vainqueur, s'admet sans difficulté. Mais quelle garantie le maître possède-t-il qu'à la première occasion l'esclave ne s'éclipse ou ne se rebelle ? Pourquoi le vaincu épargné respecterait-il après coup un contrat qui ne le sauve qu'en l'asservissant ? Hegel répond par l'apologie du travail qui discipline et cultive l'esclave. Le tour de passe-passe ne manque pas de subtilité et fut souvent

---

1. Wolfgang Sofsky, *Traité de la violence*, Gallimard, coll. « Essais », 1998, p. 83.

copié. Au départ était la mauvaise querelle, la lutte à mort décidait d'un vainqueur et d'un vaincu. Puis, miracle, intervient la bonne querelle où les esclaves-travailleurs rivalisent d'adresse en produisant le monde et en se reproduisant eux-mêmes sous forme d'animaux éduqués. D'où vint la chiquenaude qui fit passer la brute inculte de la mauvaise à la bonne dispute ? Quelle providence a tiré les ficelles et enseigné au pas-encore-éduqué que les serments sont sacrés, *pacta sunt servanda* ? Hegel se borne à suggérer que le vaincu intériorise la peur qui le contraint à capituler. L'énigme rebondit. Une peur, ça va, ça vient, ça passe. Pourquoi rester fidèle à la panique d'un instant ? Pourquoi le présumé sauvage conserverait-il avec plus de respect la peur que le pacte ? La torture offre la solution que Hegel cherche en vain dans le travail. Elle transforme, foi de taliban lapideur de femmes ! la peur instantanée de la mort en peur de mourir, c'est-à-dire en angoisse permanente de vivre sa mort. La torture entend transformer le vaincu en sous-homme, elle prolonge et intériorise la lutte à mort. Elle n'éduque pas à la liberté. Elle « civilise » pour et par la servitude volontaire.

Du point de vue de celui qui officie — le maître —, la torture n'est pas un duel, pas une épreuve de volonté, mais une méthode de gouvernement des corps et des âmes. Le bourreau n'attend pas de ses victimes un quelconque signe de reconnaissance. Aveux extorqués, cris, pleurs, silences honteux, tout est bon, rien n'est essentiel. La preuve d'autorité, dont le tortionnaire se flatte, réside intégralement dans sa capacité de faire mal, elle ne s'administre pas au terme de l'opération, mais pendant. Si le supplicié meurt en route, on le remplace, et la démonstration continue. Je suis capable de tout, nul ne peut m'interrompre, rien ne me rebute, je le prouve ici et maintenant. La déconstruction violente d'autrui me campe seul maître du jeu. L'autre, l'écartelé, ne me fait pas face comme l'ennemi naturel ou l'animal. Il ne me fait pas davantage vis-à-vis comme un alter ego, dont je quête l'amen. Ma puissance tient dans son impuissance, vérifiée en permanence par l'enfer où je l'enferme. La torture est la forme élémentaire d'un lien social qui ne suppose ni égalité ni réciprocité et triomphe dans une subordination polaire. Réduisant les corps à sa merci, le tortionnaire s'adonne au spectacle de sa puissance performative : être, c'est faire, et faire, c'est défaire. L'ascension de Poutine aux plus hautes fonctions, la descente aux abîmes de la population tchétchène sont rigoureusement parallèles. Toutes deux illustrent les versants d'un type moderne de gouvernance que les Russes ont tort de croire réservé aux Caucasiens et nous aux Russes.

Entre le tortionnaire et le corps qu'il déchire, la dissymétrie est extrême. Le premier s'affirme délié de tout interdit. Le second doit se retrouver lié de partout. «Celui qui a, même une seule fois, exercé un pouvoir illimité sur le corps, le sang et l'âme de son semblable... celui-là devient incapable de maîtriser ses sensations. La tyrannie est une habitude douée d'extension... Le meilleur des hommes peut, grâce à l'habitude, s'endurcir jusqu'à devenir une bête féroce », écrit Dostoïevski. La torture recèle *in nuce*, à l'état réduit et concentré, encore fruste et élémentaire, un style de rapport humain que seule la littérature russe ose scruter avec patience, avec sang-froid sous l'étiquette « nihiliste ». Comme tous les articles en vogue sur le marché des biens et des idées, le mot eut tôt fait de se dévaluer. Ainsi crut-on démonétiser l'idée et exorciser cet inquiétant horizon de la modernité. Peine perdue. Doublement. D'une part, la réalité est têtue. Et Dostoïevski au retour de la maison des morts, Tchekhov visitant le bagne de Sakhaline, Soljenitsyne et Chalamov rescapés du goulag s'entendent à rappeler l'inhumanité de notre humanité. Par ailleurs, la littérature russe est obstinée et n'a de cesse qu'elle n'examine, tourne, retourne l'unique objet de sa méditation, une barbarie qu'elle a toujours refusé, depuis Pouchkine, d'ensevelir dans les lointains antérieurs des sociétés dites primitives ou des caractères taxés incultes. Et Dostoïevski d'insister : « D'où sont sortis les nihilistes ? Mais de nulle part, ils ont toujours été avec nous, en nous, à nos côtés [1]. »

Au cœur des ténèbres

Pouchkine récusa le premier les séculaires tentations d'expliquer, en définitive d'excuser, l'humaine malfaisance en l'attribuant à quelque déficience (individuelle ou collective). Le nihiliste n'est nullement un handicapé moteur, social ou mental. Il ne compense pas, par ses mauvaises actions, les bonnes qu'un destin contraire lui interdit d'accomplir. À la différence du romantique, les héros « noirs » de Pouchkine n'apparaissent ni difformes ni disgracieux. Ils brillent par leur intelligence, leur lucidité, leur équivoque sincérité. Témoin : Eugène Onéguine. La cour, le tsar, la bonne société confondirent, dans le même opprobre, l'écrivain et ses personnages scandaleux. D'autant plus facilement que le poète prenait soin de ne pas pathologiser ses créatures. Entre elles et lui, aucune distanciation claire et distincte ne permet au lecteur de partager avec l'auteur une angélique supériorité. Il ne faut donc pas s'étonner si « nihiliste », l'étiquette péjorative, fut d'abord appliqué à Pouchkine lui-même par le critique Nadejdine en 1829, bien avant que Tourgueniev n'en coiffe la génération suivante. Les personnages de Pouchkine, à la différence de Quasimodo et d'Hernani, ne quémandent pas de compassion et n'exigent aucune exaltation. Qu'ils plaisent ou non, ils s'imposent. L'auteur se borne à décrire. Cette apparente modestie le mène, et l'ensemble des écrivains russes après lui, à une découverte de première grandeur. Bien au-delà de la

---

1. Fedor Dostoïevski, *Carnets des démons*, Gallimard, Bibliothèque de la Pléiade, v. 1.

peinture de caractères, du tableau de mœurs ou du portrait d'époque, la littérature sonde ce que la philosophie contemporaine désigne vaguement par « structure existentielle » ou « être dans le monde ». Le nihilisme existe par lui-même et pour lui-même. Il définit un rapport à soi, un rapport à autrui, une façon d'être ensemble et de se confronter au monde extérieur. Il investit l'ensemble de ce que les économistes et les sociologues nomment « modes de vie » et les spéculatifs « visions du monde ». Se dévoile alors une pratique qui touche à tout, nature et culture, sous un angle qui marque sa spécificité : c'est un exercice de la cruauté.

Où commence le dérapage ? Prenez un des caractères les mieux dessinés du répertoire européen, l'Avare selon Shakespeare et Molière. Sa cruauté, bien qu'évidente, n'a pas le dernier mot, elle gravite encore dans un cercle vicieux. Shylock et sa livre de chair, Harpagon et sa cassette tombent dans l'aporie du thésaurisateur esclave de son trésor. Avec Pouchkine, l'avare s'affranchit sans limites, « tout m'est soumis, je ne le suis à rien ». Ses amas d'or et de pierreries reflètent une toute-puissance : « Pour peu que je le veuille, des palais surgiront. » Mais justement il ne le veut pas. Il se garde de toute projection dans l'avenir. Il ne tombe pas dans l'étourderie de vérifier par des œuvres une richesse qu'il dilapiderait ce faisant. Sa volupté suprême se tourne vers le passé, elle rumine une puissance d'ores et déjà destructrice, qu'il couve des yeux et de la mémoire, « que de soucis, que de larmes humaines, d'impostures, de prières et de malédictions, cet or plein de poids représente ! J'ai là un vieux doublon... une veuve me l'a donné tantôt, mais elle avait d'abord sous ma fenêtre, avec ses trois enfants, sangloté à genoux, une demi-journée ». Tant qu'il admire dans son trésor le pouvoir d'édifier, il est au rouet. Ou bien son palais, ou bien sa cassette. Si, au contraire, son or ne représente pas la force de construire, mais bien une puissance de la destruction, les représentants et les représentés ne se contredisent plus. Il empile ses ducats, il égrène ses souvenirs, les uns confortant les autres. Voué à l'annihilation plutôt qu'à l'accumulation, l'avare de Pouchkine survole les embarras de Shylock, comme il ignore ceux d'Harpagon. Il s'accepte infanticide en vertu de l'hégémonie absolue des rapports de destruction : ou bien le fils héritier disperse le trésor du père, ou bien celui-ci se paie la peau du fils. En défiant son père en duel, l'honorable jouvenceau confirme qu'il pense de même.

Don Juan à son tour chamboulé par Pouchkine vient contredire la tradition, Molière, Da Ponte et Mozart compris. En apparence le séducteur modèle reste voué *sub specie aeternitatis* à la volupté charnelle. Il n'en est rien. Non content de charmer la douce donna Anna, don Juan prolonge les préliminaires au-delà de l'utile. Il retient la consentante, lui impose d'entendre ce qu'elle n'a nullement quêté. Il désire que la veuve palpitante se précipite, en toute connaissance, dans les bras du meurtrier de son époux tant pleuré. Il déchire Anna, la met en pièces et la possède à l'état de débris. Retour à Shakespeare. Reprise de *Richard III*. Le défi élève la destruction d'une conscience bien au-dessus du commerce des sens. Cependant, Richard compense une difformité physique, alors que Juan, parfait de corps et d'esprit, se situe d'emblée et « sans excuses » au-delà du principe de plaisir. Pour le séducteur absolu, comme pour l'avare intégral, posséder, c'est détruire. Selon Pouchkine, Cléopâtre, reine d'Égypte, propose son corps et sa couche à qui, d'avance, accepte d'être exécuté au petit jour. La volupté n'est jamais première. Le crime, lui, produit la volupté. Lorsque, éclairé aux gigantesques feux de 14-18, Freud, au-delà d'Éros, révèle un instinct de mort et de destruction irréductible à l'instinct de vie, totalement autonome, radicalement distinct, il retrouve l'intuition pouchkinienne d'une nuit fière de sa noirceur.

Le déclic, qui convertit le héros voluptueux en héros nihiliste, affecte toutes les créatures de Pouchkine. À chaque occasion, l'exercice de la cruauté est assumé sans recul ni distance. « Il n'avait pas de remords en songeant à la morte », apprend-on de Hermann, le joueur assassin de *La Dame de pique*, prototype du Pietchorine de Lermontov, du Raskolnikov de *Crime et Châtiment* et de tant d'autres. L'absence de scrupule, avant, pendant et après l'action, s'avère trop générale pour être réduite à la curiosité pittoresque d'une singularité psychique. Nul, chez Pouchkine, n'y échappe. Ni les grands meneurs d'hommes, qu'ils soient régicides, usurpateurs, tsars ou rebelles, Godounov, Pierre ou Pougatchev. Ni les peuples sans écriture, les Tziganes. Ni les individus ultra-lettrés, Eugène Onéguine. Décisif renversement de perspectives : loin que la malfaisance paraisse contre nature et réclame explication, elle se donne comme la plus naturelle des conduites. Ce sont, à l'inverse, l'interruption de la cruauté, la compassion, la charité qui passent pour miraculeuses et inexplicables. L'œuvre de Dostoïevski présuppose un semblable fond d'horreur, où les rapports humains mutuellement destructeurs étalent leur vérité éhontée. Se détachent alors Sonia, Aliocha, le prince Muichkine comme autant d'extraterrestres. Dans un cimetière, des cadavres, plus ou moins frais, s'accordent trois mois pour tout se dire avant disparition complète : « Messieurs et dames ! Je propose de n'avoir honte de rien !... je veux qu'on ne se mente pas... Sur terre, vivre et ne pas mentir c'est impossible... Tout est ligoté de cordes pourries. À bas les cordes et vivons ces deux ou trois mois dans la plus éhontée des vérités. Découvrons-nous et dénudons-nous ! » (Babok [1]). Dernier quart d'heure, l'indicible peut être littérairement dit, l'innommable romanesquement nommé, le nihiliste tombe le masque.

---

1. Fedor Dostoïevski, *Journal d'un écrivain,* Gallimard, Bibliothèque de la Pléiade.

Hermann ne travaille pas. Il joue. Il tue pour obtenir le secret d'une martingale, il veut gagner à tout coup. Ce joueur « a le profil de Napoléon et l'âme de Méphistophélès ». Tout l'inverse de Faust, sauvé car au fond de son cœur l'éternel féminin l'entraîne « vers le haut ». Bien au-delà du surhomme de Nietzsche, ce « César avec l'âme du Christ », Hermann signe son pacte avec le diable et jure de ne reculer devant rien pour conquérir le jackpot. Peu lui chaut la misérable garantie d'un Méphisto qui « toujours veut le mal et toujours fait le bien ». Hermann ne manifeste aucun empressement à rédimer les maux particuliers qu'il commet par un bien général qu'il serait censé promouvoir. Il se contente de poursuivre son bien privé et exclusif, quitte à baliser son parcours de malheurs irréparables. Faust incarne (non sans le sourire en coin de Goethe) une éthique du travail : quoi qu'il en coûte, quelque douleur qu'il faille supporter, quelque souffrance qu'il faille infliger, le sacrifice paie, l'effort finit par se prouver rentable. Hegel baptise « ruse de la raison » cette intercession obligée de la négativité : le travail dans la sueur, les larmes et le sang mène au contraire de lui-même, accouche d'un monde humanisé et apaisé. Prenant par avance le contre-pied d'une si sympathique romance, Pouchkine suggère que le dernier mot échoit à la ruse et non à la raison. La dame de pique, cette « malveillance secrète » des cartomanciens, cligne de l'œil. Le joueur joué apprend à ses dépens qu'il n'existe ni martingale ni ordre des choses et qu'un tour de cartes jamais n'abolit le hasard. Un happy end promettait de couronner l'éthique du travail. La contre-éthique du joueur consiste à relancer sur le tapis les gains éventuels, en amour, en affaires, en politique, au pharaon comme à la roulette russe. Le nihiliste joue pour jouer et trouve sa jouissance dans l'intensité plutôt que dans les résultats de cette finalité sans fin. Derrière moi, devant moi, le déluge !

Les rapports de destruction

Expérience intégrale de soi, le nihilisme se veut sans frontières. Autrui doit être, bon gré, mal gré, contaminé. La bienséance rechigne à détailler les risques de telles contagions. La moralité s'en offusque. Les écrivains russes, qui n'étaient dépourvus ni de l'une ni de l'autre, furent en permanence tentés de lâcher la plume et de passer du descriptif au prescriptif, de l'exploration des gouffres au catéchisme qui les suture. Gogol, désespéré de ne pas produire du «positif», détruisit la seconde partie des *Âmes mortes*. Tolstoï maudit la littérature. Dostoïevski, Bielinski, Tchernychevski et tant d'autres s'«engagèrent», à droite ou à gauche, dans l'espoir que les recettes politiques viennent éponger leur interrogation littéraire. Laquelle tint bon. Aucun ordre du monde n'équilibre providentiellement le malheur par le bonheur, aucune main invisible n'égalise crime et châtiment, en réservant à tout pécheur un chien de sa chienne. L'impunité du pervers fier de sa perversion devient l'article de foi que propage le nihiliste. Il prend un plaisir égal à convertir autrui et à se pervertir lui-même, en démontrant au proche comme au lointain combien la destruction est reine du monde et muse des consciences. Dostoïevski parut fixer des limites infranchissables à la contagion. Sous l'influence cathartique de Sonia, la prostituée sainte, Raskolnikov confesse son crime. Par-delà la corruption des langues, par-delà la pourriture des consciences scintillerait ainsi la pure transparence qui noue les âmes aimantes et confiantes. Mais Dostoïevski est un écrivain trop lucide pour ne pas se réfuter lui-même, le vieux Karamazov cligne de l'œil, la confession, mère de toutes les vertus, tourne à la dérision et vire en spectacle blasphématoire. Dès la mutation de don Juan, on l'avait pressenti, loin d'être voué à se dissimuler, le nihiliste trouve dans l'exhibition de ses turpitudes le moyen de les multiplier.

Pareille entreprise d'universelle démoralisation se soutient du détournement des trois médias magiques de la mondialisation moderne, la circulation des armes, de l'argent et des sentiments. L'homme nouveau se réclame de Napoléon : tout crime est licite pour gouverner les rapports de forces. De Rothschild : toute fraude semble permise pour s'enrichir. Des Jésuites et du Grand Inquisiteur : tout mensonge utile est recommandé pour maîtriser le marché des idées. Raskolnikov, Ivan Karamazov, l'Adolescent, Stavroguine suivent ces modèles, le conquérant idéal, le banquier sans rival, le Ben Laden infra-extra-islamique. Ils ne s'estiment nullement hors la loi. Ils se réclament d'une normalité plus normale que celle des gens normaux. Ils appliquent, à la lettre et jusqu'au bout, les règles communes dont toute communauté se dissimule communément les ultimes conséquences. Lorsqu'il brandit le flambeau « Napoléon », le nihiliste n'ignore pas Waterloo. Il sait aussi la banqueroute possible des banquiers et la non-infaillibilité des papautés idéologiques. Justement ! L'échec des plus grands prouve que leurs succès antérieurs ne tenaient qu'à eux. C'étaient des joueurs, non des travailleurs. Leur mérite ? Oser, miser très gros et risquer le tout pour le tout.

La référence « napoléonienne » n'est pas brandie par aventurisme individualiste ou culte de la personnalité. Elle vient à point nommé approfondir le renversement des perspectives qu'implique l'absence d'un ordre cosmique stabilisant le cours des choses. Les esprits qui se piquent de sérieux imaginent aisément, au XIXᵉ comme au XXIᵉ siècle, que le spectacle (aujourd'hui qualifié de médiatique) de l'actualité est réglé par des puissances qui œuvrent en coulisse. Là où les libéraux désignent une main invisible, les marxistes pointent la détermination en dernière instance des « infrastructures », et les religieux la sainte Providence. Sur cette lancée, le sociologue Pierre Bourdieu limite étroitement les exploits de la

« performativité » en remarquant combien il ne suffit pas que quelqu'un ordonne pour conférer à ses propos force de loi. Avant qu'énoncé ou action fassent autorité, il faut que leur auteur soit *autorisé*. Ainsi, les chefs grecs s'installaient au centre et, se saisissant à tour de rôle du sceptre (*skêptron*), ils émettaient leur avis, par ce geste, « autorisé ». Sinon, c'était parole en l'air. Bourdieu[1] conclut au primat du « réel » sur le « virtuel » et jure que les « conditions sociales de production », ce *skêptron* moderne, distinguent une parole pleine et signifiante de la vacuité d'un bavardage sans efficace.

Derrière Napoléon, Rothschild, le Grand Inquisiteur, Staline et tutti quanti, quoi ? Les rapports de production qui confèrent à ces hommes de paille un volatil et éphémère sacrement. À en croire le sociologue, seules les circonstances objectives déterminent si et quand le sacre s'avère « valide et efficace ». Ici, le nihiliste rigole. Il accorde volontiers que pour baptiser un bateau avec la solennité requise il ne suffit pas de fracasser une bouteille sur sa coque et que pour prononcer un discours de sous-préfet il faille sortir de l'ENA ou s'honorer de quelque équivalence que l'université ait pu vérifier. Néanmoins il existe une exception de taille : pour tuer un préfet, dynamiter un bateau, raser des gratte-ciel, le court-circuit performatif fonctionne. L'action nomme son auteur qui s'autorise de son action. Le terroriste est celui qui de facto terrorise, il s'authentifie par son acte. Ici, être, c'est faire, dans la mesure, répétons-le, où faire, c'est défaire. Napoléon qui conquiert l'Europe, Rothschild capable de ruiner à volonté ses rivaux, le purificateur par la torche et la hache n'ont pas à attendre la consécration des institutions et des sociologues, ils se sacrent eux-mêmes par leur malfaisance réelle ou potentielle. La destruction se couronne « valide et efficace », ici et maintenant, dans le déploiement de son entreprise de démo-

---

1. *Actes de la recherche en sciences sociales*, n° 5 (nov. 1975), p. 183-190.

lition. Le nihiliste est *causa sui*, il ne se perd jamais de vue. Tant que quelque chose existe, il lui reste quelque chose à casser, ainsi affirme-t-il en continu son autorité.

À l'occasion, le nihiliste se réclamera du peuple et prononcera des discours révolutionnaires et populistes, à la manière des «démons» qui mirent à feu et à sang un chef-lieu de province, faute de mieux. Ou bien il nagera au fil des «eaux glacées du calcul capitaliste», en ruinant tout ce qui n'est pas monnayable. Ou bien soldat d'une «révolution conservatrice», il éradiquera ce qui existe aujourd'hui pour retrouver ce qu'il suppose avoir existé jadis, un tsar paternel, un calife parfait. Ces multiples références aux «substances» salvatrices et pures — la nation, l'esprit, la classe, la race, la communauté des fidèles, la force des choses, les mécanismes de l'économie, la volonté céleste — se révèlent à l'usage totalement interchangeables, elles servent à justifier une seule et unique énergie annihilatrice. À la différence des historiens, des sociologues et des philosophes qui prennent vessies pour lanternes et commentent à l'infini l'enveloppe de l'action, l'écrivain, et l'écrivain russe tout spécialement, inspecte l'action même et les ravages qu'elle manigance sous cape.

Le sens nihiliste du dialogue

Si la destruction déconstruit et démoralise, peut-on, partant de sa négativité, susciter ou ressusciter du lien social? Existe-t-il une solidarité des démolisseurs? Ou bien, comme le pensaient les Lumières, les loups humains sont-ils condamnés à se dévorer les uns les autres sans autre forme de procès? Une société dépourvue de bien commun est-elle possible? Oui, répond la littérature russe, après avoir examiné sous toutes les coutures les très paradoxales communautés de jeunes nihilistes. Religions et philosophies, depuis longtemps, avaient souligné combien, lorsque les « vraies » valeurs qu'elles s'efforçaient de définir avaient fini de mourir, les hommes vénéraient aussitôt de mensongères idoles. Le veau d'or le rappelle dans la Bible et Augustin oppose cité céleste et cité terrestre, selon que l'amour-propre se subordonne à l'amour divin ou l'inverse. Ce faisant, l'être humain reste assujetti à l'idéal, que celui-ci soit vrai, vraisemblable ou trompeur. La question de l'association nihiliste, plus redoutable, interroge la capacité de vivre ensemble, lorsque tout idéal commun est ressenti aliénant, idéologique et superfétatoire. *Les Démons* ou *Les Possédés*, le roman de Dostoïevski, explorent précisément cette capacité. Le livre parut prophétique, à juste titre. Il annonçait les rapports de destruction instaurés par Lénine.

Le crime idéologique, Camus dit le crime « logique », paraissait donner le fin mot et du délire des démons nihilistes et de l'univers concentrationnaire soviétique. La relecture, une fois la guerre froide terminée, révèle des facettes jusqu'alors négligées. Examinée de près, la communauté des Pougatchev d'université n'est rien moins qu'unie. Elle ne communie moralement et spirituellement ni en adorant le même Dieu ni en professant des dogmes identiques. Elle ne fonctionne pas comme une Église et pas davantage selon une hiérarchie (universitaire) du savoir ou (bureaucratique) des rangs. L'absence d'unité idéologique saute aux yeux. Rien ne vient harmoniser et régler la confusion des idées et des sentiments, où vibrionnent les « engagements » les plus divers et les plus antinomiques : nationalisme, internationalisme, athéisme, mysticisme, anarchisme, autoritarisme, culte de l'un, mépris de l'autre. Dans ce pot-pourri de convictions tranchantes, toutes les militances du xxe et du xxie siècle trouvent leur répondant. Force est de conclure que le principe qui associe les nihilistes, et les pousse au crime, n'est justement pas la logique dogmatique de quelque catéchisme idéologique un et indivisible. La « ligne du parti », les articles de foi et la discipline de fer viennent après en cache-misère. Dostoïevski ne les suppose ni acquis ni préexistants, il interroge leur condition de possibilité. « Partant de la liberté illimitée, j'aboutis au despotisme illimité », Chigaliov, qui le dit, n'hésite pas. C'est le point de départ qui fascine. Comment le tout est permis nihiliste peut-il produire du lien social ?

La réponse tient dans un fait divers et se trouve corroborée, quelques années plus tard, par Freud : « La société repose sur une faute commune, sur un crime commis en commun. » Une collectivité de destructeurs (par exemple, celle des frères qui assassinent le père despote, dans *Totem et Tabou*) s'organise par et pour la destruction. Un crime n'est pas de sang parce que logique. Il est logique parce que de sang. La violence solidarise. Dostoïevski s'inspire de l'assassinat d'un étudiant, Ivanov, par cinq membres de son organisation, sous la conduite de Netchaïev, disciple affiché de Bakounine. L'événement défrayait la chronique des intellectuels révolutionnaires : la victime n'était pas un indic, le prétexte de son exécution était fallacieux, les motifs réels demeuraient et demeurent à ce jour très obscurs. Soupçons, paranoïa, machiavélisme vulgaire, rivalité, défi, acte gratuit, tout conspire dans la réalité comme dans le roman à cette fin sinistre. Peu importaient les raisons invoquées, la communauté nihiliste se soude devant l'épreuve sanglante. Il faut (et il suffit) que le sang coule pour qu'une complicité lie commanditaires, exécuteurs, témoins passifs et consentants : « Poussez quatre membres de votre groupe à tuer le cinquième sous prétexte qu'il moucharde ; aussitôt qu'ils auront versé le sang, ils seront liés. Ils deviendront vos esclaves, ils n'oseront plus se rebeller et exiger des comptes[1]. »

---

1. Fedor Dostoïevski, *Les Démons*, Gallimard, Bibliothèque de la Pléiade, p. 406.

En découvrant que le crime (anticipé ou commis) n'est pas l'effet second, mais la cause première de la sociabilité des nihilistes, on repère le dispositif à double étage de leur organisation. Il y a ceux, en haut, qui non seulement osent le crime, mais se permettent de le considérer comme tel, sans déguisement, tout nu, tout cru. Il y a ceux, en bas, qui se soumettent aux premiers, parce qu'ils se voilent la face et prennent grand soin, comme dans le mythe freudien, d'enfouir loin d'eux un crime qui a eu lieu, mais qui n'aura plus lieu puisque, le remords aidant, ils jurent (mais un peu tard) : « Tu ne tueras pas. » Les dirigeants se cooptent en tant que nihilistes avoués, ils se veulent contemporains de la possibilité de vivre hors la faute, donc de tuer sans retenue. Qu'ils passent à l'acte ou pas, le crime est devant eux. Ils le préparent en conscience et ne l'évacuent pas derrière eux, somnolant dans la mauvaise conscience ou sublimé dans l'inconscience. On comprend dès lors pourquoi les chefs esclavagistes du XXᵉ siècle portent sur leurs ouvrages un regard lucide et désabusé. Ils savent ce qu'ils font et ne sont nullement aveuglés par les mirages idéologiques. Beria, maître tortureur du NKVD, parle le plus froidement du monde des sévices qu'il ordonne, et semblablement Himmler confie à son élite SS que la Solution finale au problème juif doit demeurer secrète, sauf pour les âmes supérieures capables d'exterminer sans réticences malvenues. Le président Poutine se fait élire en proclamant haut et fort poursuivre le Tchétchène « jusque dans les chiottes ». En l'an 2001, la publication des comptes rendus ordonnant le massacre de Tian'anmen révèle combien le Bureau politique du PCC ne s'embarrasse pas plus d'euphémisme que Ben Laden remerciant Allah pour l'incendie du WTC. Dès qu'il y va du pouvoir, les abominations se décident « entre nous ».

Ramassis de coquins et de cyniques au sommet, conglomérat de pleutres et d'effarouchés à la base ? Le dualisme des dirigeants et des dirigés dans une structure nihiliste se laisse rarement réduire à d'aussi plates juxtapositions. Le maître nihiliste, romanciers et historiens le rappellent, se révèle d'autant plus capable de sacrifier les autres qu'il est prêt à se sacrifier lui-même. « Si l'on veut tout faucher, il ne faut pas épargner ses propres jambes ! » professe, selon Tourgueniev, Bazarov, docteur ès nihilisme. Homicide et suicide vont de pair pour le joueur qui mise sa vie afin de posséder celle des autres. D'autant que sa faculté d'affronter la mort, en risquant le tout pour le tout, l'impose à ses pairs et lui soumet les inférieurs. Son « je me fiche de tout » n'est pas pure fiction, mais arme, une manière de déboussoler ceux que sa paradoxale désinvolture prend pour cible. « Je suis une cloche et vous aussi vous êtes une cloche, avec cette différence que moi, je me fais sonner moi-même, et vous, ce sont les autres qui vous font sonner » (Platonov, selon Tchekhov).

La mère captatrice ou le père despote ordonnent à leur enfant : « Révolte-toi », et placent ce dernier dans une antinomie traumatisante. S'il obéit, il n'obéit pas. S'il n'obéit pas, il obéit. Il tourne donc en rond et perd la tête. « Feu sur le Comité central ! » lance Mao à ses troupes, or le CC, c'est lui. « On a raison de se révolter », dit le chef, qui n'admet pas qu'on lui résiste. L'injonction contradictoire (« désobéismoi »), *double bind* psychologique ou paradoxe logique du menteur qui dit : je mens, risque de rendre l'autre fou. Lorsque les jeunes nihilistes mélangent des cartes pornographiques aux images pieuses qu'une pauvresse vend sur le parvis de l'église, ils ne témoignent pas seulement entre eux de leur capacité de transgresser, ils mettent en œuvre une stratégie du scandale propre à désarçonner et à désagréger une société non préparée. Virtuel ou réel, évoqué, programmé ou effectué, de chair ou symbolique, le crime est un principe de sélection, il teste les pairs, il recale les rétifs. Seul recours de la victime d'une injonction paradoxale : retourner le compliment. Fou toi-même, qui me coinces dans des arènes fermées à double tour ! Si l'enfant respecte le parent abusif, il est fichu.

Tout pouvoir à la nuisance

Le nihiliste s'avance, s'il lui plaît, masqué. Il se présente comme une victime des circonstances et accuse la médiocrité des existences municipales. Ou bien, s'il le veut, il se fait passer pour un « fils », élève docile des « pères » théoriciens, épigone soucieux d'appliquer à la lettre des doctrines qui meublent les conversations de salon. Il s'affiche « fatigué et brisé », tel l'Ivanov [1] de Tchekhov, avant même d'avoir l'occasion d'agir. Trop grand pour une époque trop petite, « j'ai souffert comme personne dans le district ». Il prend un soin fou à incarner le Hamlet hégélien, la conscience malheureuse, infectée de pensées idéales et d'ambitions sublimes. Ses ailes de géant l'empêchent de marcher. Voilà pour la galerie toujours prête à compatir, s'attendrir, s'identifier et servilement s'attacher. Vue par Tourgueniev, Dostoïevski ou Tchekhov, l'impuissance prétendue du Hamlet maladif s'étale étrangement vénéneuse. Il tend ses filets. Femmes, hommes, adolescents tombent à ses pieds. Il les piétine allègrement. La bonne société explose, lui avec, dans le rôle glorieux du chef artificier. Dès qu'il retrousse discrètement les manches pour démanteler pièce par pièce l'univers qui l'entoure, on le voit faire feu de tout bois et de tout sentiment. On reconnaît, dans le Hamlet de province tchékhovienne, le Napoléon flanqué d'une âme de Méphisto annoncé par Pouchkine. « Détruire, écraser les faibles femmes innocentes... comme ça, pour rien, bêtement, à la russe [2]. » Pas à la russe seulement, monsieur Tchekhov, *remember* Manhattan.

---

1. Anton Tchekhov, *Théâtre*, Robert Laffont, coll. Bouquins.
2. ID., *op. cit.*, p. 192.

Bien avant de se rigidifier dans la forme des partis, fractions de partis ou antipartis, et bien après que la forme parti a dépéri, la nébuleuse nihiliste se structure dans le double rapport du fort au faible et des forts aux forts. Désormais, la force ne se définit plus par le pouvoir de construire primant sur la capacité de détruire, ni même par l'équivalence des deux que suggère l'ironie d'un Goethe. Une fois reconnu que la puissance se manifeste essentiellement par le pouvoir de la hache, du cutter, du blasphème et des implosions psychosociales qu'elle manigance, il convient de recadrer les rapports de forces comme des rapports de nuisance. Deux nihilistes se tiennent mutuellement en respect lorsque chacun se montre apte à paralyser la nuisance de l'autre et à le faire capoter. Le rapport nihiliste du fort au fort ne suppose aucun programme, aucun projet, aucun idéal commun. Évidence pour Dostoïevski comme déjà pour Tourgueniev : « Crois-moi ou non, cela m'est bien égal », insiste Bazarov, pourtant féru de prêches. Le point d'accord des *Démons* porte sur les moyens, en général destructeurs, plus que sur les fins. « Pourquoi tous ces meurtres, ces scandales, ces violences ?... Pour ébranler les bases de l'État, pour hâter la décomposition de la société, pour décourager tout le monde et introduire le désordre dans les esprits. Ensuite on se serait emparé de cette société chaotique, malade, désemparée, cynique, sceptique, mais aspirant à se soumettre à une idée directrice quelconque. »

Gravons ce *quelconque* en lettres de feu. Chacun des conspirateurs a beau cultiver son idée personnelle du salut, leur engagement commun concerne la nécessaire table rase. Leur union cristallise un pouvoir désintégrateur. Elle nettoie et purifie par le vide. Et après ? Après, on verra. Chacun est libre de voir ce qu'il veut et de moquer ce que l'autre imagine. Qu'importe ! « N.B. La principale idée de Netchaïev — ne pas laisser pierre sur pierre et que cela est l'essentiel et plus nécessaire que tout[1]. » Ces nihilistes qui assument leur nihilisme logent au bord du gouffre. Ils pourraient se pousser dans l'abîme, mais évitent la plupart du temps d'utiliser leur force de nuisance les uns contre les autres. Ils s'entendent dissuasivement, la menace équilibrant la menace, afin de se retourner offensivement contre l'Autre (État, Société, Masses) dont ils méditent la perte. Ainsi positivement nihilistes, bien loin des Hamlet maladifs à la mode allemande, s'émancipent-ils de l'idéal et se retrouvent-ils diablement efficaces. « Vous niez tout ou plus exactement vous détruisez tout... Mais enfin il faut bien construire aussi. — Cela n'est pas notre affaire... il faut d'abord nettoyer le terrain[2]. »

Mais les autres ? Ceux qui ne sont pas, ou pas encore, nihilistes ? Il convient de les traiter adéquatement jusqu'à ce qu'ils reconnaissent leur faiblesse, courbent l'échine ou bien rejoignent les rangs de leurs persécuteurs. La conquête nihiliste subvertit. Elle ne se contente pas de briser les résistances. Elle prétend abolir la possibilité même de lui résister. Elle vise le centre de gravité de l'adversaire. Elle enserre sa capitale. Elle étouffe son cœur. Pour obtenir la reddition sans condition, l'attaque peut illimiter l'agression physique : c'est l'horizon de la torture stricto sensu, la maltraitance en particulier des plus démunis, des enfants, des fillettes, comme le confesse Stavroguine. Plus souvent encore les opérations annihilatrices prennent la victime à revers, de l'intérieur, jusqu'à ce qu'elle abjure et mette bas non seulement les armes mais sa volonté d'en user à l'avenir.

Quand Stavroguine donne à l'évêque Tikhon la confession écrite de son crime, le saint homme lui offre le seul recours qu'un nihiliste récuse, celui du silence et de la non-

---

1. *Carnets des démons*, *op. cit.*, p. 790.
2. ID., *ibid.*, p. 574.

publication, alors que ladite confession est d'ores et déjà tirée en tract. Pas plus qu'il ne cultive la transgression pour la transgression, le nihiliste ne recherche pas le spectacle pour le spectacle. Son programme, c'est l'intrusion dévastatrice dans la conscience d'autrui. Sa méthode, c'est le scandale taillé sur mesure, ciselé et creusé jusqu'à la capitulation de l'outragé : « Il s'est passé quelque chose d'incroyable, mais on est bien obligé d'y croire malgré tout le désir qu'on a, toutes les forces qu'on met à ne pas y croire ! » (Tchekhov, *Platonov*). L'extrême souplesse et la subtilité des techniques déployées s'adaptent à la tête du client. Les dames du monde et les gamines des rues ne se laissent pas choquer de la même façon. Tabous et interdits varient selon les classes et les époques. Les scandales s'usent. Ils réclament du corrupteur professionnel une infatigable inventivité.

Autant l'organisateur agit au coup par coup, au jour le jour, autant la corruption qu'il propage n'opère pas au hasard. Les trois saints du calendrier nihiliste — « Napoléon », « Rothschild », le « Grand Inquisiteur » ou maître-penseur — patronnent la découpe de l'actualité moderne en trois sphères d'action nihiliste. Quoi de moins surprenant ! s'exclament les érudits, en rappelant que les Lumières déjà avaient défini la modernité par les trois marchés mondiaux des biens et des services, des armes et des armées, des idées et des sentiments. Au fond, se réjouira le sociologue respectueux des autorités « valides et efficaces », vous voyez bien que le nihiliste finit par se ranger ! Constatez qu'il se plie à l'ordre économique, militaire et intellectuel du monde ! Erreur. Le nihiliste ne paraît se ranger que pour davantage déranger. Il ne se réfère à l'« ordre » que pour mieux le casser. Il vise le World Trade Center, le Pentagone, la Maison-Blanche. Parfois il réussit et substitue à la construction et au progrès l'incendie, à la consommation la consumation et à la maîtrise de la nature par la culture le règne de la pourriture. Souvent il convainc et recrute les innombrables déçus de l'optimisme dominant.

La technique, on le sait depuis Aristote, est dotée du « pouvoir des contraires ». Un médecin sait guérir, donc il sait empoisonner ; un stratège organise la victoire. Partant il peut ourdir la défaite. Qui peut le mieux peut le pire. Plus facilement encore. Rien de miraculeux par conséquent si les techniques magiques dont s'enorgueillissent nos sociétés modernes sont retournées contre elles. La liberté de parole implique la liberté de mentir. La liberté d'acheter et de vendre celle de frauder et de prostituer, la liberté de se défendre, celle d'arguer la légitime défense pour envahir préventivement son voisin. La nécessité qui en découle de distinguer entre liberté et licence, us et abus, l'urgence de soumettre les libres marchés à des règles de jeu contraignantes font planer à leur tour la menace de régulations excessives et contre-productives. Toute technique qui prétend maîtriser les ambivalences des techniques se révèle à son tour « puissance des contraires » et développe en son sein une possibilité de perversion nihiliste des programmes les mieux intentionnés. L'indécrottable mortel dispose, que ça lui chante ou pas, du pour et du contre. La possibilité de détruire colle à sa peau.

Une société du non-être

Retournant avec aisance et quelque brio les armes de la modernité contre la civilisation qui les produit, la stratégie nihiliste semble produite comme une fatalité de ladite modernité. On se plaît ainsi à épingler telle ou telle institution, telle ou telle classe tenue pour source unique de la pulsion destructrice. On innocente, par contrecoup, les porteurs sains du corps social. Sur le banc des accusés figure au premier chef la « bureaucratie », militaire ou civile, qui cultive la servilité des inférieurs et l'arbitraire autoritaire des supérieurs. Sur le banc d'infamie suit le « capitalisme », en compagnie du développement « bourgeois » des forces productives, qui non seulement casse les structures traditionnelles (« accumulation primitive »), mais démolit ses propres créations, eu égard à la « destruction créatrice » (Schumpeter), à la rivalité dans l'innovation délétère qu'entretient la libre concurrence. Après la sociologie et l'économie politique, l'histoire peut venir en renfort et aligner de nouvelles « causes » du nihilisme. Une inadaptation spécifique rendrait compte du cas russe, retard « asiatique » et/ou occidentalisation à marche forcée. Avec la même désinvolture, on assigne au *Sonderweg*, cette fameuse anormalité allemande, l'émergence du nihilisme hitlérien, ou à l'islam une indécrottable fixation moyenâgeuse. De chaque monstruosité contemporaine on fabrique une exception. On la traite en cas particulier, japonais, cambodgien, rwandais, chinois, éthiopien, latino, etc., à l'infini. Autant de chirurgies savantes qui s'astreignent à circonscrire abruptement un foyer infectieux, totalement étranger à la société « normale » et au cours ordinaire de l'histoire. Mais à joindre bout à bout ces tentatives d'explications ponctuelles on mesure combien elles prouvent le contraire de ce qu'elles entendent démontrer : nul n'échappe à la possibilité des dérives.

Il est exact que les bureaucraties, les classes privilégiées et les masses opprimées vont alternativement servir de support au nihilisme ; il est évident que les bouleversements économiques ou les thérapeutiques historiques peuvent lui offrir légion de circonstances favorables. Qu'en conclure ? Rien, sinon que la menace est flottante et qu'aucun secteur de la société planétaire ne bénéficie d'une immunité garantie. Trop souvent les lecteurs pressés ou d'humeur scientifique cèdent à la manie de vouloir rabattre sur une société tangible et délimitée les stratégies mentales que la littérature met à nu. Emma Bovary se trouve ainsi épinglée comme petite-« bourgeoise ».

Le nihilisme se voit rabougri en simple accident historique, cadré, situé et partant neutralisé. De Pouchkine à Tchekhov, la littérature russe a pris une revanche éclatante sur d'aussi sempiternelles réductions. Débusquant au cœur de la société russe des prédispositions variées à une autophagie radicale, l'écrivain se révèle prémonitoire. Son acuité n'embrasse pas que l'environnement tsariste et n'éclaire pas seulement ses contemporains, elle arme les regards des dissidents dressés contre la révolution communiste. « Qu'y avait-il d'autre autour de nous que l'incarnation dans le réel d'innombrables variantes des personnages de Griboïedov, Gogol, Saltykov-Chtchedrine et Tchekhov ? » interroge, en 1987, Alexandre Zinoviev. Le XXIᵉ siècle tout juste inauguré vérifie à son tour, d'un bout à l'autre de la planisphère, combien se vérifie la prévision littéraire russe.

L'équation intellectuels = nihilistes flatte tout un chacun. Celui qui croit faire partie d'une élite fermée, dominante, voire dirigeante et autoproclamée « intelligence » ou « intelligentsia ». Et pas moins celui qui se félicite d'être exclu du cercle étroit des démoralisateurs publics, responsables de la décadence générale. « Si je suis tombé par terre, c'est la faute à Voltaire, le nez dans le ruisseau, c'est la faute à Rousseau », l'ironie de Gavroche manque cruellement aux éternels contempteurs des « idéocrates » et aux dénonciateurs véhéments d'une prétendue « pensée unique », dont l'écran de fumée leur permet d'ignorer une beaucoup plus angoissante absence de pensée. Se prendre pour l'état-major de la subversion provoque des sensations fortes et des frissons d'amour-propre. L'écrivain attentif, quant à lui, récuse l'image surévaluée d'un groupuscule de cerveaux dont les idées bouleverseraient la société avant de diriger le monde. Les conspirateurs de Dostoïevski tuent et se tuent à vide. Sans pourquoi. Les possédés jouent avec les idées. Lorsqu'ils napoléonisent, ils doutent de leur étoile. Quand ils se réclament de

Rothschild, ils n'accumulent pas de capital mais courent dilapider leur avoir à « Roulettenbourg ». Lorsqu'ils font mine de penser, ils s'acharnent d'abord et surtout à dépouiller le voisin de ses pensées, et creusent une égale vacuité pour tous. Tchekhov enfonce le clou, l'intelligentsia n'est rectrice ou représentative que par défaut, son vide intérieur mesure le néant global. « Il y a une force mauvaise dans cette maison. Votre mère, hormis ses brochures et le professeur [son mari], déteste tout le monde. Le professeur est irrité et il a peur de vous... Bref, tout le monde se fait la guerre. »

Dans les mansardes d'étudiants et les salons huppés, la mauvaise *Éris* domine. « Vous, Georges, vous êtes instruit, intelligent, vous devriez semble-t-il comprendre que ce qui perd le monde ce ne sont pas les criminels ou les voleurs, mais cette haine larvée, cette inimitié entre les gens de bonne compagnie, ces menues querelles que ne perçoivent pas ceux qui qualifient notre maison de nid de l'intelligentsia[1]. » Loin que les intellectuels exercent sur la société une influence décisive, fût-elle maléfique, ils baignent comme tout un chacun dans une « anesthésie générale ». Chez les puissants, elle se traduit par l'insensibilité au malheur des autres. Chez les humbles, elle produit l'indifférence à leurs propres avatars et provoque une irrépressible « envie de dormir ». Ainsi la petite paysanne tord-elle le cou du nourrisson qu'elle a charge de bercer afin de s'assoupir enfin. Et tous de communier dans le vœu prononcé par le professeur rigide et engoncé : « Pourvu qu'il n'arrive rien[2] ! »

Une société qui se laisse investir de la cave au grenier par le nihilisme est une société bloquée. Tchekhov dresse un

---

1. Anton Tchekhov, *Le Génie des bois*, Gallimard, Bibliothèque de la Pléiade, vol. 3, p. 787.
2. ID., *L'Homme à l'étui*, Gallimard, Bibliothèque de la Pléiade, vol. 3, p. 765.

tableau de taille, impitoyable et par là quasi éternel, des mille manières de sanctifier un tel surplace. Le blocage n'est jamais fatal, car le nihilisme demeure un choix stratégique. Il ne s'impose nullement à la manière d'une mécanique extérieure ou d'une loi d'airain écrasant des sujets impuissants, donc irresponsables, donc innocents. Chacun participe. Chacun y met du sien. Entre eux, les forts érigent leur passion ludique et singulière en règle universelle, le monde n'est qu'un vaste jeu de cartes. On mise, c'est tout ou rien. On rêve martingales : un rien pour le tout. On triche : tout = rien. Quand, à un pôle de la société, le fort, joueur suprême, risque tout et n'a peur de rien, sur l'autre versant, les faibles ont peur du rien et se recroquevillent dans une passivité générale et contagieuse. Ils adoptent ce qu'un cliché adéquat baptise politique de l'autruche. La tête dans le sable des conversations mondaines, ou dans le seau de vodka, je ne vois rien venir, donc rien ne vient. Tchekhov nomme ce syndrome d'aveuglement volontaire « biophobie ». Il l'illustre dans *L'Homme à l'étui*.

Un professeur, fanatique du zéro risque, sorte de momie encoconnée de règles et de respects, s'enferme mentalement à vie dans l'« étui », un cercueil imaginaire à la taille de son futur cadavre. Il vit sa mort, comme les torturés, mais volontairement. C'est Antigone, à barbiche de fonctionnaire et âme de Créon, qui prend les devants et campe dans son caveau afin d'échapper au risque de finir comme la pauvre Antigone ! Au nihiliste actif qui joue avec le néant correspond le nihiliste passif qui se couche à son évocation. La guerre de 14-18, révélant les pulsions annihilatrices qui couvaient chez l'Européen moyen, se laisse déchiffrer selon les deux options. D'abord, la ruée offensive où les foules enthousiastes s'époumonent « À Berlin ! », « *Nach Paris !* » et s'empressent de jouer le tout pour le tout en sautant dans la fournaise. En cet instant inaugural, le nihilisme s'enivre de sa force. Puis vient, inégal selon les temps et les lieux, le moment où la passivité prend le dessus ; le peuple russe en offre l'exemple illustre, il se « met en grève de guerre » (Soljenitsyne), s'abandonnant au premier knout venu, armée allemande et minuscule groupuscule lénino-trotskiste. Une société nihilistement bloquée ne va nulle part, elle dérive n'importe où.

Le monde est un jeu

Active et passive, l'imprégnation nihiliste des structures sociales s'avère plus cohérente qu'on ne l'imagine habituellement. Elle génère des collectivités qui fonctionnent dans la longue durée et se conservent contre des adversaires redoutables et résolus. Le monde souterrain du crime offre l'exemple frappant d'une permanence nihilistement fondée. La « loi du milieu » règle les rapports entre malfrats. La violence, la terreur et la corruption organisent les rapports du milieu avec le monde extérieur des « caves », des « hommes poux », dirait Raskolnikov, des « insectes nuisibles » de Lénine et des « infidèles » selon les islamistes. Entre truands on joue et on triche. On joue pour s'offrir l'occasion de tricher et on triche pour jouer davantage. Pareille passion du jeu n'a rien de contradictoire et se propose aussi rigoureuse que le pari de Pascal. Sauf que, si les termes « infini-rien » demeurent, les enjeux s'inversent.

Les affranchis misent des « riens » (les illusions du cave qu'ils sacrifient d'emblée, sa monnaie honnêtement gagnée, ses valeurs prétendues spirituelles) et visent « tout » (un gain qu'on flambe hic et nunc, un moment de gloire instantanée et sensuelle, une dose pour ouvrir le septième ciel). Le jeu, le vol, le viol, le meurtre ont en commun de trancher sans appel. Le décideur s'y découvre contemporain de sa décision, il détruit ou est détruit. Il s'adonne aux délices d'un jugement dernier, dont il s'instaure juge et partie, acteur et metteur en scène, héros et héraut de sa propre loi. «Les truands disent ressentir au moment d'un vol une émotion d'un genre particulier, une vibration des nerfs qui apparente l'acte de voler à l'acte créateur, à l'inspiration. Ils éprouvent une tension, une exaltation très particulière qui, par son attrait, sa plénitude, sa profondeur et sa force, ne peut se comparer à rien. On dit que celui qui vole vit en cet instant d'une vie incommensurablement plus pleine que le joueur devant le tapis vert, ou plutôt devant l'oreiller — la table de jeu traditionnelle de la pègre », analyse Chalamov, grand spécialiste malgré lui [1]. Les cinq dernières secondes de Mohamed Atta couronnent cette « exaltation très particulière ».

Discrète ou énorme, mineure ou sanglante, l'action criminelle porte en elle-même sa propre récompense. Après coup, le juge, l'avocat et le mauvais sujet rationalisent à tort et à travers, plaidant la gratuité ou l'utilité de l'acte, la méprise ou la folie de l'acteur, les circonstances atténuantes ou pas. Rien là qui ne puisse s'avérer exact, au risque cependant de passer sous silence le moment sublime où l'acteur et l'auteur coïncident dans l'éclat d'un *nunc stans* pour lequel Faust joua son âme. Pascal s'épuise depuis trois siècles pour expliquer aux libertins qu'à incertitude égale leur intérêt bien compris veut qu'ils sacrifient « rien », soit une infime durée d'existence, et parient pour l'« infini », une éternité céleste. La réplique immanquable du joueur est qu'il se divertit pour se divertir. En délaissant la roulette, il ne lâcherait non pas rien mais tout, car il ne joue pas pour gagner. Ou, plus exactement, il gagne, à tout coup, l'instant pré-ultime, où le destin frémit et où sa vie vacille dans l'alternative d'être ou ne pas être, de détruire ou de se détruire. Le nihiliste a choisi l'intensité, l'éternité tout de suite. Pourquoi irait-il s'encombrer d'une promesse qui la remet à demain ? Celui qui dénigre son choix

---

1. Varlam Chalamov, *Essais sur le monde du crime,* Gallimard, 1993, p. 45.

lui semble témoigner de l'incompréhension bêtasse des caves. « Toute la psychologie de la pègre repose sur une observation ancienne, séculaire, des truands : jamais leurs victimes ne commettront — ne peuvent même songer à commettre — les actes qu'ils se font, eux, un plaisir de perpétrer, le cœur léger et l'âme tranquille, chaque jour, à chaque instant. Là est leur force — dans une abjection sans limites, dans l'absence de toute morale. Pour les truands, il n'y a rien de "trop"[1]. »

La loi du milieu illustre la force et la solidité du lien social nihiliste, capable de nouer une société entière, et pas seulement celle des bas-fonds. Elle phagocyte aussi bien la vie privée que la sphère publique. Une femme amoureuse, comme Douchenka, selon Tchekhov, qui abandonne ses anciennes convictions à chaque nouvelle rencontre, à chaque nouvel amant, manifeste l'adéquation continue de la « bio-phobie » du nihiliste passif et des biopouvoirs du nihiliste actif. Le premier se laisse manipuler et truander par le second, quitte à payer cet écran protecteur d'un prix exorbitant. Chacun poursuit en l'autre son image complémentaire et inversée. Le passif aime adhésivement celui qui vit à sa place. L'actif s'amuse à détruire, à petit feu et grand incendie, les étranges créatures qui s'accrochent à lui et se prétendent ses semblables. À la manière d'un mouvement perpétuel — et d'un cercle vicieux —, l'engrenage du passif et de l'actif installe la société nihilistement bloquée dans une quasi-éternité. Ben Laden ordonne. Atta exécute. Le couple s'unit pour l'éternel, le 11 septembre 2001.

Truand et cave, supérieur et inférieur, insolent et respectueux s'adaptent les uns aux autres. Le sacrifié et le sacrificateur sans scrupule font bon ménage. Le soumis volontaire et le chef impénitent vivent en symbiose, quitte parfois à

---

1. Id., *ibid.*, p. 53.

échanger leurs rôles. Les jeux de hasard symbolisent le tourniquet des relations de destruction. Les postures alternent en gravitant autour du néant roi. « Quelle volupté inouïe d'étreindre sa victime, de l'aimer, d'être pour quelques heures l'esclave de cette victime... et de se dire sans cesse dans le même temps que cette victime paiera de sa vie son amour et l'orgueilleuse audace de sa domination momentanée. » En explicitant le pari de Cléopâtre selon Pouchkine et la cruauté sourde des après-midi tchékhoviens, Dostoïevski met définitivement à nu l'occulté de la trop fameuse dialectique du maître et de l'esclave, chère à Hegel. Non, l'esclave ne s'éduque pas dans le travail, mais il patauge dans la nauséabonde et glauque jouissance du souffre-douleur. Non, le maître ne s'animalise pas, subjugué par un plaisir dépourvu d'esprit, sans Idée, sans Idéal, non, il ne rencontre aucune raison de renoncer à sa maîtrise. Le nihiliste renchérit sur la cruauté crue des animaux, il la spiritualise. Il n'ignore pas son prochain, il l'embrasse, l'étreint, l'aime d'un amour si dévorant qu'il se fabrique l'« âme d'une araignée dont la femelle, dit-on, dévore le mâle à l'instant même où s'achève l'accouplement » (Dostoïevski).

Le nihilisme, tel que le révèle la littérature russe, n'est nullement l'effet d'un délire idéologique, il est réel, appuyé sur des micro et macro-structures qui diffusent leurs métastases dans l'ensemble de la société. Il existe dans les lits. Il n'épargne ni les villes balnéaires ni les auberges de village. Il peuple l'antichambre des ministères autant que la salle 6 d'un asile d'aliénés. Il étoffe les plans de carrière des jeunes révoltés. Il triomphe en sourdine dans les salons et sans pudeur dans les bas-fonds. On a cru pouvoir réduire le phénomène à l'influence des philosophies douteuses véhiculées par un prolétariat de bacheliers à demi, seulement, cultivé. On a incriminé l'occidentalisme, l'asiatisme, la perte de Dieu ou la superstition comme autant de défaillances mentales censées expliquer une fois pour toutes un mal, supposé provisoire, espéré local. Pareils exorcismes cultivés aujourd'hui encore dans les universités et les académies occidentales méconnaissent d'entrée de jeu l'analyse des écrivains russes. Le nihilisme ne naît pas d'un despotisme de l'idée. Il ne conquiert pas le monde à coups de crimes logiques, ourdis par des esprits faux. Il ne se contente pas davantage de substituer aux anciennes croyances un ersatz de religion. Il ne bâtit pas de nouvelles Églises, même lorsqu'il prétend poser les premières pierres. On résume dérisoirement l'œuvre de Dostoïevski à l'axiome « si Dieu est mort, tout est permis ». Quel abus ! C'est manquer le travail du romancier qui de livre en livre explore, dans l'intervalle des discours et des poses, le gouffre universel de ce qu'il nomme faille, rupture, « dislocation », « décomposition ».

Un rien réunit

Loin que le groupe des nihilistes, les démons, soit organisé autour d'une Idée, d'un Idéal ou d'une Ligne, c'est l'absence d'idéologie-guide qui s'incarne dans la figure du meneur, Stavroguine. Voilà un chef qui manipule à merveille ses fidèles, les pousse au suicide et au crime, agite en tous sens le fourre-tout antinomique de convictions contradictoires qui meuble leurs cervelles ; lui, pourtant, se garde de promulguer un catéchisme et de proclamer quelque dogme. Il n'est ni chair ni poisson. Le lecteur sera perdu, décréta le premier éditeur qui, du coup, supprima un chapitre entier. « La confession de Stavroguine », en effet, épaississait encore l'ambiguïté idéologique du personnage. Les commentateurs savants butèrent à leur tour sur l'énigme : cet intellectuel raffiné — plus intellectuel, on ne fait pas — ne se trouve jamais prisonnier d'une idée, « c'est Stavroguine qui endoctrine à la même époque et Chatov et Kirilov et Piotr Stepanovitch et les lance dans des directions opposées... C'est lui qui expérimente dans la chair des autres et leur sang [1] ». Le nihiliste accompli n'est pas soumis à un travail doctrinaire, ni esclave d'une philosophie ou d'une conception du monde, il joue. Il joue avec les idées comme avec les êtres humains. L'écrivain russe incline si peu à réduire le nihilisme à la domination d'une idée ou au diktat d'une idéologie que Dostoïevski avait projeté un roman dont les seuls héros seraient des gosses. Oui, des gamins, ces individus par excellence pré-idéologiques. À charge pour l'empire des enfants de présenter l'image paroxystique d'une apocalypse nihiliste. Le désordre mondial n'est pas le produit d'une idéologie, il pré-existe à chacune et post-existe à toutes. Dans un univers où tout est permis, car tout est jeu, Stavroguine se divertit avec l'idée athée d'un Dieu mort (Kirilov), autant qu'avec celle, intégriste, d'un Dieu vivant (Chatov). Une « idée quelconque » suffit pour que le jeu rebondisse et qu'une partie reparte. Nouvelle ou pas, ce n'est pas l'idée qui conduit le bal, c'est le bal qui fait valser les idées, que le valseur soit paysan illettré, noble lettré, moine-soldat ou libertin.

Les idéologies dans leur usage nihiliste valent par l'injonction dont elles sont porteuses. Elles intiment au troupeau des faibles : pensez ! Peu importe la teneur ancienne des bribes de philosophie ou de théologie, du reste interchangeables, dont elles éblouissent leur clientèle. Plus c'est incompréhensible et incohérent, mieux c'est, il s'agit d'abord d'abasourdir. Le malheureux soumis à l'ordre fracassant de devoir penser est conduit à soupçonner que jusqu'alors il vivait dans l'illusion. L'idéologie peuplée d'« idées quelconques » agit négativement en persuadant son bon entendeur qu'il est un zéro, que les pensées qui l'habitaient ne sont pas des pensées, qu'il doit faire place nette, table rase et montrer patte blanche.

---

1. J. Catteau, *La Création littéraire chez Dostoïevski*, Paris, Institut d'études slaves, 1978, p. 329.

L'idéologue et le prêcheur commandent : pense ! Et signifient dans le même souffle : tu ne penses pas. La pointe efficace du nihilisme s'affine dans cette injonction contradictoire, qui suspend son destinataire dans le no man's land, un présent où l'homme n'est plus et pas encore un animal pensant. Son passé est incinéré, son avenir somnole. L'individu ainsi idéologisé flotte, malléable et corvéable à merci, entre des valeurs anciennes qu'il a perdues et des valeurs propres qui se font attendre. Dans l'entre-deux, il devient parfaitement dépendant de qui manie (peu importe comment) des concepts (peu importe lesquels). L'idéologie fonctionne à l'intérieur du couple nihiliste actif/nihiliste passif. Rien ne sert de la critiquer en elle-même, rien ne sert de démontrer que les vérités qu'elle affiche ne sont que vraisemblables, illusoires ou contradictoires. Dans la mesure où la dualité nihiliste persévère, les idées qui l'alimentent permutent et découchent sans souci de se contredire. Ainsi le marxiste internationaliste serbe, autoproclamé antifasciste de toujours, s'allie sans problème aux milices d'extrême droite purifiant les villes et les villages, au nom de la race et de l'ethnie. Ainsi Poutine, président actuel de la Fédération de Russie, peut-il rendre hommage à sa mère qui l'aurait christianisé en secret, fleurir la tombe du fondateur de la Tcheka et des camps de concentration, porter un toast à Joseph Vissarionovitch Staline, honorer la mémoire d'Andropov le bourreau et de Sakharov sa victime. Vous hésitez. Vous tentez de distinguer les simulacres tactiques et les convictions stratégiques. Vous vous demandez ce qu'il faut en penser. Les nuances de l'arc-en-ciel ne sauraient épuiser les variantes confuses des avis autorisés. Il a déjà à moitié gagné : ce n'est pas lui que vous interrogez, mais vous ; vous ne savez plus que penser, vous êtes en attente. Que va-t-il faire ? Comment va-t-il tourner ? Vous avez d'ores et déjà oublié Grozny détruite pierre par pierre, première capitale squelette depuis Varsovie 44.

Comme vous, et probablement comme lui, j'ignore quelle âme habite le numéro un russe. Peut-être, à en croire les manuels hagiographiques pour enfants des écoles, se rêve-t-il sans peur et sans reproche preux chevalier des libertés démocratiques, condamné à ruser avec le nihilisme ambiant, tricentenaire et massif. Peut-être assume-t-il, en beau salaud, l'héritage de Pierre, Nicolas, Vladimir et Joseph, sans souci, sinon tactique, du qu'en-dira-t-on occidental. Peut-être un peu l'un, un peu l'autre. Peut-être s'amuse-t-il à se et nous tester. Quoi qu'il en soit, notre absence d'objection au saccage de la Tchétchénie est un message. Une oreille nihilistement ourlée, à Moscou, le perçoit 5 sur 5 : la société repose bien sur le crime commis en commun. Est-ce là le dernier mot de la nouvelle donne d'après guerre froide, d'après Manhattan en feu ?

Simple rappel. Le 1er janvier 2000, Poutine atteignit un zénith. Ayant recueilli l'héritage d'Eltsine, il l'amnistiait illico de toute poursuite touchant le plus grand casse du siècle. Solidarité mafieuse oblige. Puis s'envolait réveillonner sur le front, massacre des Caucasiens exige. L'armée russe même rouge récompensait le soldat méritant d'une montre souvenir. Le fringant Poutine innova : il a préparé des étrennes dûment gravées à son nom. Il les remit sous les flashes de la presse et l'œil international des caméras. Inconnue jusqu'alors, Mme Poutine fit son entrée mondiale, blonde et ronde fleur de mohair rose parmi les treillis, les bottes et les casques. Le petit grand homme « à la tête de poisson », comme certains de mes amis russes le nomment, gratifia les vaillants combattants de longs couteaux de chasseur ! Message aux jeunes appelés : allez-y, éventrez ! Message à la planète : je ne recule devant rien ! Paillettes et tranchoirs, le siècle a juste deux heures et il frémit déjà.

Le postulant tsar ne fait pas dans la dentelle. Sa science de policier politique enseigne que la grandeur des grands tient dans leur capacité de nuire. Un enfant soldat du Liberia raisonne de même, il place sa sagesse dans le chargeur de sa kalachnikov. Telle est au Kremlin la leçon d'un siècle, où si souvent un pouvoir prédateur — révolutionnaire, totalitaire, nucléaire — rafla la mise. Les couteaux fêtent la puissance de détruire. Pas de construire. Une apothéose de nihilisme. La réouverture de la chasse caucasienne fut célébrée en mondovision. Inutile de diaboliser le personnage. Le flic hésite et l'espion calcule. Le destructeur peut être à son tour dompté ou détruit. Son prestige, bâti sur un tas de cadavres, dépend d'une déculottée nullement exclue. Le calvaire des civils tchétchènes dure ce que dure la complaisance américaine. Quant à l'Europe, on ne l'entend plus. Vladimir affûte et en juillet 2001 il est intronisé membre permanent du G7, à l'occasion redéfini comme G8, non plus club des plus riches, ou des plus industrialisés, mais... Mais quoi ? Club des responsables qui scellent leur commune responsabilité par le sang, autorisant l'heureux élu fraîchement coopté à tirer à vue. Ben Laden ne fête pas les Noëls chrétiens ni les premiers de l'an qui ne sont pas ceux de l'hégire. Mais il apprécie les réunions familiales, une vidéocassette le montre souriant au mariage d'un de ses fils. Peut-être, hors caméra, avait-il pour célébrer la fin du ramadan offert des cutters à ses vaillants fidèles ? « Cornegidouille ! Nous n'aurons point tout démoli si nous ne démolissons même les ruines » (Alfred Jarry, *Ubu*). Netchaïev avait raison, l'étudiant Ivanov ne fut pas assassiné en vain. Votre triste raison triomphe aux « informations ». Le nouvel ordre est bien parti.

5

Excursion

dans la planète du tout-permis

— *Il n'est pas de bête si féroce qui ne connaisse l'empreinte de la pitié.*
— *Je ne la connais pas, donc je ne suis pas une bête.*

Shakespeare, *Richard III*

Trois heures du matin. Depuis minuit, je foule en parfaite illégalité le territoire russe, une amie ethnologue m'accompagne et traduit ; je l'aspergerais volontiers d'infinis compliments, n'était l'anonymat qu'elle exige. Le passage à la dérobée s'opéra comme dans les films, en rampant, des gardes-frontières écartèrent avec obligeance les barbelés, dédommagés des risques qu'ils prennent par un passeur rétribué à son tour. « *Davaï ! Davaï !* » Vite ! Vite ! harcèle-t-il. Les postes russes sont à moins de quinze mètres. Après une cavalcade dans les champs et quelques chutes dans la boue, il nous abandonne sous un saule, « dans vingt minutes, je suis de retour ». Délai dix fois dépassé. Reviendra ? Reviendra pas ? Des chiens aboient très près, nous nous figeons dans notre fraîche clandestinité. De bucoliques noctambules nous frôlent et vident l'ultime bouteille de la nuit, trop pleins pour nous remarquer. Plutôt qu'une aventure de John Ford, une scène pour Beckett, entre l'insolite et l'ab-

157

surde. Notre passeur cuve-t-il ses flacons dans un coin ? Il semblait mûr.

Plantés comme Vladimir et Estragon sur un bord de route, au bout du monde, nous regrettons le téléphone cellulaire délaissé pour éviter d'intempestifs repérages. Nous voilà sans domicile fixe, sans identité avouable, clochards du post-communisme. Je suis parti sur un coup de tête. À Paris, l'ambassadeur de Russie me refuse un visa, renouant avec les us d'une époque qu'on voulait révolue. Je coupe court et pénètre sa « Fédération » sans permission. Quelque temps plus tard, je croise Pierre Flambot, journaliste au *Monde*, que son passeport dûment visé n'aide pas : il refuse la tournée journalo-touristique des territoires « libérés » et des interviewés complaisants, quelques heures sous haute surveillance aimablement mitonnées par l'état-major. La résistance tchétchène aide les curieux impénitents, noue les contacts indispensables, mais ne garantit pas le risque zéro.

Notre mentor refait surface, voiture, changement de voiture. Je l'appris, plus tard, nous l'avons échappé belle, les policiers en planque s'étaient assoupis. Le lendemain la route fut coupée, le réseau démantelé, tueries, arrestations. Il fallut quinze jours pour reconstituer une filière qui évacuait les blessés graves vers des hôpitaux étrangers. L'extrême insécurité qu'expérimente en permanence la population locale allégera par contraste les pincements de cœur occasionnels que suscitent mes aventures personnelles. Restent les chevilles qui se tordent, le souffle court et les marches forcées pour contourner les barrages. Les études de philosophie préparent mal à la recherche de la vérité. Le huis clos qui s'épaissit autour de la guerre en Tchétchénie encourage les atrocités. Le malfrat travaille dans l'ombre, les lampadaires protègent le passant. Tenez-moi pour une lampe de poche.

En situation de guerre, on travaille dans l'incertain, m'avait enseigné mon cher Clausewitz. Vérification immédiate : j'ai raté trois fois le très régulièrement élu (sous contrôle de l'OSCE) Aslan Maskhadov. La première fois, nous étions à portée de vue, mais trop de combats à proximité barraient le chemin. Deux de ses gardes du corps furent tués. Second round : les voitures du FSB me marquent à la culotte, servirais-je d'appât ? Non, merci ! Troisième reprise, tout colle, le thé est prêt, il est venu à notre rencontre, c'est alors qu'un déluge de bombes s'abat, pour une semaine entière. Au même moment, M. Dini, envoyé spécial de l'Europe, constatait un « cessez-le-feu effectif ». Il n'est pire sourd que celui qui ne veut pas entendre les canons ni voir les missiles sol-sol zébrer le ciel !

Chef de paix, plutôt que chef de guerre, Maskhadov m'intéresse. Coincé dans son rôle de responsable militaire, il n'est qu'un supérieur entre des égaux, il coordonne, mais ne contrôle pas ses pairs. En religion comme en stratégie, les Tchétchènes sacrifient peu aux hiérarchies verticales. Dans la tradition soufie, le rapport à Dieu est direct, sans intermédiaire. Dans la tradition séculaire de la guérilla, seul compte le courage d'affronter l'adversaire. Les mérites et les prestiges des guerriers ne laissent pas d'être sujets à d'infinies controverses. (On raconte qu'en évacuant Grozny certains chefs blessés par les mines se tirèrent une balle dans la tête pour éviter que leurs soldats ne viennent les sauver et ne sautent à leur tour. D'autres firent autrement.) Politiquement, Maskhadov reste incontestable et incontesté. Je n'ai pas rencontré un seul Tchétchène, même parmi ceux qui s'accommodent provisoirement de l'occupant, qui ne considère le président élu comme l'unique interlocuteur crédible du Kremlin. Tout autre prétendant est tenu pour une marionnette.

À rendez-vous manqué, rencontre réussie. Faute de m'entretenir avec la tête de la résistance, je pus en ausculter à loisir le cœur. C'est quoi, le « cœur » ? Très précisément ce que Clausewitz baptise « centre de gravité ». Question de simple bon sens : la cible d'une « opération antiterroriste », ce sont les terroristes. Tony Blair ne rase pas Belfast pour déloger l'IRA, Madrid ne détruit pas à l'artillerie lourde les commandos de l'ETA. Par contre, Grozny — quatre cent mille habitants en 1995 — n'est que ruines. Voilà la première capitale rasée depuis Varsovie 1944. Selon les cas, explique Clausewitz, le « centre de gravité » d'un conflit peut être la personne du prince, l'armée et son état-major, le siège du gouvernement, ou encore, comme en Espagne contre Napoléon, le « peuple », réservoir de la résistance. Bon gré, mal gré, les Tchétchènes sont placés dans ce dernier cas de figure, celui d'une guerre faite aux civils. Qui veut prévoir l'avenir du conflit doit interroger ceux qui en supportent la douleur et la durée. Résistance ou capitulation ? La réponse appartient aux villageois canonnés, aux mères à la recherche de leurs enfants torturés, aux errants qui passent les « contrôles » coûteux et humiliants en quête de farine et d'introuvables médicaments. Ceux qui décident de l'issue du combat, ce sont les humbles parmi les humbles, les oubliés des prévisions stratégiques euphoriques dont Moscou nous rebat les oreilles.

Les experts du Kremlin ont tiré une leçon de leur cuisante défaite de 1996. Ils doivent détruire à distance, en évitant le combat direct et les corps à corps avec un adversaire tellement plus motivé moralement et aguerri physiquement. Inutile d'incriminer le racisme évident, les mauvais sentiments et la cruauté des généraux russes, seraient-ils des anges qu'ils n'auraient d'autre choix : dévaster en gros, bétonner des places fortes, pour écumer en détail un territoire hostile. Si rationnelle qu'elle paraisse, une telle conduite achoppe devant une gigantesque inconnue : comment réagit une population ainsi martyrisée ? Sur ce point, les brillants stratèges du FSB-KGB sont dans le noir. Pour trouver un commencement de réponse, ils devraient délaisser bureaux et commissariats, prendre langue et discuter avec n'importe qui. Je l'ai fait, pas eux. Ils ne le peuvent pas. Un bourreau ne saurait compter sur la franchise de sa victime. Un soldat russe : « Les Tchét-chènes, mieux vaut les avoir comme ennemis que comme amis. »

Dommage, super-général Trotchev[1], que vous n'ayez point partagé mes promenades clandestines dans vos terres « libérées ». Vous eussiez mesuré votre intrinsèque incrédibilité, assis sur un sommier défoncé, tandis que la propriétaire des lieux présente des excuses, maison détruite, juste une cabane, rien d'autre pour vous recevoir et vous cacher. Quand son mari tractoriste est mort, l'aîné de ses cinq enfants avait dix ans, le plus jeune allait naître, il en a vingt aujourd'hui, il a perdu une jambe à Shali, son état s'aggrave faute de soins : « J'ai tellement pitié de nos enfants, ils sont formidables... Quand vous repartirez, ne retenez pas votre parole. Ici, tout le monde attend son tour, ils viennent à l'aube, embarquent les hommes, il faut les racheter avant qu'ils ne disparaissent. J'ai travaillé dans les champs, fait des ménages, cuit des briques de boue, éduqué mes enfants, ils se conduisent bien. Aujourd'hui, ils m'interdisent de pleurer s'ils meurent, dites-le. » Toutes les mères pleurent, ici, en silence. J'aurais aimé présenter au super-général les deux « passeuses » infatigables et rieuses, une blonde, une brune, sorties d'un souvenir de ma toute petite enfance, ou d'un fantasme de Résistance française sous le regard quelque peu libertin d'un *Drôle de jeu*. Elles contaient leurs ruses avec cet humour implacable qu'affichent les Tchétchènes quand ils parlent des Russes. Une gravité soudaine brisait leurs moqueries, pour murmurer, le souffle court : « C'est dur de voir les victimes. » J'aurais voulu, mon général, vous confronter au dédain et au dégoût qui crispaient

---

1 Chef d'état-major de l'armée russe en 2000.

leurs beaux visages, quand elles mentionnaient sans insister (les Tchétchènes n'insistent jamais) les tortures que vous autorisez. D'autres ou les mêmes vous auraient parlé des blessés prisonniers qu'on expose à tout vent, bandages arrachés, pour que la gangrène gagne. Je crois que votre « présence » en Tchétchénie atteint le point de non-retour qu'une insurmontable nausée suscite.

Dommage que Guerman Gref[1] ne m'ait point suivi dans un « bazar » du Daguestan. Habitué à la réception polie, voire crédule, que lui ménagent les banquiers occidentaux, l'économiste numéro un de Poutine eût affronté un public plus coriace et plus ironique. *Business is business*, tous les acteurs se croisent sur les marchés caucasiens. Les femmes qui passent les frontières, à pied ou en car, pour acheter ici et vendre là, en fonction des taux comparés. Les gamins habillés Adidas et Nike, vrais ou faux. Les *Kontratniki* négociant les chaînettes d'or, souvenir obligé, où ils investissent le produit de leurs pillages (la demande croissant, le prix de l'or grimpe : plus 30 %). Des réfugiés clandés qui tendent la main. Cent dollars pour un bébé, la mère veut nourrir le reste de sa famille. Une autre dépose le sien sur le capot d'un compatriote fortuné. Il aurait fière allure, ici, le sémillant M. Gref, qui prophétise le redressement et un taux de croissance de 5 % pendant dix ans. « Moscou ? s'amuse Roustam (vingt-six ans), en préparant le thé dans un Thermos *made in* Taïwan. Moscou n'est pas même capable de fabriquer des mouchoirs en papier, tout vient de Corée, voire de Chine, expédié en gros par les émirats. Les Russes, comme nous, ont remplacé le samovar par le Thermos, importé bien sûr ! Ils ne vendent que des matières premières, le gaz, le pétrole et les armes. Pour les armes, les *boieviki* sont preneurs ! » Et les prennent.

---

1. Ministre de l'Économie du gouvernement russe.

Les mirifiques promesses de paix, de concorde et de renaissance débitées par les autorités se heurtent à un mur d'ironie. Nul Caucasien n'ignore l'immensité du gouffre économique, écologique, social et moral où marine l'ex-Empire soviétique. On rêve de villes propres, comme en Europe occidentale, d'un minimum de légalité permettant le fonctionnement du commerce comme en Turquie. Les douaniers des émirats incarnent un miracle de civilité. La croissance des pays d'Asie soulève l'admiration. L'idée qu'une Russie incapable depuis dix ans de se soigner elle-même réparerait les dégâts et les crimes qu'elle commet alentour fait franchement rigoler. À la manière forte des Tchétchènes inaugurée par Djokhar Doudaïev, d'aucuns préfèrent la rupture douce, tentée par la Géorgie ou l'Azerbaïdjan, mais le mouvement centrifuge paraît irréversible.

Scènes surréalistes : j'ai pu contempler dans des foyers tchétchènes, entre deux coupures de courant, les réceptions chaleureuses réservées à Poutine par les capitales européennes. Les tapis rouges, les accolades obséquieuses, l'espion choyé par ses anciens espionnés, l'hommage rendu aux dix millions de Russes qui «vécurent» en Allemagne et en apprirent la langue à l'instar du fringant président, la bière de RDA, les projets de Noël en commun... Tout cet étalage dont se gargarise la télé officielle, toute cette obscénité sur fond de ruines ! Comment ne pas pleurer de rage, quand ceux qui vous entourent sont des rescapés ou des morts à venir ? Ah ! prendre par la main nos têtes couronnées, nos chanceliers et nos ministres, premiers ou non, et leur faire goûter la description des «trous» qui agrémentent les sites des *Kommandaturas* ! Taille «demi-luxe» : l'otage est enfoncé, plié en deux, impossible de bouger, impossible de se lever, abandonné dans le noir, sans eau, sans nourriture, et baignant dans sa merde. Taille «luxe» : le détenu est debout, pour le reste, c'est pareil. Les tarifs de rachat sont affichés dans les bureaux, ils varient suivant les lieux de détention, l'âge et le sexe. Les témoignages abondent et se recoupent. Tous en parlent. Certains en reviennent. La soldatesque, terrorisée par les boieviki, se venge sur l'habitant et se paie en nature, vols, viols sont monnaie courante au point que le général Chamanov a mis en cause l'«ivrognerie» des contractuels, réclamant leur remplacement par des soldats fédéraux. Rien n'y fait. La traite du Tchétchène prospère.

Chacun commerce. Les officiers vous font passer les postes pour cinq cents dollars, les troufions ferment les yeux pour quelques flacons. Chaque unité tire à hue et à dia. Ici, une section de *spetsnaz* récuse les autorités locales et déclare dépendre directement de Poutine lui-même. Là, le FSB s'affirme dépassé par des commandos de policiers masqués qui ratissent, kidnappent à bord de véhicules militaires. On marchande les prisonniers, on solde les cadavres, on négocie les passeports (pas cher pour un Occidental : cent quarante dollars pièce). Tout a son prix, les certificats infiniment multipliables et l'absence de certificat. La guerre russe s'autofinance. Pourquoi stopper une affaire si juteuse ? Quant au paysan du cru, il ne lui reste qu'à liquider ses maigres biens pour réunir les rançons exigées par les autorités, ou la mort. En Tchétchénie, on travaille de moins en moins, puisqu'on ne peut sortir. À quoi bon construire ? Sitôt bâti, sitôt détruit. Pas de moisson. Les troupeaux paissent sur les terres cultivées ou sautent sur les mines. Salué à Rome, Londres, Madrid et Berlin, Poutine rayonne, son ordre règne autour de Grozny. Madame la reine, permettez, il y a du sang dans votre *cup of tea*.

De Paris, les paysages tchétchènes paraissent exotiques. D'un côté les Russes en modernes Rambo surarmés et bien en chair, de l'autre des guerriers d'un tiers-monde supposé, et, au gré de chacun, fanatisés, illuminés ou angéliques. Entre les deux une foule éperdue et perdue de réfugiés. Au diable ces clichés. En Tchétchénie, les gens raisonnent comme vous et moi ; hésitent, tranchent, hésitent à nouveau. La différence, c'est qu'eux risquent leur peau. Khattab et Oudougov, islamistes de service, Bassaïev, tête brûlée et héroïque qui travaille à leurs côtés, suscitent dans les rangs mêmes de la résistance de violents procès. Certains les jugent traîtres, provocateurs stipendiés par le FSB. D'autres les estiment sincères mais niais, tombés dans les pièges ourdis par Berezovski et autres promoteurs de Poutine. D'autres encore leur accordent le bénéfice du doute et jugeront plus tard. Il en est, surtout parmi les jeunes, pour admirer tout court. Pareilles contradictions n'étonnent que les observateurs naïfs, après tout, les étudiants communistes pas mal staliniens, les «réacs» d'Action française manifestaient ensemble le 11 novembre 1940 dans Paris occupé. «Quand les blés sont sous la grêle, fou qui fait le délicat», chantait Aragon, qui n'en préparait pas moins ses futures mauvaises querelles au cœur du commun combat. Ainsi fonctionnent les résistances.

Vue du Caucase, la question tchétchène est d'abord une question russe. Qui croit qu'un petit peuple d'un million de personnes mette en danger une grande nation de cent cinquante millions ? Et pourtant, depuis trois siècles, l'affrontement joue les prolongations. L'enjeu n'est pas et n'a jamais été pour l'essentiel militaire, policier, diplomatique. La Russie pouvait à loisir isoler, contenir son minuscule voisin ou négocier avec lui un modus vivendi que Maskhadov ne cesse de réclamer. Le problème est ailleurs. Il ne tient pas davantage au pétrole (en quantité dérisoire, vu les réserves de la Russie) ni aux équilibres transcaucasiens (instables quel que soit le pouvoir à Grozny). La campagne électorale du dauphin, urnes bourrées de cadavres, s'est close sur le succès escompté, mais la paix n'est pas revenue pour autant. Certes, le conflit engraisse pas mal de monde, de l'homme du rang à l'état-

major qui détourne certainement des sommes aussi ronde-
lettes qu'en 1995, ce n'est un secret pour personne. Néanmoins, la routine d'une guerre qui entretient la guerre n'est
pas non plus une raison suffisante.

Poutine a déclaré exemplaires les méthodes inaugurées à
Grozny. Il élève le martyre tchétchène en paradigme de l'autorité restaurée, en modèle de la tant vantée « dictature de la
loi », garantie par la loi de la dictature. Mater l'insurrection
tchétchène pour rétablir l'ordre dans les têtes russes, la leçon
est diffusée urbi et orbi : voyez ce qui attend les mal-pensants,
rentrez dans le rang ! Ce programme d'éducation populaire
n'a rien d'original, il couvait dans la violente éradication des
Caucasiens par les troupes tsaristes. Tolstoï peint la jouissance
de Nicolas Ier recevant la tête tranchée du chef rebelle Hadji
Mourat. Tant que le chardon tchétchène, sauvage et libre,
n'est pas arraché, l'autocrate du Kremlin craint la contagion,
l'ordre en Russie est fondé sur l'esprit de soumission. Staline
ne pensa pas autrement.

Impossible de renvoyer dos à dos, sous couleur d'une
feinte impartialité, deux adversaires si différents dans la
manière de vivre et de combattre. Les récents attentats sui-
cides en témoignent. D'un côté une armée surarmée frappe de
loin, dans le tas : je ne veux pas mourir, donc je tue n'importe
qui. À l'inverse, la cible des « suicidés » est extrêmement précise : casernes des brigades spéciales, états-majors locaux,
centres de torture. Les boieviki acceptent la mort pour ne toucher que des lieux circonscrits et n'exécuter que des criminels, il s'agit d'abattre les tortionnaires et de terroriser l'appareil terroriste. Travail sans bavure. Rien à voir avec les
bombes humaines qui sautent dans les bus bondés à Tel-Aviv.

Au téléphone, le président Maskhadov ne dissimule
pourtant pas son inquiétude, car « on ne contrôle pas un sui-

cide ». La religion soufie exclut qu'un suicidé finisse au cimetière. Les interdits sautent lorsque les soldats pillent et violent les enfants devant les parents ou les parents sous les yeux des enfants. Colère et désespoir risquent d'illimiter un terrorisme jusqu'à ce jour soucieux de limiter les dégâts. Il existe en Russie des centrales nucléaires à portée de desperados fous de douleur et ô combien déterminés. L'ascension vers l'incontrôlable coûtera cher aux Tchétchènes, mais aussi aux Russes et à l'Europe entière. Un Tchernobyl provoqué devient possible, sinon probable, à mesure que le Kremlin dévaste, humilie et publie que tous les coups lui sont permis. Pas moins suicidaires, les généraux de l'Armée rouge, passés généraux de l'armée russe, ont mal évalué leur lamentable équipée en Afghanistan. Ils jouent derechef les pompiers pyromanes, sèment la ruine et s'étonnent quand dans les décombres les plus extrémistes s'emparent des commandes.

J'emprunte à mon défunt ami André Frossard l'élégante définition qu'il proposait du crime absolu : « tuer quelqu'un sous prétexte qu'il est né ». Né arménien. Né juif. Né tzigane. Né tutsi. Nuançons. Il y a génocide lorsque l'assassin programme de tuer tous les « mal-nés », sans exception. Il y a crime contre l'humanité « seulement » lorsque l'assassin se contente de tuer n'importe qui et nettoie une communauté diabolisée. L'état-major russe n'a pas les moyens de supprimer physiquement l'intégralité de la population tchétchène (les trois quarts vivent en diaspora). Même si les pulsions criminelles se donnent libre cours, le génocide n'a pas lieu. Par contre, un gigantesque ghetto est savamment mis en place, où bombardement et tir à vue sont autorisés, où l'impunité est assurée aux troupes massacreuses. Milošević aurait-il suscité une réprobation universelle pour avoir commis une erreur, une seule, que Poutine se garde de reproduire ? Belgrade a expulsé les Kosovars hors des frontières. Moscou règle le sort de ses rebelles sur place, sans caméra. L'Occident démocratique ferme les yeux, le voilà soulagé : aucun flux de réfugiés ne menace les prétendus seuils de tolérance.

Revenus de leurs enthousiasmes primesautiers, les stratèges galonnés confient volontiers que la mise au pas du réduit tchétchène peut durer quelques années. Je crains qu'il ne s'agisse là d'un banc d'essai. À Moscou comme à Saint-Pétersbourg, l'élite dirigeante n'ignore pas que longtemps encore la Russie demeurera économiquement dépendante. Condamnée à solder ses matières premières, misant sur les avances du FMI, pleurant après les crédits occidentaux, la Russie n'est pas pour autant une puissance du tiers-monde. Handicapée côté forces productives, elle joue de son impressionnant arsenal de forces destructives, nucléaires et conventionnelles, à brandir ou à vendre. Dans les rapports de forces internationaux, la capacité de nuisance prime, pour peu qu'un pouvoir menace d'entretenir et de propager le désordre mondial. M. Poutine vient de manifester que ni les scrupules ni les conventions internationales dûment paraphées ne le retiennent. Preuve par la Tchétchénie.

Circulant avec maladresse dans un pays défoncé par les bombes et les mines, je ne fus pas seulement le témoin effaré du supplice infligé à un peuple admirablement divers et fantastiquement courageux. J'ai probablement assisté à l'émergence du plus grand État voyou du XXIe siècle. Peut-être la Chine dépassera-t-elle plus tard la Russie de Poutine, mais ce sera en suivant son exemple, en empruntant ses mauvaises manières. Le plan qui devait assurer l'ascension du successeur d'Eltsine via la reprise de Grozny fut évoqué dès 1997 par l'oligarque Berezovski, lequel finança les wahhabites décidés à déclencher la guerre.

Mobiliser les uns contre les autres, jeter de l'huile sur le feu, encourager l'escalade des extrêmes, incendier les têtes, les cœurs et les rues, les petits jeux favoris des *Possédés* de Dostoïevski annonçaient Lénine. Lequel tira les marrons du feu et parvint à corrompre une partie de l'intelligentsia mondiale. On imagine combien les banques et les hommes d'affaires, séduits à leur tour, résisteront mal aux entreprises de corruption mentale et financière machinées par les nouveaux possédés de Moscou. D'une main, Berezovski et consorts soutiennent les islamistes. De l'autre, ils montent en épingle l'enlèvement du petit Sharon, délivré au moment choisi. Dans cette effroyable affaire, pas trace de Tchétchènes, mais bien cinq jeunes Russes arrêtés. Plus le mensonge est gros... Télévision aidant, le kidnapping crapuleux se transforme en complot islamiste historico-mondial. Et le chœur des commentateurs zélés d'entonner l'hymne à la croisade judéo-chrétienne contre le djihad du terrorisme international dont le centre est... la Tchétchénie ! Spéculant sur un conflit de civilisations à la Huntington, les nouveaux possédés fantasment un chaos planétaire où la Russie, devenue partenaire indispensable, retrouve le prestige et le rang de jadis. Staline contre Hitler, Poutine fracassant Ben Laden par gosses tchétchènes interposés. Le rêve !

Les conflits d'intérêts divisent l'équipe au sommet. Les héritiers des organes vétéro-staliniens roulent des mécaniques pour brider la moitié de Russie qui désespère tant sa vie se dégrade. Les oligarques aux poches pleines s'affichent indispensables vu les bonnes relations qu'ils garantissent avec l'Occident créditeur. Les protagonistes s'entre-déchirent en vertu des lois de la concurrence mafieuse. L'issue reste en suspens, chacun demeure solidaire des autres, mais aiguise ses couteaux. Pareille instabilité donne ses chances à la résistance tchétchène et en offrirait d'analogues aux pressions occidentales si elles existaient. Pourtant l'aventure, si l'on n'y prend garde, peut basculer dans la fuite en avant d'une voyoucratie dirigeante aux abois. Vive la guerre ! Poutine lui doit son trône, l'armée son regain de prestige, les super-riches une immunité à la Eltsine pour dix années d'éhontés pillages. En douce les nouveaux possédés savourent les joies de la destruction et l'assurance qu'elle confère, ils sont prêts à décréter la guerre en permanence, tant que le petit peuple en supporte le poids et l'Occident les coûts.

« Tous les cinquante ans, ça recommence... » Combien de fois ai-je entendu ce leitmotiv ? Il rythme, depuis dix ans, le très général travail de la mémoire tchétchène. Les anciens évoquent la résistance de Brest (Litovsk) où les bataillons tchétchènes en 1941 tinrent tête aux armées nazies, quand toute la Russie se débandait. Ils décrivent la terrible déportation de 1944. Les chanteurs, dont on s'arrache les cassettes, glorifient les guerres d'indépendance du XIXᵉ siècle. Au commencement était la résistance, Maierbek Vatchagaev, membre de l'Académie des sciences et représentant de Maskhadov, raconte le calvaire de Dadi Iourt cerné par trois mille soldats du tsar : « Pour enlever la place, le détachement dut raser le village. Le général Syssoiev, qui dirigeait les opérations, fut sidéré par le spectacle. Pour aider moralement les hommes, les femmes dansaient sur la place du village. Et plus l'artillerie tonnait, plus les jeunes filles frappaient sur leurs tambours. Lorsque le dernier homme eut péri, les femmes prirent les armes. À l'approche du soir, les Russes entrèrent dans le village et, pour n'avoir pas à se rendre, les femmes s'égorgèrent sous leurs yeux. Seules quelques jeunes mères furent capturées. Mais, alors que les Russes leur faisaient traverser la rivière Terek sur un radeau, chacune se cramponna à un soldat et au cri de "à mort, l'ennemi" se jeta dans les eaux tumultueuses. »

La méditation historique s'opère sous le feu des fusées russes. Les Tchétchènes cultivent peu l'élitisme ethnique, ils se marient facilement avec des « étrangers » et adoptent nombre d'orphelins russes, abandonnés dans le désarroi général. Leur religion est mystique plutôt qu'intégriste. Et certains se souviennent, émus, du rabbin de Grozny qui, en février 1944, interdit aux juifs de voler les biens des Caucasiens déportés et d'empocher «fût-ce une petite cuillère». Ni raciale ni fanatique, la nation tchétchène trouve son identité dans son histoire. Résister à Gengis Khan et aux tsars, à Staline et Beria, à Eltsine et Poutine témoigne d'un inaltérable amour de la liberté. Pour se saluer d'un bonjour, les Tchétchènes se souhaitent en premier la « liberté », en second, mais c'est facultatif, la « santé ». Tels sont ces « Français du Caucase », repérés par Alexandre Dumas pour leur esprit frondeur et leur franc-parler.

Face à eux, la Russie se bat contre elle-même. Sa plus haute culture — Pouchkine, Tourgueniev, Tolstoï... — a chanté le vaillant montagnard et la belle Tcherkesse, antithèses vivantes de la servilité ambiante. Les nouveaux maîtres de Moscou tentent d'extirper une mémoire qui leur porte ombrage. Soljenitsyne, à l'époque du goulag, saluait la fierté d'un petit peuple qui tout entier refusait de plier. Voilà qui cadre mal avec l'œcuménisme poutinien, amalgamant allègrement Staline et le tsar, Dieu et la police politique, le nationalisme noir et l'arbitraire rouge. La Russie officielle fête ses trous de mémoire. Dans la guerre contre la Tchétchénie elle joue son avenir spirituel. Procédera-t-elle au blanchiment d'une histoire sale et infernale ? Elle efface tout et recommence ? Le flic russe, correctement rémunéré, m'a déposé en plein champ, il fit demi-tour, agita la main et me cria, contre toute attente : « Merci pour ce que vous faites. » J'ai repassé les barbelés. De Lermontov, un poème, bientôt vieux de deux siècles, m'attendait à Paris.

> *Adieu la Russie mal lavée,*
> *Pays de maîtres, pays d'esclaves.*
> *Adieu les uniformes bleus*
> *Et le peuple servilement dévoué.*

Peut-être les montagnes du Caucase
Me protégeront-elles de tes tsars,
De leurs yeux qui matent,
De leurs oreilles qui épient tout.

Ce début de chapitre fut publié en reportage dans *Le Monde* daté du 13 juillet 2000, sous le titre « Un mois dans le ghetto tchétchène ». Il fut traduit par nombre de journaux européens. Il est repris ici, tel quel, pas une virgule changée ni ajoutée. Ci-joint quelques notes encore inédites.

L'aimable colonel du FSB m'aide à franchir les postes de contrôle russes, il s'abstient de toute question. Aujourd'hui, il véhicule un Occidental sans papiers et sans visa, hier, c'était un grand blessé, demain sera le tour d'un ou plusieurs combattants que ses services tiennent pour « terroristes » et dénoncent comme « assassins ». Une autre fois, il s'entremettra pour livrer ou vendre les armes et les munitions destinées à buter ses collègues. Sans plus de façons. Le colonel a été réglé rubis sur l'ongle, en liquide et en dollars. Ce civil pimpant — la police politique n'est pas astreinte au port de l'uniforme — arbore une gourmette d'argent où je lis : *Get what you want !* La citation des Rolling Stones est quelque peu tronquée. Plus modestes, ils chantaient : *You can't always get what you want*, en français : « Tu ne peux pas avoir toujours ce que tu veux. » Mais, il ne le sait pas, à défaut de Mick Jagger, elle trouve son écho rabelaisien : « Fais ce que veux » !

Mon mentor ne loge pas dans l'abbaye de Thélème, il fait sa pelote en Tchétchénie, dans un pays maudit que son armée dévaste ; il terminera sa campagne militaire riche d'un intéressant magot, moins mirobolant pourtant que ceux thésaurisés par ses chefs, empochant à la source les crédits à prétention « humanitaire » débloqués par le pouvoir central. N'allez pas croire que mon officier de chauffeur soit tourmenté par sa conscience, il gère son entreprise d'import-export et de transports dangereux avec la dextérité et la décontraction du professionnel averti. Pourquoi s'embarrasserait-il de scrupules ? Il applique à l'échelle de son artisanat les procédures de privatisation sauvage qui transférèrent à des mafias alertes et plus ouvertement pillardes les richesses et les privilèges d'une nomenklatura soviétique octogénaire. Tapotant, tabada, tabada, tabada, le volant de sa berline de fonction, il s'amuse de sa fraîche émancipation et cligne un œil complice : lui flic, moi clandestin, ne sommes-nous pas du même monde ?

Il fait beau. Tapi sur la banquette arrière, je me repose des marches imposées qui précédèrent ce confortable périple automobile. C'est beau la civilisation et c'est beau la presque paix. Déguisé en vieillard cacochyme je me fais le plus petit possible. Par la vitre je vois défiler, vitrifiés, les fleurons du communisme, les locomotives rouillées de l'histoire, lambeaux de trains fantômes, wagons béants, fenêtres et portes éventrées, cohortes immobiles, inutiles depuis quand ? Plus de marchandises, plus de déportés à transporter ? Une barrière d'épaves abandonnées, livrées au temps, à la météo et aux pillards, sans voyageurs, sans conducteurs, squelettes de fer noirs de suie, tremblotant dans les fumées de pétrole, alignés sans fin et sans raison. Décharges d'un monde meilleur, poubelles des rêves réduits à néant, les rivages de la Caspienne en désert d'acier broyé sont à perte de vue comme un pied de nez tragique aux idéologues optimistes. Et par-delà la mer que je n'ai qu'entraperçue, où les filets des pêcheurs piègent les esturgeons. Fin du palabre touristique.

Quand, aux *check-points* hérissés de rouleaux barbelés, tanks et blocs de béton barrent la route, quand les jeunes soldats, bandeau au front façon Stallone, et torse nu bardé de cartouchières façon Schwarzenegger, font mine de nous arrêter, quand les plus arrogants pointent leur kalach et se mettent à gueuler, mon protecteur, sans ralentir, baisse sa vitre, klaxonne, brandit un passe format carte de crédit, fonce au travers des chicanes, et la voie s'ouvre. En cas d'imprévues complications une seconde voiture suit cent mètres derrière et rapplique en renfort s'il le faut. L'affaire est rodée, rentable. En dernière instance, les portables joignent un parrain bien placé et suffisamment rétribué pour confirmer le sésame. Toute une filière se sucre. « Troisième bureau » sous le tsar, puis Okrana, ressuscitée Tcheka avec Lénine, épanouie Guépéou, GPU, NKVD sous Staline, prolongée KGB par Brejnev, aujourd'hui FSB, la police secrète n'a rien perdu de son équivoque auréole, elle s'adapte aux délices de l'époque. Elle sacrifie moins à l'idéologie et goûte, plus prosaïque, les plaisirs de l'économie privée. Ce qui, en Tchétchénie, ne la rend pas moins sauvage et excite ses appétits. Mon escorte détourne à son profit quelques ressources des « Services », quitte très certainement à retrouver parfois le sens du devoir en livrant, quand ça chauffe, ses clients clandestins. Donnant, donnant, m'expliquent mes amis tchétchènes sur leurs gardes : le passeur vise la rentabilité maximale et jauge les coûts comparés. S'il trahit son appareil, ses collègues et ses rivaux dans le business, ça risque à la longue de sévir. S'il trahit son contrat avec les boieviki, il gagne une promotion administrative, mais joue sa vie. Les affaires sont les affaires.

Plein d'allant, brillant jeune homme, frisant l'élégante quarantaine, le colonel n'a rien d'une exception. Les simples soldats, qui, à la frontière, me permirent contre un modeste pourboire de crapahuter sous les barbelés, ne raisonnent pas autrement et pareillement quand, ivres et hagards, ils tondent, pillent, torturent le civil tchétchène. Toute l'armée russe vit sur l'habitant. Chacun use, abuse et se taille une zone libérée à la mesure de son grade, où seul règne son bon plaisir. La décontraction du galonné en jean et T-shirt n'a rien pour me surprendre, ses semblables sont légion, et pas seulement en

Russie, qui déambulent en pleine apesanteur morale. Autant de « dépondérés », eût précieusement précisé André Gide. Quand les grands empires idéologiques s'effondrent arrivent les tard venus aux yeux désabusés. Ils toisent les ruines et s'accordent les coudées franches. Après Napoléon, Julien Sorel et Rastignac : « À nous deux, Paris ! » Après Hitler, une « génération sceptique » s'empare des leviers de commande. Après le communisme, l'immoralisme des nihilistes devient la chose du monde la mieux partagée, l'indice d'un comportement judicieux, la marque apparente du bon sens dans une société sans règles, où l'élite se gausse des interdits, tandis que les populations imitent ou subissent.

Tout russe qu'il soit, mon colonel prétend à l'universalité, gardez-vous de l'exorciser en l'exotisant. Artiste, il goûte les cassettes en vogue à Londres et New York ; admiratif, il envie les hommes d'affaires de Moscou qui sablent le champagne à la City ; poète, il se sent jumeau du broker qui tire sur son joint entre deux spéculations boursières ; compréhensif, il sympathise avec le « sauvageon » qui fait ses griffes sur les carrosseries de nos banlieues. Finies les rigidités dogmatiques, rien de ce qui séduit et corrompt l'Occidental ne lui reste étranger. Loin de le dénigrer comme un cas d'espèce, figure évanescente dérivant sur l'écume éphémère d'une société déboussolée, je le dévisage comme l'Adam futur. L'esprit d'après guerre froide souffle, dévaluant les convictions de plomb et les systèmes inaltérables. Les révolutionnaires prétendus incorruptibles quittent la scène les poches pleines, tandis que les guerriers sans peur ne défilent plus sans reproches. Puisque les valeureux bouchers d'antan disparaissent, mon guébiste gradé incarne le « héros de notre temps », un nihiliste arborant au poignet le mot d'ordre qui résume son essence et son existence, son programme et son mode d'emploi : agis à ta guise, prends ce que tu veux.

En juin 2000, sur les routes chaotiques du Caucase, l'officier souriait sans arrière-pensées. J'imagine qu'il n'accepterait pas d'être catalogué nihiliste. Sa génération se sent tout simplement adaptée à l'air du temps : à la guerre comme à la guerre ! Que ceux qui ne la tiennent pas en odeur de sainteté s'en prennent à leurs propres narines. Qu'ils méditent combien il est normal de travailler sans normes dans une situation anormale. Or la plupart des sociétés issues de la guerre froide flottent en plein chaos. Il faut donc s'inventer une conduite de voyou pour surnager dans les Sargasses du cynisme. En majorité, les élites occidentales filent ce syllogisme, ne se choquent de rien. Elles parient que la planète mûrit sans pourrir, et devient raisonnable, fût-ce par des procédés qui ne le sont guère. Vais-je rallier ces optimistes en fêtant le réalisme progressiste de mon sympathique prédateur galonné ? Ou bien vais-je bouder, en me remémorant les déboires récents des docteurs tant-mieux ?

Creusons. De quel droit me mêlerais-je de dénigrer un officier russe dont j'achète les services ? L'Européen de l'Ouest est-il si pur politiquement et si clair moralement ? Nihiliste, moi ? s'étonne le jugé. Nihiliste toi-même, enchaîne-t-il avec la repartie d'un gamin caracolant dans la cour de récré. C'est celui qui dit qui l'est ! Les Grands qui nous représentent se donnent, quoi qu'ils fassent et quoi qu'ils en pensent, des accolades si aimablement fausses que j'aurais quelque impudeur à condamner le sous-fifre, à le toiser de ma hauteur de nanti, tel Jupiter tonnant. Et j'aurais quelque impudence à le juger en détail comme un directeur de conscience. Comprenez, mon jugement ne s'appuie sur aucune supériorité éthique ou géopolitique. Si je décrète que l'officier du FSB est nihiliste, c'est la faute à Flaubert, la faute à Tourgueniev, à Tchekhov et consorts.

Avant épuisement des possibilités multiples, quasi infinies, de pillage et de saccage, il n'y a aucune raison pour que cette saloperie de guerre s'arrête, me disais-je en rampant par une nuit sans lune sous les barbelés pour quitter enfin la Fédération de Russie. Mon périple s'achevait en boucle, vautré dans la boue, noyé dans les vapeurs indescriptibles d'une merde indécelable dans le noir, à croire que les gardes frontières s'étaient tous soulagés dans ce fossé. Aucune raison que ça s'arrête. D'un côté, ne serait-ce que pour survivre physiquement, les Tchétchènes sont contraints à la résistance ouverte ou discrète. De l'autre, les occupants, envoûtés, saoulés, dopés par leur spirale de répressions indiscriminées, le plaisir des tortures et l'enrichissement sur l'habitant, savent que leur adversaire sait et concluent mezza voce qu'un bon Tchétchène est un Tchétchène mort, variante caucasienne du destin des Indiens d'Amérique.

Faut-il espérer qu'à l'exemple de l'Europe occidentale les autorités russes conviennent que le temps des expéditions coloniales est révolu ? L'aventure paraît désormais trop coûteuse aux pays prospères et nantis, mais elle séduit les contrées pauvres surpeuplées d'adolescents démunis, piaffants et prêts à tout. Les jeunes villageois russes qui paradent sur leurs tanks, torse nu, vivent à la Rambo l'aventure de leur vie. Ils ne paraissent guère pressés de retrouver le chômage et la solitude qui désolent les hameaux de leur naissance. Me faufilant entre *Kommandatura* et poste de filtrage, je n'avais pas l'impression d'explorer un vestige du passé ou une exception fortuite, je humais plutôt la férocité d'un avenir que seuls les habitants de New York, Londres, Paris et environs pouvaient espérer, à l'époque, derrière eux.

De retour à Paris, je butai sur l'ordinaire incompréhension qui accueille tout revenant des antipodes. Le sort des Tchétchènes éveille une double réaction, la sympathie immédiate et l'incompréhension générale. Les exactions de l'armée russe soulèvent le cœur ; l'inégalité des moyens, la dispro-

portion des camps adverses sont si écrasantes qu'elles interdisent de renvoyer dos à dos l'État terroriste et sa victime,
même quand celle-ci dérape, car nul n'est immaculé [1]. Un petit
peuple se cramponne au bord de l'abîme quand nos sentiments
de compassion ou de solidarité flottent, aboulique. La guerre
froide est terminée, le monde n'est plus coupé en deux, le
conflit, où s'embourbent les soldats russes, paraît échapper à
tout cadre et à tout intérêt. Qu'allais-tu faire dans cette galère ?
La question revient trop souvent, comme si, une fois les schémas binaires d'antan évacués avec la chute du mur de Berlin,
le citoyen des sociétés sages et nanties ne se souciait plus que
de sa soupe aux choux.

Sur place, loin de chez moi, je me posais la question,
sans cultiver d'illusion sur la portée d'un témoignage. Pour
les pauvres et braves gens qui m'hébergeaient à leurs risques
et périls, j'étais un colis terriblement encombrant, une épée
de Damoclès pendue sur leur toit, un poison mortel, une cala-
mité, la menace de chaque instant. Et pourtant... malgré le
bébé qui venait de naître et vagissait tout petit au creux d'une
main, malgré l'exiguïté des lieux, sous le fracas intermittent
des rampes de lancement, ils me savaient gré de briser le huis
clos. La presse est interdite de Tchétchénie par les Russes,
comme d'Afghanistan sous les taliban (et, comme les taliban et les Soviétiques autrefois, l'armée organise parfois des
virées sous son contrôle). Même lorsque la peur suintait,
lorsque les rafles frôlaient les murs et les angoisses serraient

---

1. « La Tchétchénie n'est pas un gang terroriste ou un mouvement islamiste,
mais une nation, conquise par la Russie au XIXe siècle, et qui depuis plus d'une décennie tente de recouvrer sa souveraineté (*self-rule*). Son leader, Aslan Maskhadov, n'est
pas un extrémiste islamiste, pas même un simple guerrier, mais un politicien pro-
occidental qui fut élu démocratiquement en 1997, deux ans avant que M. Poutine
décide de rompre le traité de paix en envoyant une armée de quatre-vingt mille
Russes envahir la République », rappelle, après le 11 septembre 2001, un éditorial
du *Washington Post* destiné au président américain pour lui remettre les idées en
place. Titre : « *Chechnya is different* ».

les gorges, jamais je ne perçus de reproches, hormis ceux que je m'adressais en mon for intérieur. Pour éponger la dette de cœur, il me faut entendre et donner à entendre pourquoi, comment, dans un mouchoir de poche, l'espace de deux départements français, au fin fond du Caucase, au pied de ces montagnes, où l'aigle de Zeus grignote depuis des millénaires le foie de Prométhée l'enchaîné, comment et pourquoi, en ce berceau perdu de l'humanité, s'est jouée et se rejoue une part ignorée du destin européen.

AIDE-MÉMOIRE NUMÉRO 3

Les « camps de filtration »

Un bis

« Déjà durant la guerre de 1994-1996, c'est dans de tels camps que des milliers de Tchétchènes ont disparu ou sont devenus invalides. "En 1995 et 1996, plus de quatre cents jeunes de mon village, Samachki, passés par les camps en sont ressortis vivants. Quand la guerre a recommencé en septembre (1999), ce sont avant tout ceux-là qui ont rejoint les combattants, par peur de se faire reprendre s'ils restaient chez eux à ne rien faire", dit un membre tchétchène de Mémorial, organisation russe de défense des droits de l'homme. Le choix de ces jeunes était judicieux, si l'on en croit le soldat anonyme dont la lettre a été remise au *Monde* » (Sophie Shihab, envoyée spéciale à Nazran, Ingouchie).

La lettre d'un jeune geôlier russe

« Je ne sais pas qui lira cette lettre, mais j'aimerais qu'elle puisse aider d'une manière ou d'une autre ces gens dont on dit qu'ils sont soi-disant des *boieviki* (des combattants). Moi-même je suis ici pour être sûr de toucher mes indemnités journalières. Mais j'ai décidé de vous informer car je pense que le fait de savoir ce qui se passe et ne rien faire du tout, c'est vraiment criminel.

Ici, ce que nous faisons des gens, je dis "nous" parce que je fais partie des bourreaux, même si je suis un simple soldat, et tout ce que je peux faire pour les aider, c'est écrire. Avant de venir ici, on m'avait toujours dit qu'ils sont tous des

180

ennemis et des criminels, mais en fait ce sont des gens normaux. Ils se retrouvent ici pour les raisons suivantes :

1. passeport non ré-enregistré
2. absence de passeport, or ici on ne délivre pas de passeport depuis 1996, les gars de dix-sept, dix-huit ou dix-neuf ans ne peuvent donc pas en avoir
3. un passeport enregistré dans un autre village, si un gars est arrêté pendant une visite dans un village voisin
4. violation du couvre-feu, si un gars par exemple est sorti de chez lui pour fumer après 18 heures
5. découverte dans une maison d'une tente militaire, d'un ceinturon, etc. On dit alors qu'est-ce que c'est, d'où ça vient, quand ?

Ici, ils sont littéralement massacrés. Il faut entendre leurs cris, ces cris d'hommes forts à qui l'on casse tout ce qu'on peut casser. Certains se font sodomiser, ou bien on les oblige à le faire entre eux. S'il y a un enfer, il est ici. À mon avis leur faute c'est qu'ils ne sont pas partis se battre contre nous. Eh oui, il y avait ici, pendant quelques jours, ce journaliste, ce Babitski. On n'a pas été jusqu'à le sodomiser, mais il a été violemment cogné et humilié, ses lunettes volaient, le pauvre.

On les amène ici chaque jour en grand nombre. Il y a jusqu'à sept cents personnes. Mais des hommes soupçonnés d'être des *boieviki* ne sont que sept. Ils sont déjà des demi-cadavres. C'est ce qu'ils méritent, je ne les plains pas. Deux ont déjà été zigouillés.

J'ai du mal à écrire ces façons exotiques de casser de l'être humain, de transformer l'homme en animal. Je termine cette lettre, mais j'aimerais, s'il y a dans ce monde une force capable de faire quelque chose, aider ces gens.

Je suis déçu par mon gouvernement. C'est du mensonge, de la tricherie, de l'hypocrisie. Bon, je termine, je ne sais pas bien écrire après tout.

Je ne donne pas mon nom pour des raisons évidentes.
Le 3/02/2000
Localité de Naur (nord de la Tchétchénie)
Tchernokozovo
ITK (soit Ispravitelnaïa Troudovaïua Kolona : camp de rééducation par le travail). »

(Le Monde, 11 février 2000.)

6

Le cheval de Voltaire

> *Dictionnaire philosophique! J'étais déjà en Russie lorsque arriva la nouvelle qu'un livre portant ce titre venait de paraître. Pleins d'admiration devant ce titre merveilleux, tous écrivirent pour le posséder sans se préoccuper du prix. Le comte Nariskin disait : j'aurai enfin un dictionnaire sur lequel je pourrai contrôler la vérité de tout ce qui me passera par l'esprit. Je suis fâché d'avoir commandé l'*Encyclopédie*, certain que le livre de Voltaire doit être meilleur*
>
> Giovanni Casanova de Seingalt

Les tendresses prodiguées avec candeur aux despotes diversement abjects suscitent, après coup, l'étonnement non moins candide de nouveaux venus convaincus qu'ils sauront éviter pareille bévue. Présomption! Progressistes et conservateurs, jeunes et vieux, Européens et Américains, intellectuels, rentiers, *traders*, prolétaires, paysans et jet-industriels, tous, à tour de rôle, démocrates bon ou mauvais teint, donnèrent dans le panneau. Quel État, aussi crapuleux fût-il, n'a pas bénéficié un jour ou l'autre des largesses spirituelles, bancaires, diplomatiques, militaires et militantes de l'Occident éclairé? Plutôt Hitler que le Front populaire! Plutôt Staline que le plan Marshall! Plutôt les taliban que le désordre. Jusqu'au 10 septembre, plutôt Ben Laden que le laxisme lascif des Babylones modernes. Plutôt les dictatures du tiers-monde et des continents «en développement», qu'elles soient socialo-militaires, populisto-fascisantes ou intolérantes et religieuses. Les plus ridicules furent encensés, ô Bokassa, et leur cannibalisme escamoté. Les plus immondes furent reconnus, honorés, ô Pol Pot, ô Kim Il-sung et leur ridicule ignoré. À peine revenus d'une méprise, chancelleries, cénacles, autorités mentales et financières se précipitent dans la suivante. Un État est un État. Qu'il soit de gauche ou de droite, céleste ou laïc, ses crimes bénéficient a priori d'un préjugé favorable.

Landru, pour quelques dizaines de victimes, suscite une réprobation éclatante et unanime. Pas le dictateur de Corée du Nord, qui condamne à mort, par la famine, deux à trois millions (qui sait ? et qui s'y intéresse ?) des siens. Pas le gouvernement chinois, qui laisse le sida dévaster, pendant des années, une immense province afin de préserver les cadres responsables du désastre. Après le 11 septembre, nos princes s'érigèrent, sans exception, ennemi numéro un du terrorisme. Bravo. À croire qu'il n'existe pas d'État terroriste et pas davantage d'État prêt à manipuler les mafias criminelles ou les groupes d'illuminés en vue d'ébranler et déstabiliser ses rivaux. Seul l'État taliban fait tache. Voué à disparition, il constitue l'exception confirmant le credo et la règle ! Joyeuse planète, mes frères, où tous les pouvoirs, blancs comme neige, vont se congratulant ! L'incapacité de concevoir, de prévoir, de prévenir la criminalité à vaste échelle des États, tant petits que grands, manifeste une déficience mentale récurrente et, depuis trois siècles, dominante. Les meilleurs esprits développèrent cette pathologie lourde, dès l'émergence de l'Europe moderne. L'apparition de la puissance russe dans le concert des nouveaux États-nations déclencha une fantasmagorie philosophico-politique promise à prolifération universelle. Pour la première fois, l'Europe éclairée rencontrait un «tiers-monde» doté d'un pouvoir indépendant et fort. Il fallut attendre plus de deux siècles pour que l'univers postcolonial se peuple de clones, que leur prototype Pierre le Grand dépasse encore en génie et parfois en furie.

L'utopie de bronze

Sur la place du Sénat, au cœur de Saint-Pétersbourg, s'élance la statue équestre de Pierre le Grand. Elle est l'œuvre du Français Falconet, sculpteur recommandé par Diderot à Catherine II. Aucun régime, par la suite, n'osa toucher à ce monument dédié au créateur de la ville. Même si vu des quais de la Neva il se dresse toujours redoutable. Même si depuis Pouchkine les écrivains s'inquiètent du « regard de pierre » qui glace la cité. Même si dans l'alchimie des brumes et des nuits blanches l'obsédante monture semble parfois se cabrer à l'entrée d'un royaume des morts : « Lorsque le brouillard se dissipera et s'élèvera, n'emportera-t-il pas avec lui toute cette ville pourrie et visqueuse, ne s'élèvera-t-elle pas avec le brouillard pour disparaître en fumée, laissant à sa place le vieux marais finnois, et au milieu, si l'on veut, pour la beauté, le cavalier de bronze sur son coursier fourbu, à l'haleine brûlante ? » (Dostoïevski, *L'Adolescent*). Falconet, pourtant, inspiré par Voltaire et les encyclopédistes, avait dépouillé la figure du tsar de tout appareil militaire ou sacerdotal. Malgré les protestations de la cour et des nobles qui exigeaient une silhouette de guerrier russe, malgré les plaintes des autorités religieuses, qui regrettaient que le grand homme fût costumé en « païen », Catherine tint bon. La main gauche retient le coursier. La droite levée s'étend, possessive et protectrice, sur la ville. Le regard se fixe sur les lointains. Vêtu d'un simple péplum, l'épée dans son fourreau, ce roi de paix a laissé les batailles par-devers lui. Comment la postérité critique en est-elle venue à soupçonner sous ces dehors tranquilles la cavale du nihiliste absolu qui « écrase tout sur sa route » (Mickiewicz) et, droit en l'abîme, « saute par-dessus l'histoire » (Bielyï) ?

La statue du héros civilisateur s'installe au croisement de deux inspirations tricentenaires. 1. Sur le socle, la laconique dédicace « À Pierre, Catherine II » eût pu être soussignée par tous les souverains russes. Tsars, secrétaires de Parti, présidentent. L'impératrice confiait au prince de Ligne qu'elle consultait, dans les moments difficiles, un fier portrait de Pierre qui ne quittait jamais sa poche. Poutine affiche dans son bureau le « poster » du grand autocrate fétiche. 2. Paris, tout autant que Moscou, peut revendiquer la paternité d'un monument clamant la gloire des Lumières. La seule allégorie que se permette Falconet est un serpent — l'envie, l'obscurantisme — écrasé sous le sabot de l'impérial destrier. « Maître absolu », « prince éclairé », despotisme dressé contre le poids despotique du passé, un concept forgé par Voltaire gouverne la pensée et le travail de l'artiste. La mauvaise Éris est ici chassée par la bonne. Entre la fausse grandeur d'un Alexandre et la véritable noblesse de Pierre, l'antithèse est complète. « L'ambition démesurée, l'insociable fureur de détruire et d'envahir ne doivent réclamer la postérité qu'au même titre que la réclamait l'incendiaire du temple d'Éphèse », comme vous le constatez, Falconet détestait le conquérant macédonien. À Érostrate-Alexandre, il opposait l'« ambition de faire des heureux » : « Je m'en tiens donc à la statue de ce héros que je n'envisage ni comme grand capitaine ni comme conquérant, quoiqu'il le fût sans aucun doute. Une plus belle image à montrer aux hommes est celle du créateur, du législateur, du bienfaiteur de son pays. » État russe, Europe et civilisation fusionnent.

Pierre, héros civilisateur, arrache la Russie à son passé. Pierre, héros modernisateur, maîtrise le présent et commande à l'avenir. Pareille apothéose l'élève non seulement au-dessus d'Alexandre, mais aussi de Marc Aurèle, l'empereur stoïcien qui éternisa le nec plus ultra de la sagesse antique. Falconet, intraitable, prémédite l'anti-empereur romain en bronze et en concept. Il monta une étourdissante campagne publicitaire. Dix années durant, à coups d'ouvrages savants, de lettres, de discussions, il mobilisa les « modernes » contre l'antico-manie des « anciens » qui tenaient la sculpture latine pour un modèle insurpassable. Il publia bien haut sa volonté de rompre avec la tradition du cavalier hiératique montant un cheval raide, au pas, tel le Marc Aurèle du Capitole. Diderot, son ami et son complice, vénérait l'idéal antique, mais finit par reconnaître la « vigueur du concept », la supériorité géniale de Falconet, son cavalier et son cheval : « Il est colossal, mais il est léger, il a de la vigueur et de la grâce. » En regard, la pesante monture romaine n'est qu'une pouliche de manège. L'exclamation admirative du philosophe ne porte pas seulement sur le métier de l'artiste, mais sur l'esprit qu'il insuffle à un ensemble d'un seul tenant et d'un seul élan : « Le héros et le cheval font ensemble un beau centaure dont la partie humaine et pensante contraste merveilleusement par sa tranquillité avec la partie animale et fougueuse. » La référence au centaure est à cette époque encore ambivalente. Elle peut signifier soit une victoire de la nature, péjorative animalisation de l'esprit, soit, comme ici, la spiritualisation de l'animalité, la victoire du « faire vivre » de la culture.

Le problème, en vérité, et nul ne l'ignorait, était l'extrême brutalité du Civilisateur chéri, qui dans les fumées d'un banquet arrosé faisait valoir de visu son adresse à couper les têtes. « Si le czar Pierre était en vie, je fuirais cent lieues pour n'être pas auprès de ce centaure moitié homme moitié cheval, qui détruisait tant d'hommes pour son plaisir, tandis qu'il en civilisait d'autres », écrit son principal thuriféraire à la duchesse de Saxe-Gotha [1]. La proximité inquiétante de la bar-

---

1. Voltaire, *Correspondance*, lettre du 25 mars 1760.

barie féroce est exorcisée par la toute-puissance des Lumières, c'est-à-dire par la modernisation irréversible qu'est censé opérer le nouveau chantre du savoir-pouvoir européen. Il y a du Pygmalion chez Voltaire comme chez Falconet. La Russie est la création de Pierre, sculpteur ès matériel humain. Pierre est le chef-d'œuvre de Voltaire historien, et Falconet, son émule, scelle ici et maintenant son *nunc stans*. Catherine, fille spirituelle et civilisée du tsar civilisateur, ramasse la mise. Extension du servage, pillage et dépeçage de la malheureuse Pologne, répression à l'intérieur, guerres à l'extérieur, à peine perçu le crime est absous, car rien ne s'accomplit que pour la bonne cause. Désormais, à suivre la logique du « beau centaure » de Falconet-Diderot, le chaos devient cosmos comme le corps se soumet à l'esprit. L'unité toute de mouvement et pourtant harmonieuse de la statue équestre incarne ce que les siècles à venir exalteront comme « sens de l'histoire ». Marc Aurèle sur sa monture poussive faisait deux parce que ni l'un ni l'autre ne se prenait pour le centre de l'univers. La sagesse antique tenait à suivre l'ordre du monde, non à le créer, elle était contemplative et non performative. En revanche, le Pierre de Falconet, comme le Faust de Goethe, vibre selon un « au commencement était l'action » qui n'a pas même à être dit pour être vu.

N'était ce pauvre serpent écrasé, concession minime au goût allégorique du jour, la sculpture est libérée d'allusions édifiantes. Elle porte son sens en elle-même. Elle est aussi autocrate que le personnage qu'elle glorifie. Nul ne sait en fait — et les commentaires sur deux siècles iront bon train — ce que Pierre fixe au loin, et pas davantage si son cheval se cabre, stoppe net ou s'apprête à sauter dans l'avenir, dans le vide, vers Dieu ou vers Dieu sait quoi. Rien n'évoque un quelconque jugement dernier. La sculpture se suffit, telle que Falconet, « ce contempteur si déterminé de l'Immortalité, cet homme si disrespectueux de la postérité », l'a désirée (Salon de 1767). N'a-t-il pas tenu à publier la correspondance où, contre Diderot, il affirme qu'une œuvre d'art se passe de la bénédiction des « anciens », dont elle ne suit pas les canons, et qu'il n'y a pas davantage à spéculer sur l'opinion des générations à venir ? L'artiste décide, héraut et promoteur d'une idée esthétique qu'il instaure hic et nunc par un *fiat* souverain. En se défendant d'évoquer une quelconque providence mondaine (stoïcienne) ou céleste (chrétienne), le monument n'est plus au service de l'histoire. Il est l'histoire. Nul ne sait ce que regarde l'empereur. Nul ne sait ce que désigne ou signifie son bras tendu. Nul n'a besoin de le savoir. Le sens de l'histoire n'a pas à être quêté dans un ailleurs, un futur lointain ou sur un sommet constellé, il est tout entier rassemblé dans le geste impérial, dans l'affirmation impérieuse, irrésistible d'un soi, où affleure une énergie clairement consciente. Ici, le sens du travail mondial rayonne en pierre et en bronze, parce que l'« énergie » du souverain, comme le génie revendiqué par l'artiste, mesure tout et elle-même. La balance, les poids et l'œuvre font irruption simultanément, *uno intuitu*.

Pierre s'authentifie en Catherine, qui se légitime par Pierre. L'impératrice n'est pas une princesse allemande subtile et dévergondée, mais la digne héritière du père fondateur, lequel n'est pas la brute avinée qu'il parut, mais l'horticulteur délicat qui fit fleurir le règne de Catherine. L'histoire gravite dans le cercle vertueux, où s'accouplent l'essence et l'existence, l'être (*ratio essendi*) et la manifestation qui le reconnaît (*ratio cognoscendi*). La statue se fait tout entière odeur d'histoire, comme celle dépeinte par Condillac odeur de rose. Il y a d'abord le gigantesque socle, l'énorme rocher dont l'installation tient du miracle technique, il représente le premier degré de la création, la matière inanimée. Puis surgit la vie animée, la belle animalité du coursier fougueux. Enfin l'esprit qui commande en faisant corps, supérieur mais pas extérieur, capable au-dedans de soi de retrouver l'existence charnelle et l'inertie même de la matière morte. Civilisateur, modernisateur, centaure sublime, homme total, le Pierre de bronze se couronne lui-même, comme le Pierre historique retira la tiare impériale des mains du pontife pour ne déléguer à personne le soin de s'en coiffer, comme Catherine après lui, comme Napoléon enfin. Preuve par Falconet, le sacre du chef moderne ne peut être qu'une autoconsécration. Dans ses lettres à Grimm, l'impératrice s'affichait, en toute modestie, comme l'institutrice du genre humain, *universal und normal Schulmeisterin*. Voltaire reprenait en écho : « libératrice du genre humain dans l'espace de plus de onze cent mille de nos grandes lieues tassées ».

La modernité nihiliste du nouveau despotisme

Fonder le dépassement des despotismes archaïques sur le culte d'une énergie absolue, parce que absolument créatrice, entrouvre des perspectives imprévues. « Donner des mœurs à un peuple, c'est augmenter son énergie pour le bien et le mal ; c'est l'encourager, s'il est permis de parler ainsi, aux grands crimes et aux grandes vertus », ici, Diderot constate plus qu'il n'objecte. Il y a un mal du bien : « Plus un peuple est policé, moins il est poétique. » Comme il y a un bien dans le mal : « S'il importe d'être sublime en quelque genre, c'est surtout en mal. On crache sur un petit filou, mais on ne peut refuser une sorte de considération à un grand criminel. Son courage vous étonne. Son atrocité vous fait frémir. On prise en tout l'unité de caractère. » Attention ! Pierre est sublime. Catherine est sublime. Sublimes sont le cheval, le monument entier et le génie de Falconet. Revenu de Russie, le philosophe frémit. Puis s'interroge. Et si la tant éclairée, tant célébrée, tant adulée, la très chère Notre-Dame de Saint-Pétersbourg n'était qu'une sublime menteuse ? « Catherine a très bien senti que la liberté était l'unique source du bonheur public. Cependant a-t-elle véritablement abdiqué l'autorité despotique ? » Quand, très tardivement, Diderot, dégrisé, pose cette question, elle n'est plus que rhétorique, la réponse est évidente : la cynique tsarine ne manifeste pas autre chose que le « désir de changer les dénominations [1] ». La vraie question ne concerne pas le souverain, mais la société. Elle ne vise plus la présence au sommet d'un pseudo-savoir-pouvoir tout-puissant. Elle interroge l'existence ou non d'une opinion publique : « Les Russes, tout aveugles qu'ils soient, prendront-ils longtemps le nom pour la chose et leur caractère sera-t-il plus élevé par cette comédie ? » L'interrogation vaut aujourd'hui comme hier pour la planète entière.

Le ver est dans le fruit. Le dépassement despotique du despotisme par une autorité qui revendique tous les pouvoirs, parce qu'elle s'auréole de tous les savoirs, est, Diderot lâche le mot, une « comédie ». Le cavalier cabré de Falconet, comme avant lui le Louis XIV de Girardon, comme, tout contemporain, le comte Potocki peint par David annoncent l'« âme du monde à cheval », cette sublime ânerie du jeune Hegel contemplant Napoléon à Iéna et décrétant le règne de la raison accompli. Accompli par l'encre sous sa plume. Accompli par le sang sur le champ de bataille. Plus tard, les prétentions du savoir-pouvoir se déclineront en doctrines multiples. Entre autres : le marxisme-léninisme « tout-puissant parce que vrai », Lénine dixit. Falconet, à son insu et avec la franche fraîcheur d'un génie qui manque aux épigones, a taillé dans la pierre et coulé dans le bronze la figure anticipée du maître penseur. Ainsi baptisai-je, voilà un quart de siècle, le commun dénominateur des philosophies spéculatives du XIXe siècle et des idéologies sanglantes du XXe, qui serpentent dans le cercle magique hégé-

---

1. D. Diderot contribua à *L'Histoire des Deux Indes*, par l'abbé Raynal (1780), voir M. Duchet, *Diderot et l'Histoire des Deux Indes*, Paris, Nizet, 1978, p. 42.

lien : «Penser, c'est dominer.» Une telle formule n'eût pas, en épitaphe, déparé le monument que Catherine offrit à la mémoire de Pierre. Et les statues, Marx! Engels! Lénine! Staline! Mao! se mirent à croître et à multiplier, signifiant par leur gigantisme : «Dominer, c'est penser.»

Au-dessus d'Erivan, sur la montagne, se dresse un monument à Staline. D'où que l'on regarde, le gigantesque maréchal de bronze est visible... Il marche — son pas est lent, pesant, ample —, il prend son temps. Il y a en lui une étrange, une écrasante cohérence, il est l'expression d'une force si puissante que seul Dieu peut le vaincre, il est aussi l'expression du pouvoir terrestre brutal — celui de l'armée, de la bureaucratie [...].

[...] Maintenant le gouvernement veut le détruire. Allez-y, détruisez, mais rendez-nous nos cent mille roubles... Un vieillard a proposé de retirer le monument et de l'enterrer sans le détruire. «Il servira peut-être encore, en cas de nouveau régime, cela nous évitera de sortir une nouvelle fois notre argent[1].»

Masqué sous le civilisateur, caché derrière le modernisateur, chevauche un cavalier nihiliste, dont l'énergie jaillit en deçà du bien et du mal. Que l'art de gouverner soit capable du meilleur et du pire n'est pas une vérité nouvelle, même si elle reste dure à admettre. L'oraison funèbre prononcée par Périclès[2] l'énonce brutalement : nous, les Athéniens, «nous avons contraint toute mer et toute terre à s'ouvrir devant notre audace et partout nous avons laissé des monuments impérissables, souvenir des maux et des biens». Cette traduction, trop aca-

---

1. Vassili Grossman, *La paix soit avec vous, notes de voyage en Arménie, 1961*, L'Âge d'homme, 1989.
2. Thucydide, *Histoire de la guerre du Péloponnèse*, livre II, chap. XLI, 4, Robert Laffont, coll. Bouquins, p. 267.

démiquement édulcorée, ne rend pas compte de l'audace des mots digne de l'audace de la chose : sur la terre entière, nous avons semé des « monuments de maux et de biens ». *Denkmale im Guten und Schlimmen*, rend Nietzsche avec sang-froid.

La politique, pensée occidentalement comme responsabilité proprement humaine, est capable des contraires, de biens monumentaux et d'un mal non moins monumental. Elle dissémine, dans l'espace devenu planétaire et dans le temps épanoui en histoire mondiale, les arcs de triomphe de ses hauts faits comme de ses ignobles forfaits. Qu'un héros civilisateur besogne dans la douleur et le sang n'a rien d'un scoop pour qui prête l'oreille aux mythes d'Hercule, de Prométhée, de Thésée et d'Œdipe. La tentation du nihilisme destructeur accompagne, dès l'origine, le « miracle grec » et double son projet civilisateur d'une part d'ombre qu'aucune vigilance n'élimine. Or la promesse modernisatrice se fait fort de détenir un savoir-pouvoir propre à dissiper définitivement ténèbres et obscurantisme. Tandis que le civilisateur procède à une rupture et dévoile des abîmes, le modernisateur opère la suture et occulte les gouffres. Accolant l'une à l'autre les deux images fondatrices, la figure biface de Pierre marque simultanément l'entrée et la sortie d'une histoire humaine qui, en son zénith, cesserait d'être tragique. Derrière nous, le despotisme. Devant nous, la transparence d'un destin maîtrisé. Cette aimable fantasmagorie vole en éclats, lorsqu'on voyage à jeun dans une réalité non transfigurée. « Je vous confierai tout bas que nos philosophes qui paraissent avoir le mieux connu le despotisme ne l'ont vu que par le goulot d'une bouteille. Quelle différence du tigre peint par Oudry ou du tigre dans la forêt », confesse, avant Gide, Diderot retour de Russie.

Le modèle inédit d'un pouvoir moderne parce que dispensateur de vie, biopouvoir selon Foucault, s'incarne pour la première fois dans la figure de Pierre, « en un mot, il établit et fit naître tout dans ses États, jusque la société» (Voltaire). Derrière un tel enthousiasme pointe moins un culte de la personnalité qu'un culte de la scientificité. L'importance de Pierre surpasse le personnage, déborde la Russie, anticipe une mutation planétaire, «il y a encore de vastes climats en Afrique où les hommes ont besoin d'un czar Pierre». L'européanisation de la Russie annonce l'occidentalisation de la planète au nom d'un immuable rattrapage à marche forcée. «Les Russes sont venus tard; et ayant introduit chez eux les arts tout perfectionnés, il est arrivé qu'ils ont fait plus de progrès en cinquante ans qu'aucune nation n'en avait fait par elle-même en cinq cents années[1].» Pierre n'est que le premier héros modernisateur nobélisé par l'élite européenne, d'autres moins convaincants lui succéderont par légion, Méhémet Ali pour les saint-simoniens, Nasser pour les tiers-mondistes, Lénine et Staline pour les communistes, et même Enver Hoxha, phare du socialisme albanais. Rien ne sert d'ironiser après coup sur la méprise. Elle se répète et se répétera tant que la critique laisse fleurir l'invariant mental qui préside au carnaval des fictions prestigieuses qu'on suppose nourricières. «Vous ne serez ni oignon, ni chatte, ni veau d'or, ni bœuf à pis, vous ne serez point de ces dieux qu'on mange, vous êtes de ceux qui donnent à manger», écrit Voltaire à Catherine II, le 27 février 1767.

Résumons. Le héros civilisateur grec — Lycurgue, Solon — est un législateur qui doit et sait s'effacer devant son œuvre. Le civilisateur nouveau est un héros modernisateur qui ne cède ni n'abandonne un pouvoir sanctifié en permanence par le savoir. Face à cette toute-puissance lumineuse, le furieux Suédois ou le Grand Turc paresseux font triste figure.

---

1. Voltaire, *Histoire de Charles XII* et *Histoire de la Russie sous Pierre le Grand*.

[...] *Catherine veille au milieu des conquêtes ;*
Tous les jours sont marqués de combats et de fêtes,
Elle donne le bal, elle dicte des lois,
De ses braves soldats dirige les exploits,
Travaille jour et nuit, et daigne encore m'écrire ;
Tandis que Moustapha, caché dans son palais,
Bâille, n'a rien à faire et ne m'écrit jamais.

On ne saurait mieux énoncer en des vers plus plats le contrat de confiance qui lie l'élite des pays « développés » et les dictateurs des pays « en développement ». L'élite occidentale peut être intellectuelle, ministérielle ou financière, les dictateurs lointains de gauche ou de droite, la complicité avouée ou sourde, la capacité de s'entre-aveugler ne faiblit pas.

Un conquérant trop visible rend sa victime invisible. Ignoré comme à dessein, oublié par système, le Tchétchène est moins inconnu que refoulé, occulté, renvoyé sans mot dire au grand royaume de l'ombre, où l'escapade est punie de peine capitale. Aux antipodes même, il existe des peuples en perdition dont on cause, parfois ils sont secourus et leurs bourreaux gênés dans leur sale besogne, à condition qu'ils ne disposent pas du deuxième arsenal nucléaire de la planète et d'un siège permanent au Conseil de sécurité. Les maîtres du Kremlin ont, depuis Pierre le Grand, bénéficié d'une aura européenne particulière, sorte d'exception culturelle et d'exemption morale qui éblouit le spectateur et le critique. Les tsars, leurs successeurs communistes, les numéros un en coquetterie avec la démocratie, tous prestidigitateurs doués, escamotent les humiliés et les offensés du régime. Quatre-vingt-quinze pour cent de la population, les paysans serfs, sont aussi aimablement transparents pour le thuriféraire Voltaire et pour le détracteur Custine. Les millions de concentrationnaires pèsent aussi peu dans les calculs idéalistes de Sartre que dans ceux, « réalistes », de Kissinger. Sans effaroucher son opinion nationale attachée pourtant aux grands principes des grands ancêtres, Clinton président assimilera l'offensive russe contre Grozny à la libération des esclaves noirs par Lincoln !

Coupables d'une étrange lèse-majesté passible de mort, alors même que les majestés tournent et s'entre-dénoncent, les populations tchétchènes sont rejetées à perpétuité dans la case des pauvres diables, ces malheureux dont les déboires particuliers sont la rançon du progrès général au grand jeu de l'oie mondial. Je me souviens de Philémon et Baucis arrachés à leur foyer et à leur vieillesse par un Faust obsédé de redessiner la nature et soucieux de dominer le temps. Je songe à l'humble Eugène qui, sa Paracha noyée, ose maudire « [...] l'implacable volonté qui sur la mer a fondé la ville ». Réveillé par l'outrage, Pierre le Grand, sur sa monture de bronze coulée par Falconet, foudroie l'amant inconsolable (Pouchkine). Je me dis que les autels dédiés aux dieux du jour ne sont pas moins sanglants chez les modernes que chez les anciens. Sacrifie ton prochain comme toi-même, sacrifie le corps de ton prochain et ton propre intellect ; si tu hésites à sanctifier les massacres, ferme les yeux sur le meurtre. Agamemnon roi, devant ses armées assemblées, livrait sa fille Iphigénie au couteau de l'exécuteur afin d'assurer à sa flotte la faveur des vents. Notre alchimie a changé d'échelle plus que de style et d'enseigne : qu'importe un peuple entier livré à l'abattoir pourvu qu'un semblant d'ordre voile le chaos...

> *Le pauvre fou veut s'échapper*
> *Court, mais partout le cavalier*
> *De bronze lance sur sa trace*
> *Son sabre lourd et martelé*[1]...

---

1. Alexandre Pouchkine, « Le cavalier de bronze », in *Œuvres poétiques*, L'Âge d'homme, 1981, p. 589.

Un multiplicateur de mirages

Pro ou *contra*, le « mirage russe » passionna l'élite éclairée du siècle des Lumières, après quoi il fut remisé dans la collection des curiosités historiques, tel le délire municipal d'écrivains d'une époque révolue, prompts à s'enflammer sans s'informer et à statuer, voire à statufier, sans réfléchir. Flattés, circonvenus, achetés par une spirituelle princesse, pourvue de moyens sonnants et trébuchants, dépourvue de scrupules, les meilleurs auteurs, Voltaire en tête, toute critique abolie, glorifièrent la « Sémiramis du Nord ». Après coup l'épisode, mis au compte du narcissisme parisien, fut classé sans suite. À tort. Le mirage ressuscita au siècle suivant. De braves rentiers, portant la tête près du bonnet, vidèrent leurs portefeuilles pour, *in fine*, contempler leurs certificats d'emprunts russes plus absurdes encore que les extravagances des salons d'antan. Pas en reste, le XXe siècle misa, à fonds perdu, ses sentiments, son temps et son sang ; ô combien de militants, combien de scientifiques, combien d'artistes, combien de fiers prolétaires nourrirent ce nouveau mirage vampire, lâchant corps et biens, familles et amis. Après la chute de l'Empire soviétique, une décennie s'échina à fusionner les misérables miracles précédents : pluie de bonnes paroles, milliards de dollars et de marks, crédits évaporés, projets contre-productifs. Tant de fumées dissimulaient la catastrophe qui transit l'ex-empire. Dix années durant, l'opinion mondiale fêta les réformes et les « réformateurs », tandis que, là-bas, au pays des steppes, PNB, durée et niveau de vie s'effondraient dans un vertige de corruption, d'ivrognerie, de xénophobie et de déréliction générales. Jamais l'illusion russe n'aura été aussi intensément, au sens précis du terme, *aveuglante*[1].

---

1. Deux livres, un identique bilan : la politique d'aide à la Russie de 1990 à 2000 aboutit au plus grand fiasco diplomatico-stratégique des États-Unis depuis la

La longue durée — tricentenaire — d'une telle aberration signale une pathologie lourde qui n'est pas réservée aux rives de la Seine, bien qu'elle y prît naissance. De rechute en rechute, la perturbation des cervelles transgressa les frontières idéologiques et géographiques, illuminant par à-coups les droites comme les gauches, frappant n'importe quel espace désolé des deux hémisphères, Éthiopie, Albanie comprises. Rarement l'excuse d'un déficit d'information pouvait blanchir l'inconscience de dupes essentiellement dupées par elles-mêmes. Tout fanatique de la Grande Catherine qu'il s'avouait, Voltaire se garda de répondre à son invitation, il flairait le bourbier sous sa philosophique fiction. Les militants des années 1918-1920 donnèrent tête baissée dans le panneau léniniste, bien qu'ils fussent dûment avertis, faits à l'appui, de l'inclination bolchevique « pour la brutale violence des baïonnettes et pour un régime d'arbitraire terroriste dépassant de loin tous les exemples analogiques que fournit l'histoire ». C'était bien vu, bien dit et rapporté par leur journal de classe, le quotidien *L'Humanité*, le plus à gauche de l'époque [1].

L'impétrant ne part pas d'un manque factuel de connaissances pour conclure à des substituts imaginaires ; au contraire, c'est après coup que ses constructions chimériques font écran à la cruauté d'un réel dont il a connaissance : « Notre vie est un enfer. Nos enfants meurent de faim. Et les affamés reçoivent du plomb au lieu de pain », témoignent les délégués des fabriques de Petrograd en page une de *L'Huma*,

---

guerre du Vietnam. La critique de « gauche » de l'ex-marxiste-boukharinien (Stephen F. Cohen, *Failed Crusade, America and the Tragedy of Post-communist Russia*, New York, WW Norton, 2000) et celle du plus conservateur ami des dissidents (Peter Reddaway and Dmitri Glinsky, *The Tragedy of Russia's Reforms : Market Bolchevism againt Democracy* (Washington DC, US Institute of Peace, 2001) dénoncent l'aveuglement officiel. Sur la corruption au pouvoir, *cf.* Paul Klebnikov, *Parrain du Kremlin*, Robert Laffont, 2001)

1. Christian Jelen, *L'Aveuglement, les socialistes et la naissance du mythe soviétique*, Flammarion, 1984.

le 18 août 1918 ! Rien n'y fait. Le militant, qui milite d'abord contre ses yeux et ses oreilles, adhère au mirage de l'Internationale nouvelle, aussi ingénument que nos hommes d'affaires spéculent, un siècle plus tard, sur un nouvel eldorado de Kaliningrad à Vladivostok. À chacun sa Terre promise. De chacun ses chèques en blanc et la décision égale pour tous de fermer les yeux sur ce qui crève les yeux. Le mirage russe ? Trois siècles de cécité psychique volontaire très partagée et fort bien entretenue.

Anecdotes singulières, calculs à court terme, myopies cajoleuses alimentent, mais n'expliquent pas un système de pensée aussi persévérant. Pour voir ce qui n'est pas et ne pas voir ce qui est, point ne suffit d'apprécier comme Voltaire les zibelines et les compliments, ni d'espérer, façon Diderot, que les largesses de la tsarine lui permettront d'établir sa fille chérie, ni de vouloir croire, à la mode de l'extrême gauche des années vingt, en France et en Allemagne, que les échecs électoraux ou insurrectionnels à domicile seront compensés par le soleil qui se lève à l'Est. *Ex Oriente lux*, répétera Ernst Bloch dans les années soixante. Derrière des motivations étroitement cloisonnées dans le temps et l'espace, il convient de repérer une opération mentale, toujours la même, d'auto-intoxication radicale. Afin d'en saisir le ressort, autant interroger, parmi les nombreux esprits affectés, ceux qui paraissent les moins prédisposés à semblables aliénations, en l'occurrence, les premiers touchés, les hommes des Lumières.

La préférence russe procède-t-elle d'un découpage binaire simpliste ? la France m'horripile, j'exècre la mesquine dictature ministérielle parisienne, j'opte pour ma souveraine amie, perchée dans ses palais à Saint-Pétersbourg. Plus tard, Catherine fut remplacée par un Lénine qu'on rêva autogestionnaire, totalement antinomique des caciques de la IIIe République, etc. Rappelez-vous : les Jésuites se réclamaient d'une

Chine dirigée par des intellectuels mandarins, et Rousseau sacralisait les sauvages sans écriture. Ces exotismes variés habillent l'éternel binarisme contestataire. Ici rien ne va. Ailleurs s'annonce le meilleur des mondes. Le mirage russe cependant exige et promet davantage que les terres vierges. Loin d'incarner l'autre intégral, comme l'empereur de Chine ou le chef indien d'Amazonie, le maître du Kremlin s'offre à l'imitation des têtes couronnées de l'Ouest européen et se présente porteur d'une solution d'envergure universelle. Paradigme d'une législation éclairée selon les «philosophes», locomotive de l'histoire pour les communistes, miracle de société émergente aux yeux des experts de Harvard, la Russie installe dans la longue durée un miroir singulier. En son reflet, l'Europe puis l'Occident s'interrogent, s'admirent ou se déprécient, et cherchent à déchiffrer l'énigme d'une communauté de destin.

Vers une globalisation sans douleur ?

Un mirage est un phénomène optique dû à la réfraction des rayons lumineux dans des couches d'air de température inégale. Apparaît alors un trompe-l'œil l'illusion, par exemple, en plein désert d'une nappe d'eau à l'horizon. «Effet brillant et peu solide», note *Le Grand Larousse*. La précision rend insolite la pérennité du mirage russe, mis au point sur la «révolution» de Pierre le Grand et appliqué depuis trois siècles aux ovnis les plus divers. Dès que le tsar Pierre eut remporté une victoire définitive sur les Suédois de Charles XII à Poltava, la boîte à mirages fut mise en branle, «l'établissement de cet empire est peut-être la plus grande époque pour l'Europe, après la découverte du Nouveau Monde» (Voltaire). Constat prophétique vérifié. Les grandes heures de l'Occident sont marquées depuis à l'horloge de la Grande Russie. Les chutes de Napoléon et de Hitler, la révolution mondiale et l'écroulement du Mur font définitivement date. L'intrusion de la Moscovie dans l'histoire européenne n'a rien d'un mirage, même si elle en suscite d'innombrables. Des plus optimistes (un modèle de développement propre à rattraper et à dépasser les actuelles sociétés dominantes) aux plus désespérés (l'abîme du « despotisme asiatique », l'« empire du mal... »). Force est de constater que l'émergence, vers 1700, d'une nouvelle puissance à l'Est introduit les lancinants dilemmes qui, aujourd'hui, mobilisent planétairement. Comment, interrogent les penseurs des Lumières, va se « globaliser » le Vieux Continent, divisé jusqu'alors en parties autonomes et sans interférence réelle ?

Qu'est-ce que l'Europe moderne sinon le produit d'une globalisation sans globalisateur ? L'histoire, remarque Voltaire, « devient véritablement intéressante » vers la fin du xve siècle. Imprimerie, belles-lettres, grandes découvertes, autant d'innovations transfrontières qui unifient le continent, alors que les globalisateurs spirituel (le pape) ou temporel (le Saint-Empire) perdent l'espoir de gouverner l'espace nouveau. « L'Europe chrétienne devient une espèce de république immense... une correspondance perpétuelle [aujourd'hui on baptiserait globalisation] en lie toutes les parties, malgré les guerres que l'ambition des rois suscite, et même malgré les guerres de Religion, encore plus destructives. » Pluralisme politico-militaire, pluralisme religieux, pluralisme culturel, pluralisme du marché économique, la marqueterie de l'Europe nouvelle semble garantie par l'équilibre des puissances et la réciprocité des échanges matériels et intellectuels. Elle met hors jeu les tentations despotiques. Ses contemporains en comptent deux. Le despotisme militaire, illustré par les Romains (cause de leur grandeur et de leur décadence inéluctable, selon Montesquieu). Le despotisme théologique (propre aux autorités extra-européennes). La civilisation européenne ne repose ni sur la conception unitaire d'un Dieu unique ni dans la poigne d'un César. Elle court-circuite la Rome du «Moyen Âge» comme celle de l'Antiquité. Elle retrouve l'intuition grecque d'une législation qui s'autolégitime, sans recours aux bataillons terrestres ou célestes. Hors sacerdoce. Hors empire.

L'Europe des Lumières vit dans l'horizon d'une existence sans tyrannie, comme l'Athènes antique, comme la Communauté européenne d'après 1945, élargie progressivement après 1990. Aucun pouvoir central ne crée ni ne contrôle un ordre, qui émerge du concert des nations, quand les partenaires acceptent de se tolérer sous réserve de réciprocité. Or la neuve puissance russe — où un seul gouverne, dont l'arbitraire fixe les lois et les règles — présente tous les traits canoniques du despotisme. Cette incongruité semble contredire la promesse lumineuse d'une Europe terre des nations et des hommes libres. Dans tout mirage est investi le déni d'une réalité hostile, je vois ce que je voudrais qui soit dans l'exacte mesure où je ne veux pas voir ce qui est et pourrait être. Le mirage fait vœu d'impossibilité et saute par-dessus les démentis terre à terre. L'Europe s'estimait sortie du nihilisme des dictatures militaires et théocratiques, il fallait donc ou bien que Pierre ne fût pas le despote qu'il paraissait être — thèse de Voltaire —, ou bien qu'il ne disposât point de l'énorme puissance qu'il paraissait détenir — thèse de Montesquieu, pour qui le despotisme est un régime éminemment faible et volatil.

Personne ne pouvait demeurer insensible à la restructuration de l'espace militaire, économique, diplomatique et culturel qu'appelait l'intrusion d'un «cinquième de notre hémisphère». Il existe, dès lors et jusqu'à ce jour, deux manières antinomiques de s'abuser touchant un nouveau partenaire stratégique. Ou bien on idéalise ce bouleversement radical, et Pierre sera comparé à Auguste, Charlemagne, Alexandre. Parallèle osé par Fontenelle en 1725 dans l'éloge funèbre de l'Académie française ; Voltaire et bien d'autres lui emboîtent le pas. Ou bien on minimise une puissance qu'on espère plus marginale qu'inquiétante et on plaisante ses efforts louables mais aléatoires. «La Moscovie voudrait descendre de son despotisme et ne le peut», raille Montesquieu [1], pour qui s'étale aux confins de l'Est une seconde Chine, aussi paralysée que la première. Raison de plus, insinue-t-il, pour ne pas reproduire à son endroit l'illusion propre aux catéchiseurs en mal de conversions faciles. «Ne pourrait-il pas se faire que les missionnaires auraient été trompés par une apparence d'ordre ; qu'ils auraient été frappés de cet exercice continuel de la volonté d'un seul par lequel ils sont gouvernés eux-mêmes, et qu'ils aiment tant trouver dans les cours des Rois des Indes, parce que, n'y allant que pour faire de grands changements, il leur est plus aisé de convaincre les princes qu'ils peuvent tout faire que de persuader aux peuples qu'ils peuvent tout souffrir [2]. » Après le mirage chinois, le mirage russe.

En Russie, « le peuple n'est composé que d'esclaves attachés aux terres, et d'esclaves qu'on appelle ecclésiastiques ou gentils hommes, parce qu'ils sont les seigneurs de ces esclaves [3] ». Persiflant le despotisme interne de l'Empire tsariste, Montesquieu conclut à sa grande faiblesse externe : «Le principe du gouvernement despotique se corrompt sans cesse parce qu'il est corrompu par sa nature. » L'Europe moderne avait rationalisé les techniques de guerre, l'heure des empires militaires, romains ou tatars était passée. Avec la civilisation et ses lumières, les empires fanatiques et religieux s'étaient à leur tour, comme la Turquie, éclipsés, hors jeu. Une puissance despotique devait ainsi, dans l'Europe moderne, se révéler foncièrement impuissante. Voltaire raisonne dans les mêmes

---

1. Montesquieu, *De l'esprit des lois*, livre XXII, chap. 14, et livre V, chap. 14.
2. ID., *ibid.*, livre VIII, chap. 21.
3. ID., *ibid.*, livre XXII, chap. 14.

termes, mais inverse les signes : puisque l'État pétrovien pèse de plus en plus lourd dans l'équilibre européen, force est de conclure qu'il se civilise. Souvent par le despotisme. Mais finalement contre le despotisme. Montesquieu et Voltaire s'accordent sur un axiome : modernité et despotisme s'excluent. Pour les monarchies éclairées et les princes philosophes, le fameux « despotisme éclairé » est une contradiction dans les termes. Les historiens allemands, un siècle plus tard, lancent l'appellation, la croyant élogieuse, mais ceux qu'elle étiquette rétrospectivement, Marie-Thérèse, Joseph II, Catherine II, l'eussent tenue pour injurieuse. Seul Frédéric II eût goûté l'ironie de cet oxymore. Dans la Russie selon Montesquieu, le despotisme tue la lumière. Dans celle qu'imagine Voltaire, la lumière dissipe le despotisme. On ne marie pas l'eau et le feu. Les deux penseurs s'avèrent également incapables de concevoir, donc de percevoir, l'émergence d'un despotisme moderne.

Cette impuissance du concept demeure nôtre. Elle balance entre l'idéalisation outrancière et le mépris réducteur. Schéma hérité de Montesquieu : la Russie d'aujourd'hui, Gulliver empêtré, est un nain économique, un krach à la Bourse de Moscou importe moins qu'un éclat à celle de Singapour. Ainsi les têtes de la Communauté européenne réunies fin 1998 à Vienne accordèrent-elles plus de temps à l'épineux problème des *duty free* (deux mille postes de travail en jeu) qu'à l'effondrement financier russe, qui sonna l'échec de la décennie réformatrice du Kremlin et poussa au désespoir cent cinquante millions de Russes. Schéma Fontenelle-Voltaire, la Russie est par contre cooptée dans le groupe des pays « les plus riches » ou « les plus industrialisés », le G7 tourne au G8, sans que nul éprouve la nécessité d'expliquer pourquoi. Richesse, industrie, démocratie, en ces matières, les performances de Moscou vont à contre-courant. En revanche, derrière son économie fantôme et ses chutes permanentes de démocratie se profilent quelques compléments passablement destructeurs. Nos expertises savantes piétinent dans les alternatives qui divisaient les Lumières, quitte à penser plus confusément encore une terre mentale inconnue, tantôt réduite à un portefeuille relativement maigre de stock-options, tantôt ramenée à un arsenal imposant, mais rouillé, de fusées. Quant à la Russie, cette composante inaliénable et majeure de la civilisation, cette partie intégrante pour le meilleur et pour le pire du destin européen, silence dans les cervelles contemporaines ! Elles gagneraient à rafraîchir leur absence d'idées par les illuminations même risquées d'un Voltaire.

Un législateur sans paradoxe ?

L'entrée dans l'espace politico-culturel commun de la *civilisation* (le mot est inventé entre Paris et Londres au cours du XVIIIᵉ siècle) appelle une élucidation attentive. Quand une moitié (Est) du continent rejoint l'autre, Voltaire y déchiffre l'événement des événements et s'enchante : « De tous les législateurs du monde Pierre est le seul dont l'histoire soit bien connue. Celle des Thésée, des Romulus, qui firent beaucoup moins que lui, celle des fondateurs de tous les autres États policés sont mêlées de fables absurdes. » Soit : Pierre est un héros civilisateur. Son épopée illustre la vérité originelle de tout État civilisé et impose cette vérité civilisatrice à la Russie, où « tout était à faire ». Quand Charles XII et Pierre Iᵉʳ combattent à mort, la « Suède » ne s'oppose pas seulement à la « Russie ». L'enjeu dépasse les qualités de chacun et les ambitions nationales. « Charles XII méritait d'être le premier soldat de Pierre le Grand, l'un n'a laissé que des ruines, l'autre est un fondateur en tout genre. » Le conflit réitère le partage premier entre d'un côté la mauvaise Éris, la querelle meurtrière, et de l'autre la bonne Éris, l'émulation qui préfère le travail à la rapine. Dans l'opposition du conquérant suédois et du législateur russe, on reconnaît le rejet, propre à Hésiode, d'un monde de la violence pure, où la force fait triompher l'injustice et génère famine et peste. Dans les cités, les citoyens, grâce à leur travail, survivent, s'entendent et jouissent de la paix. La « sagesse extraordinaire », que Voltaire retrouve en Pierre, est fille de celle qu'enseignent *Les Travaux et les Jours* du poète grec. « Il a forcé la nature en tout, dans ses sujets, dans lui-même et sur la terre, et sur les eaux ; mais il l'a forcée pour l'embellir. Les arts qu'il a transplantés de ses mains dans des pays dont plusieurs étaient alors sauvages ont en fructifiant rendu témoignage à son génie. »

Le travail de la civilisation est rien moins qu'idyllique, il œuvre au forceps. Voltaire n'oublie pas de l'indiquer. Sophocle en rime la face obscure dans le terrible chant d'Antigone. Pierre est une brute, un ivrogne, un tortionnaire, un tailleur de barbes, un coupeur de têtes, un infanticide, mais « il a eu cette force dans l'âme qui met un homme au-dessus des préjugés de tout ce qui l'environne et de tout ce qui l'a précédé ». Le biographe attentionné et tolérant a justifié tout ce qu'il put tant qu'il put, mais finit par lâcher : « Si la Moscovie a été civilisée, il faut avouer que cette politesse lui a coûté cher. » S'il avait moins niaisement méprisé Jean-Jacques Rousseau, Voltaire eût découvert dans son *Contrat social* la clé de l'illégalisme violent de Pierre. « Pour qu'un peuple naissant pût goûter les saines maximes de la politique... il faudrait que l'effet puisse devenir la cause, que l'esprit social qui doit être à l'ouvrage de l'institution présidât à l'institution même et que les hommes fussent avant les lois ce qu'ils doivent être devenus par elles. » Le paradoxe des législateurs veut qu'ils usent de la mauvaise querelle pour instaurer le règne de la bonne et qu'ils risquent, ce faisant, de renforcer la première et d'oublier en chemin la seconde. Entre la violence nécessaire et la cruauté contre-productrice, le partage est délicat, tant dans le feu de l'action qu'après coup dans les ruines. Les controverses autour de Pierre durent encore. Elles ne concernent pas les seuls historiens. Les tsars successeurs se réclamèrent de son œuvre, mais prirent soin de se démarquer de ses brutalités. Ils se flattaient de les éviter, mais se contentèrent d'en modifier les façons.

La solution du paradoxe du législateur, chère lectrice, cher lecteur, est... grecque. Elle implique que celui-ci, après avoir établi les lois fondamentales, s'y soumette et permette qu'elles volent de leurs propres ailes. À l'exemple de Solon ou de Sylla, le législateur quitte le pouvoir. Il s'efface. De nos jours, l'alternance démocratique dans un État de droit reproduit, à dose homéopathique, le principe d'une législation qui s'impose, fût-ce malgré lui, à celui qui l'a édictée. Rien de tel dans le cas de Pierre, qui reste agrippé au gouvernail. De toutes les façons, il ne saurait trouver d'autorités relais. Chez lui, opinion publique et assemblées représentatives brillent par leur absence ; les traditions ont été ridiculisées, elles dépérissent, l'Église se soumet. Est-il bon ? Est-il méchant ? Héros civilisateur ou inutile despote ? Les Lumières sont contradictoires. Tandis que Voltaire opte résolument pour l'éloge, Montesquieu accumule les réticences, qu'il étaie par les récits des voyageurs. Et Pouchkine vint pour nous dire : entre les deux, rien à choisir. L'ambivalence de Pierre colle à sa peau. Tout législateur est intrinsèquement, même s'il l'est inégalement, à la fois fou et raisonnable, bienfaisant et destructeur, ami et ennemi des hommes. Au lieu de s'entêter à tirer un portrait plaisant ou déplaisant, il faut prendre cette contradiction vivante et apprendre à la manier. Les âmes effarouchées frémissent de nos jours dès que fuse la moindre critique émise contre le numéro un russe du jour, Eltsine, puis Poutine. Elles objectent : qui pour le remplacer ? Un autre pourrait être pire. Elles oublient que le choix ne leur appartient pas, mais que leur échoit plutôt la décision de brider le despote et de civiliser le civilisateur. Dans la mesure, bien entendu, des moyens disponibles.

Moderniser n'est pas civiliser

L'évaluation optimiste des vertus de Pierre Iᵉʳ et de Catherine II transcende les mérites et les défauts de ces personnages. Ils incarnent, avec leur brio personnel, un mouvement transeuropéen, la « révolution qui se fait dans les esprits de Naples à Moscou » que Voltaire rappelle à d'Alembert. Cette révolution transforme l'art militaire, l'économie politique et la démographie ; elle rationalise l'administration par le « caméralisme » et triomphe dans les lettres et les arts. L'Europe — de Naples à Moscou, de l'Atlantique à l'Oural — s'affirme à la fois plurielle, divisée politiquement ou religieusement et maîtresse d'elle-même. Capable de gérer cette pluralité, elle est simultanément les et la lumière(s). Aucun sceptre suprême n'est appelé à régler la balance des États et des armées, qui s'équilibrent les uns les autres. Aucun arbitraire ne doit troubler l'organisation réfléchie du commerce et de l'industrie par des gouvernements bien éduqués. Aucun Livre unique ne se substitue plus à la circulation des savoirs et du génie que véhiculent les nouveaux livres des livres, entre autres, le *Dictionnaire* de Bayle et l'*Encyclopédie* de Diderot.

Civiliser, moderniser, européaniser, autant d'activités tout à coup synonymes dans l'horizon des nouveaux savoirs séculiers. Couronnant cette mutation continentale, les monarchies éclairées, à Lisbonne et à Berlin, à Vienne comme à Pétersbourg, promeuvent un art de gouverner jusqu'alors inconnu. Désormais l'organisation rationnelle de la société, en vue d'une production continue et croissante, devient l'objectif numéro un. L'amélioration de la condition matérielle des populations et leur éducation spirituelle, autrement dit le « progrès » et le « bonheur », sont érigées fins suprêmes par les gouvernements, les intellectuels et les hommes d'action. Pareille volonté de fusionner pouvoir et savoirs amorce les ambitions de la « grande politique » (dirait Nietzsche), qui mobiliseront les XIXᵉ et XXᵉ siècles. Au nom d'une « santé » de l'humanité ! Diverses formules, plus scientifiques et infaillibles les unes que les autres, circulent sur le marché des idées dès le XVIIIᵉ siècle. La massive transformation du droit politique, que Michel Foucault situe au siècle suivant, est pré-programmée par les Lumières. Dès Voltaire et Montesquieu s'efface l'ancienne image du souverain, dont le droit de vie et de mort signifie qu'« il peut faire mourir et laisser vivre ». À sa place, la nouvelle gouvernance revendique un « pouvoir exactement inverse : pouvoir de faire vivre et de laisser mourir ». Charles XII, pur roi de guerre, incarne l'ancienne souveraineté du faire « mourir » que les Lumières disqualifient comme un despotisme, vestige des temps obscurs. En face, Pierre joue le héros modernisateur, bâtisseur d'un État qui désormais « fait vivre ». Auréolée de cette fracture absolue, la victoire de Poltava, quand Pierre le Russe anéantit Charles le Suédois, prend aux yeux de Voltaire une dimension historico-mondiale. « Ce qui est le plus important dans cette bataille, c'est que de toutes celles qui ont jamais ensanglanté la terre, c'est la seule qui, au lieu de ne produire que la destruction, ait servi au bonheur du genre humain, puisqu'elle a donné au czar la liberté de policer une grande partie du monde. » Hegel attribuera une semblable portée métaphysique à la bataille d'Iéna, triomphe de la rationalité moderne (Napoléon) sur l'archaïsme théologico-politique (les restes du Saint-Empire romain germanique). Même discours, avec inversion des rôles : la défaite de Napoléon sera censée, selon Benjamin Constant et Léon Tolstoï, enterrer pour l'éternité tout esprit de conquête. Le stalinisme victorieux (pour Kojève en 1937) et le soviétisme vaincu (pour le kojévien Fukuyama en 1989) s'inscrivent dans une semblable imagerie d'Épinal, où le « nouveau » nimbé de Raison déconstruit l'« ancien » qui, ébloui, se suicide.

Le testament de Diderot

Quand le mirage se disloque, la figure du Décideur s'effondre, une première mais pas une dernière fois. Il revient sans cesse, le grand homme qui fonde, instaure, coupe l'histoire en deux et place un peuple, une race, une classe, un continent sur les rails de notre civilisation. La force, qui dépasse le despotisme par le despotisme et planifie la juste cruauté pour éradiquer une cruauté sans âge, n'est pas nécessairement apanage d'un seul. Au gré des croyances, des latitudes et des circonstances, le « prince éclairé et vertueux » peut être relayé par quelque décideur impersonnel, une élite autoproclamée, un appareil — secte, parti, Église — supposé infaillible, une mafia criminelle adaptant à un univers étranger des populations serves ainsi civilisées, modernisées et gangstérisées. À observer de près la Russie, Diderot découvre que l'export-import des Lumières ne garantit aucunement que les « droits de l'humanité » gagnent en respect. Un empire peut moderniser son armée, son administration, son industrie ; il peut européaniser son élite, pirater les techniques de pointe, accueillir les meilleurs architectes, concurrencer le faste des plus célèbres capitales et simultanément renforcer le servage, l'esclavage et l'oppression où se trouvent captifs 95 % de la population.

Au commencement du XVIIIᵉ siècle, Voltaire et Montesquieu évaluaient plus ou moins favorablement le sort de la Russie, mais ils partageaient un identique dédain du despotisme. Ce vestige du passé n'était à leurs yeux qu'un monstre aux pieds d'argile, le pouvoir d'un seul, sans loi, sans mœurs, fondé sur la crainte, promis à implosion. Rien de tel dans l'idée du despotisme qui envahit et domine la fin du siècle. Il est en France (Mirabeau) ; il est en Russie (Diderot), il est tapi dans l'avenir, « il inonde tout ». Loin que l'histoire européenne l'abandonne derrière elle, elle risque sans cesse d'y retourner. « Toutes les sociétés gravitent vers le despotisme et la dissolution » (Diderot). Le despotisme n'est nullement aussi invertébré qu'on le supposait, il a des lois, il cultive ses mœurs, la crainte établit des us et des coutumes dont la permanence paralyse : « La contrainte des gouvernements despotiques rétrécit l'esprit sans qu'on s'en aperçoive ; machinalement on s'interdit une certaine classe d'idées fortes comme on s'éloigne d'un obstacle qui nous blesserait. » Plus que la menace des armes ou du ciel, davantage que l'effroi du superstitieux, il faut redouter le cercle vicieux d'un esclavage devenu volontaire. D'où le rejet définitif du souverain providentiel. Recourir au modèle Frédéric ou Catherine, princes « éclairés et vertueux », c'est absorber un remède pire que le mal et passer d'une sieste encore douce au sommeil de la mort. « Un premier despote juste, ferme et éclairé est un fléau ; un second despote juste, ferme et éclairé est un fléau plus grand ; un troisième qui ressemblerait aux deux premiers, en faisant oublier aux peuples leur privilège, consommerait leur esclavage [1]. » Telle est la leçon définitive que Diderot tire de son aventure russe. En clair : depuis trois siècles le Tchétchène a raison parce que Poutine, prédécesseurs et successeurs, seraient-ils aussi parfaits qu'ils l'affirment en parole et l'infirment dans les faits, ont tort.

Le despotisme moderne, se revendiquant comme moderne et se dissimulant comme despotisme, oblige qui veut lui faire face à quelques remaniements intellectuels de première grandeur. Diderot, à la fin de sa vie, ne se satisfait pas du plaisir de démasquer Catherine ; d'ailleurs, prudent, il garde ses annotations critiques dans son tiroir. L'impératrice aigrie n'en prit connaissance qu'après la mort du philosophe,

---

1. D. Diderot, *Essai sur les règnes de Claude et de Néron*, in *Œuvres*, tome 1, Robert Laffont, coll. Bouquins, p. 1155.

s'offusqua du babil de son pensionné, sans s'étonner davantage. La rupture était consommée, elle censura Voltaire, vitupéra les écrivains français et leur Révolution. Elle expédia Raditchev en Sibérie fers aux pieds, non sans avoir gracieusement commué en bagne perpétuel la condamnation capitale de cet antiesclavagiste à la plume trop franche. Tirant une leçon générale de sa mésaventure personnelle, Diderot devina que l'échec de l'utopie russe mettait en cause l'existence d'un savoir-pouvoir guidant l'humanité vers des contrées moins nauséabondes que ses champs d'exercice ordinaires.

Il ne suffit pas de porter le deuil d'une illusion, il convient d'empêcher que sous un autre minois elle ne reprenne vie. Il faut élaborer une stratégie intellectuelle apte à dépouiller le néo-esclavagisme de ses déguisements et de ses charmes. Le savoir-pouvoir des monarques et de leurs conseillers prétend additionner et synthétiser poigne et lumière, dirigeants et écrivains, gouvernement et société, réel et rationnel, génie et moralité. Quoi qu'il en coûte et dussent choir bon nombre de ses bonnes pensées bourgeoises, Diderot divise, sépare, casse tout ce que la sainte alliance du trône et de l'écritoire était supposée réunir. S'il se réfère à Sénèque, c'est pour l'opposer terme à terme au terrible Néron. L'exactitude historique est malmenée, mais la leçon s'administre en toute éternité : philosophes et monarques ne peuvent ni ne doivent faire bon ménage. De même gouvernement et société divergent dès l'origine. Le pouvoir n'a pas à faire vivre une société civile, qui définit ses bonheurs à sa manière : « La société est née des besoins des hommes, le gouvernement est né de leurs vices. La société tend toujours au bien ; le gouvernement doit toujours tendre à réprimer le mal. » Relevez ce « toujours », il est fréquent sous la plume de Diderot, qui désormais refuse de doter les « modernes » d'un quelconque privilège d'extratemporalité. Parlant de Néron, Denis pense à Catherine. Évoquant Sénèque courtisan, il n'est pas sans songer aux missives exubérantes dont Voltaire et lui inondaient la souveraine du Nord. À l'éternité d'un despotisme, qui habille de prétextes muables une cruauté invariable, s'oppose, non moins persévérante dans ses erreurs et dans ses qualités, l'opinion publique. À l'occasion, l'écrivain en est le porte-parole, s'il défend, même contre un « bon » tyran, le « droit d'opposition [qui], tout insensé qu'il est, est sacré ». Les lumières parisiennes vivent à l'heure mondiale, tandis que la lanterne russe s'éteint, s'allume la révolution américaine.

À l'occasion, le droit d'opposition se révèle droit d'insurrection. Et, à l'exemple des *insurgents* d'Amérique, la révolte continue la critique philosophique par d'autres moyens que le philosophe approuve. Le siècle finissant découvre que le despotisme moderne sera la grande affaire des siècles à venir. Si le mot « liberté » précède sur le fronton des mairies françaises l'évocation des douceurs de l'égalité et des chaleurs de la fraternité, n'y voyez nul hasard. Du stoïcisme, doctrine de Sénèque, Diderot ne veut retenir que ce qui se dresse contre la tyrannie de Néron. « Le stoïcisme n'est autre chose qu'un traité de la liberté prise dans toute son étendue. » De Catherine, Diderot ne retient pour conclure qu'un fait : elle confisque la liberté de ses sujets. Les hommes de 89 s'entêtent de libertés plus que, n'en déplaise à Saint-Just, de bonheurs. Le défi premier et dernier qu'ils relèvent, ils le nomment despotisme. Ils en théâtralisent l'aspect éternel. Ils en devinent l'émergence neuve. Ils disputeront encore long-temps de ses diverses définitions, mais pas de la nécessité de s'insurger contre.

Le droit de manifester ses pensées et ses opinions, soit par la voie de la presse, soit de toute autre manière, le droit de s'assembler paisiblement, le libre exercice des cultes ne peuvent être interdits. La nécessité d'énoncer ces droits sup-

pose la présence ou le souvenir récent du despotisme.
Article 7, Constitution de l'an I, 24 juin 1793.

Article 35 : *Quand le gouvernement viole les droits du peuple, l'insurrection est, pour le peuple et pour chaque portion du peuple, le plus sacré des droits et le plus indispensable des devoirs.*

Pierre le Grand, même façonné par le très éclairé Falconet, demeure une idole. C'est un créateur, il a sorti une cité des eaux, il la nomme de son nom. Son exploit précède la société humaine, il lutte contre la nature, l'air, la mer, il fait face au déluge, écrase le serpent. Les hommes n'apparaissent qu'après, ils peuplent le terrain de sa victoire sur les éléments bestiaux et brutaux. Oublié ce qu'il fit subir à son prochain. Oubliés les pauvres hères immolés, noyés par centaines de milliers. Ignorés les humiliés, les offensés par millions. Le Titan crée ex nihilo la capitale, la Russie et les Russes. Avant : rien. Après : le Bien. Pourtant, Pierre reste simple, nul apparat, le monument se garde d'inaugurer quelque théophanie. Pierre n'a pas besoin de monter au ciel. L'opération qui le sacralise est plus subtile. Dieu n'a pas besoin d'apparaître à Pierre. Plus subtil aussi : il est déjà là, présence d'un non-présent. Puisque la création se suffit à elle-même, le monument abolit implicitement la différence entre l'homme et Dieu. Pierre accomplit une œuvre divine, il est sculpté à l'œuvre et cette œuvre ne tient qu'à lui. Concluez : un dieu moderne ici travaille. « L'histoire de la nature commence donc par le Bien, car elle est l'œuvre de Dieu, l'histoire de la liberté commence par le Mal, car elle est l'œuvre de l'homme », remarque Kant, en soulignant la différence (nommons-la théologique) entre l'homme et Dieu.

Le « Connais-toi toi-même » de Socrate creusait déjà cette même distinction, qui lui faisait conclure : je ne suis pas sage, je ne bénéficie d'aucune information ou annonciation céleste, je sais que je ne sais rien, je connais ma différence théologique et je me reconnais dans ma finitude. En revanche, Pierre, tel que le conte Voltaire et tel que le sculpte Falconet, domine la matière, transforme la nature, survole le mal, accomplit le bien. Cet inspiré joue dans la cour des dieux. Alors gommée, évacuée, ostracisée, la différence théologique prend sa revanche. La question n'est pas de croire en Dieu, elle est de se sentir différent de Lui. Même un athée peut avoir le sens de l'écart théologique et ne pas se prendre pour ce qu'il n'est pas. Ici perce l'originalité du despote moderne, son nihilisme. Non pas s'imaginer dieu, mais, refusant de se considérer homme parmi les hommes, assumer le ni... ni, supprimer la différence théologique, être à la fois rien et tout, n'être retenu par rien, être capable de tout. Pierre se cabre devant la Neva, les démons incendiaires de Dostoïevski lèguent la flamme aux fous de Dieu. L'histoire bégaie.

7

Le spectre change de couleur

Pascal avait son gouffre, avec lui se mouvant.
Baudelaire

Le spectre du communisme déserte nos tréteaux. Nous célébrons à bouche que veux-tu la fin d'une illusion. Une seule ? Non, forcément deux ! Celle de celui qui croyait et ne feint plus de croire. Celle de ceux qui ne croyaient pas et dont l'étrange victoire sur la chimère risque de paraître chimérique. Si les vainqueurs n'ont tué qu'un fantôme, ils n'ont pas à pavoiser ; s'ils s'endorment sur leurs lauriers, ils concluent de la chute d'un fantasme à l'idylle surréaliste d'une paix garantie sans fantasme. Par l'implosion de l'Empire soviétique, le diable prouve avec la solennité requise qu'il n'existe pas. Coucou, fais-moi peur, c'est fini ! Soulagement général. Qu'importe l'Afghanistan à feu depuis plus de vingt ans, qu'importe la mise à sac, à sang d'une province caucasienne, qu'importent un génocide de Tutsi au Rwanda et deux à trois millions de cadavres en dix-huit mois au Congo ? Ces convulsions sont savamment baptisées « conflits de faible intensité ». Une telle pudeur dans le vocabulaire signifie qu'ils ne font pas, sur-le-champ, exploser la planète. En vérité, « faible intensité » dit le faible intérêt que nous portons à des épouvantes sans limites pour ceux qui les subissent. Jusqu'à ce qu'un fatal matin d'été une violence ourdie dans les lointaines cavernes d'un Orient ignoré vienne balayer New York.

Fêter la fin d'une illusion ne garantit d'aucune façon contre l'illusion de n'avoir plus d'illusion. La canonisation euphorique de l'arrêt de la guerre froide masque le bilan moins souriant des dix années qui suivent. La bipolarisation cessant, les initiatives se sont libérées. Elles enclenchèrent tantôt des avancées démocratiques, tantôt le massacre des populations. Au cœur même de l'Europe, certains différends se réglèrent en tout bien tout honneur, ainsi, la séparation pacifique de la Slovaquie et de la République tchèque. Tandis que certains autres, en Yougoslavie, pataugèrent dans le sang des purifications ethniques. Les fureurs assassines, qui grouillaient sous les mensonges enthousiastes des idéologies passées, se mirent au travail, s'embarrassant moins qu'avant des idéaux historico-mondiaux. Ou bien tu m'obéis, assène l'homme d'armes au civil désarmé, ou bien tu meurs. Loin d'ouvrir les portes d'un paradis, la dislocation des blocs planétaires lève les contraintes, renverse les barrières, dissémine les responsabilités, disperse et démocratise les décisions, pour le meilleur et pour le pire. L'effondrement de la confrontation binaire n'ouvre aucun nouveau monde, il déchire un voile. Sous les mots ronflants mais usés, derrière les idéaux en loques, le monde vous salue, tel qu'il s'annonçait déjà, pétulant d'inhumanité.

Le communisme incarnait pour beaucoup l'ennemi absolu. La puissance hostile cristallisait toute la monstruosité du monde et de l'histoire. Ce « spectre », dont Marx, enthousiaste, publia l'intrusion, mobilisa peu à peu pour lui et contre lui, un siècle et demi durant, l'univers entier. Son départ imprévu désoriente les demi-solde d'une révolution qui n'a pas lieu et déboussole aussi bien son contradicteur orphelin, qui semble n'avoir plus que des moulins à combattre. « Nous autres civilisations savons maintenant que nous sommes mortelles. » Depuis quand ? Depuis 1914-1918, assure Valéry. Jusqu'à quand ? Jusqu'en 1989, rêvent les bons apôtres. Le spectre est mort. Nous revoilà immortels ! Fermons la parenthèse. En ensevelissant la fantasmagorie idéologique, nous tablons tellement sur sa disparition que nous perdons avec elle le sentiment de notre intrinsèque vulnérabilité. Tant de hâte à se récupérer éternel implique qu'on tienne encore Marx pour vérité d'évangile et que le communisme, aujourd'hui sous terre, aurait effectivement monopolisé l'essentiel de la subversion possible et imaginable. Aimable fariboule ! Un spectre peut en cacher un autre et la thalassothérapie dans un bassin d'oubli et de jouvence se révéler dangereusement angélique. Derrière le communisme se profile la menace, non moins spectrale, mais autrement vivante, du nihilisme. Derrière Marx Ier, honni et adulé, Marx II, plus ignoré, commence à explorer l'envers du décor.

Marx en tory ?

Défi. Pronostic. Déclaration de guerre. Leitmotiv pour les siècles des siècles. « Un spectre hante l'Europe : le spectre du communisme. » En 1847, dès sa première sentence, le *Manifeste* sacre Marx Ier empereur de la Révolution. J'entends, quant à moi, extraire de la boîte à oublis académiques et militants un personnage tout différent, à maints égards antinomique. Très vite, dans la foulée de la révolution européenne de 1848, échec et faillite du « printemps des peuples », Marx se déclare hanté par un tout autre monstre. Il s'enferme au British Museum, il y passe des années à combattre le nouveau « spectre dont s'effraie l'Europe ». Non plus le communisme, mais la Russie ! Cette fois Marx ne se réjouit pas, il s'épouvante. Il déplore l'inertie générale qui gagne même ceux qui s'insurgent contre le tsar Nicolas Ier, sauveur de l'ordre en

1848, gendarme de l'Europe. Marx II mène une lutte sans pitié (et déloyale) contre Herzen, Bakounine et autres mal-pensants suspects de panslavisme. Dans toutes les capitales, il repère la main omniprésente du parti russe. Ainsi Palmerston, qui dirige la politique anglaise, se serait vendu à Saint-Pétersbourg, Napoléon III à son tour est acheté ou manipulé par Nicolas, dont Bismarck ne serait enfin que le factotum. Ces exaspérations alimentent la plume de l'irascible guide du prolétariat. Certains de ses admirateurs détournent la tête et se bouchent le nez, bien qu'en d'autres domaines leur pudeur ne s'effarouchât guère des outrances et des intolérances du grand homme. L'embarras des marxistes et des marxiens ici touche le fond. Marx ne cède pas seulement à l'une de ses habituelles toquades, mais relève le gant d'une « lutte à mort » contre ce nouveau spectre. Il bouscule alliances et partages ordinaires, jusqu'à paraître renier ses plus farouches convictions.

Réfugié à Londres, Marx II se démarque sans ménagement et avec férocité des autres républicains en exil, fussent-ils socialisants, et n'hésite pas une seconde à fréquenter assidûment David Urquhart, leader et éditeur de l'extrême droite conservatrice, qui devient son allié. Les textes antitsaristes de Karl, dûment censurés par les marxistes au pouvoir plus tard à Moscou, furent réédités avec éclat par les Américains au plus fort de leur opposition à Staline, à ce jour ils laissent encore pantois zélotes et chercheurs. Pourquoi l'« incorruptible » révolutionnaire a-t-il frayé avec le tory ultraconservateur ? Nos deux compères partaient « de prémisses et de principes diamétralement opposés », en outre « leurs buts aussi divergeaient complètement », s'étonne l'honnête biographe Riazanov, que la police rouge de l'esprit, héritière du gendarme noir de l'Europe, fera taire. David devait peu apprécier le révolutionnarisme de Karl, qui, en retour, moquait la « turcophilie » du premier, et pourtant chacun excuse les excès de l'autre. Leur front uni a tenu bon devant cette abomination ignorée du grand nombre, reconnue par tous deux et qu'Urquhart dévoila en premier.

La mésalliance, n'en déplaise aux âmes pies, n'a rien d'insolite, un coup d'œil jeté sur le curriculum de l'honorable conservateur permet de comprendre la sulfureuse amitié. Père anglais, mère grecque, études d'économie politique et de langues orientales à Oxford. Vingt-deux ans, voyage en Grèce ; les années suivantes : Turquie, Perse, Asie Mineure. 1834, vingt-neuf ans, il visite les Tcherkesses (Circassiens) que les Russes assiègent, affament et déciment au Caucase. Passion et mission secrète, il est nommé secrétaire d'ambassade à Constantinople un an plus tard. Dans la revue qu'il dirige, il signe « Daoud Pacha » des reportages, des lettres, des appels à la gloire des montagnards. Plus fort, en 1836, ses émissaires remettent aux combattants leur nouvel étendard, dont il a soigneusement dessiné l'emblème avec la « Déclaration d'indépendance » qu'il a rédigée en leur nom.

[...] *La Russie dit à l'Occident que les Circassiens sont ses esclaves ou bien que ce sont des bandits et des sauvages qu'aucune mesure de clémence ne peut adoucir et qu'ils sont incapables de suivre aucune loi. Nous devons protester solennellement à la face du ciel contre de tels artifices et contre une telle fausseté. Aux mots nous répondons avec des mots, mais il s'agit ici de la vérité contre le mensonge... Nous sommes quatre millions, mais malheureusement nous sommes divisés en de nombreuses tribus avec différents langages et croyances variées. Nous avons des coutumes et des traditions distinctes, des alliances et des inimitiés... La Russie, lorsqu'elle s'est emparée d'une portion de notre territoire (quelquefois elle y a réussi), a tenté de nous réduire à la position d'esclaves, de nous enrôler dans ses armées afin de nous obliger à répandre notre sueur et notre sang pour s'enrichir, à nous battre pour elle et à asservir les autres hommes, même nos propres compatriotes et nos frères en religion. Pour cette raison la haine a grandi en nous et l'effusion de sang n'a pas cessé. Autrement nous aurions pu nous soumettre depuis longtemps à un chef moscovite. Ce serait une trop longue et trop triste histoire que de relater les actes de cruauté des Russes, la fidélité de leurs engagements violée, leurs promesses brisées, comment ils ont encerclé notre pays, comment ils nous ont coupés de tous les moyens nécessaires à notre vie, comment ils ont intercepté notre commerce... Il serait sans fin de raconter comment ils ont exterminé*[1]*...*

L'appel à l'union et à la guerre est publié dans les capitales européennes, diffusé parmi les innombrables peuplades caucasiennes. Chamil, le légendaire qui, au Daguestan et en Tchétchénie, tient l'armée du tsar en échec des décennies durant, recevra le fameux étendard. Saint-Pétersbourg proteste. Palmerston rappelle à Londres son ex-protégé, qui jamais ne lâcha prise. Le jeune attaché d'ambassade ressemblerait au colonel Lawrence, s'il n'avait débarqué un siècle trop tôt. T. H. émancipa les hommes du désert du joug de l'Empire ottoman. David échoua contre l'Empire russe. En trente ans, les Tcherkesses furent rayés de la carte, les Tchétchènes occupés et plus de la moitié assassinés. Marx, l'émigré, s'agite, en panne de révolution, Urquhart reste en attente d'une guerre de libération. Ils se trouvent. Avec le recul des siècles, leur entente contre nature a perdu son aspect saugrenu.

La découverte de l'anti-monde

« J'ai pris connaissance du grand secret de la Russie », proclame le diplomate à son retour de Circassie. « *Revelations on the diplomatic history* », annonce à son tour le philosophe qui affronte la sphinx : la Russie est-elle une puissance d'ave-

---

1. A. Grigoriantz, *La Montagne du sang*, Genève, Georg éd., 1998.

nir ou le « fantôme » d'une puissance ? « Elle offre dans l'histoire l'unique exemple d'un immense empire qui, même après des réalisations d'envergure mondiale, ne cesse d'être considéré comme une affaire de croyance et non de fait. » Un siècle plus tard, Churchill procède à un identique constat, la Russie, devenue communiste, reste une « charade enveloppée dans un mystère, à l'intérieur d'une énigme ». Dès qu'on porte les yeux sur la présence spectrale qui hante l'est du Vieux Continent, l'effet de sidération n'épargne personne. « Du plus haut au plus bas, la Russie trompe et ment : c'est une fantasmagorie, un mirage, c'est l'empire de l'illusion », s'exclamait Michelet, qui consacra un volume à élucider l'illusion, en vain. La *terra incognita* attirait d'inattendus Christophe Colomb des lettres. Diplomates, touristes en calèche, agitateurs clandestins, archivistes et rats de bibliothèque, tous inaugurent la grande découverte mentale d'un espace géopolitique jusqu'alors impensé, l'empire du nihilisme, « monde sans loi, monde ennemi de la loi... qui n'admet la civilisation moderne que pour dissoudre le monde occidental et tuer la loi elle-même [1] ».

Les voyages intellectuels retournent comme un gant ceux qui dans leurs corps ou dans les livres affrontent le « spectre [2] ». Parti légitimiste, le marquis de Custine rentre libéral convaincu de ses soirées pétersbourgeoises et moscovites. Cinquante ans plus tard, l'Américain Kennan revient de Sibérie atterré, déplorant l'échec programmé des réformes et justifiant les poseurs de bombes, « enfants du désespoir ». L'univers exploré ne répond jamais aux catégories ordinaires des explorateurs, qui doivent désapprendre les partages idéologiques, les oppositions politiques et les coquetteries mentales coutumières de l'Occident. Qui pointe le nez ou la tête

---

1. Jules Michelet, *Légendes démocratiques du Nord*, Garnier, 1854, p. 125.
2. Karl Marx, *La Russie et l'Europe*, Gallimard, p. 209.

en Russie respire un autre monde. Lequel prend très vite l'apparence ubuesque d'un contre-monde. À l'orient de la vieille Europe, le temps rebrousse-t-il chemin ? Une par une sont démenties les fières conquêtes dont s'enorgueillissent nos contrées éclairées. Le servage ? Il se renforce sous Pierre le Grand, Catherine II et Nicolas Ier, tandis qu'il s'efface côté ouest. Les réformes ? Quand Alexandre II les tente, beaucoup le fêtent, mais beaucoup partagent les rapides réticences de Herzen : trop peu ! Trop tard ! Le tsar réformateur sera abattu. Le développement industriel ? Il ne vise depuis toujours qu'à édifier une force militaire de plus en plus inquiétante, au mépris d'une société civile sommée de préférer les canons au pain et à la pomme de terre. Dans le reflet renversé que lui renvoie le miroir russe, l'Europe effarée voit le sacro-saint progrès grimacer.

L'inquiétude ne demeure nullement apanage de quelque élite intellectuelle devenue la proie de ses propres chimères. Le grand public subodore combien les classifications reçues se retrouvent démenties par ces personnages hors normes que les livres en vogue identifient comme « russes ». Dans *Jérôme Paturot*, roman de Reybaud, best-seller des années 1840, une princesse Flibustofkoï s'empare de l'âme du héros. Celui-ci est jeté en prison, la princesse s'éclipse avec le magot et ouvre en compagnie de son acolyte, le pseudo-maréchal Tapanovwich, un bistrot sur les bords de la Neva. Flibustier dépourvu de scrupule, grand seigneur cousu d'or et de dettes, buveur impénitent, joueur aux poches crevées ou terroriste sans aveu : la silhouette vague mais angoissante du nihiliste colle à la peau des sujets du tsar, avant, bien avant que de se draper à la coranique.

Après la victoire prussienne de 1870, Paris opte pour l'axe franco-russe. Il faudra force rencontres, force sommets, force défilés militaires et visites de la flotte, force campagnes de presse pour redresser l'image catastrophique du nouveau partenaire stratégique. Les emprunts franco-russes souscrits par les nouveaux Jérôme Paturot scelleront la grande illusion ! Avant 1914, Leroy-Beaulieu, dans la plus fine et la plus documentée des études consacrées au grand empire de l'Est, n'esquive pas la difficulté. Tout partisan qu'il soit d'un accord entre Paris et Saint-Pétersbourg, il sait que son lecteur sait combien l'hypothèque du « nihilisme » pèse sur l'avenir. En apparence — et aujourd'hui encore —, l'opinion russe se scinde entre les traditionalistes « slavophiles » et les modernistes occidentalistes, chaque camp anathémisant farouchement l'autre. En fait, cette réciproque fureur fait le jeu d'un troisième larron qui gagne à tout coup. « Entre les deux camps hostiles se dresse le nihilisme, grandi à leur ombre et comme à couvert de leurs luttes, le nihilisme qui se revêt des armes des deux adversaires et qui, prenant à chacun la partie négative de ses doctrines, nie la Russie avec l'un et nie l'Occident avec l'autre [1]. » Autre monde, contre-monde, la Russie, terre où le nihilisme européen fleurit, ouvre sur l'outre-monde. Elle risque de s'anéantir elle-même et d'entraîner tout un continent dans sa chute.

En un éclair, Leroy-Beaulieu a livré la formule d'une dynamique qui ruine trop souvent les pays « émergents ». Le nihilisme avance sur deux jambes. Tantôt ultra-occidentaliste, il prétend — Ô Lénine ! Ô le chah ! — civiliser à marche et à travaux forcés. Tantôt il prône la défense de sa citadelle assiégée — Ô Staline ! Ô Khomeyni ! — pour « dépasser » l'Occident corrompu. Le rythme binaire a précédé la période soviétique. Il se poursuit partout.

Les grands écrivains d'autrefois relevèrent le scandale intellectuel qui, aujourd'hui encore, effarouche nos opti-

---

1. Anatole Leroy-Beaulieu, *L'Empire des tsars et les Russes*, Robert Laffont, coll. Bouquins, 1991, p. 169.

mismes. Ils ont pointé combien le nihilisme détourne nos convictions, nos institutions et nos catégories mentales en les plongeant dans un espace sans loi. La Russie n'a pas inventé la bureaucratie. Elle organisa sa noblesse de service sur le modèle des bureaucraties de l'Europe absolutiste, prussienne en particulier. Pourtant, à suivre l'impitoyable Gogol, les priorités furent très vite inversées. Au lieu de servir une règle impersonnelle, rigide et intangible, le fonctionnaire tsariste et ses successeurs se servent d'une règle élastique pour entretenir des rapports de subordination personnalisés, valets avec leurs supérieurs, maîtres face à leurs inférieurs. Depuis l'ancienne Novgorod, la Russie compta nombre de marchands doués et d'entrepreneurs géniaux, mais son économie de marché, malgré quelques périodes fastes, ne s'émancipa jamais du protectionnisme sourcilleux et arbitraire d'un État tout-puissant et pas davantage de la corruption brutale de mafias intouchables. Cet immense dérapage fut, avec complaisance, expliqué par des « retards » et des « lacunes » ; l'absence d'un État de droit passa pour raison suffisante et justification de l'échec des structures occidentales implantées dans une société par trop « arriérée ».

Reste à expliquer cette explication. Pourquoi ce surplace ? Comment la Russie parvint-elle paradoxalement à se maintenir dans l'entre-deux ? Depuis Pierre le Grand, préfigurant foison de dictatures tiers-mondistes, elle a trouvé moyen de rompre avec les traditions sacrées sans pour autant sacrifier au respect d'une loi impersonnelle à la manière des États occidentaux adeptes, plus ou moins sincères, de la séparation des pouvoirs. Par quel miracle ce ni... ni nihiliste s'est-il affirmé en principe d'une puissance qui surnage dans le tourbillon des convulsions et des effondrements ?

Les douceurs modernes de l'esclavage

Les explorateurs subtils du « secret » russe ne se contentent pas d'un « ils ne sont pas encore nous », sorte de passe-partout facile, qui résume en dernière analyse les multiples variations sur l'« atavisme » prétendu de l'Est européen. Lorsque Marx, Michelet ou Leroy-Beaulieu livrent le fond de leur pensée, ils mettent en cause un esclavagisme nouveau, une contemporaine culture de la servilité. L'origine du phénomène prête à controverse, certains croient reconnaître les habitudes contractées sous le joug mongol, d'autres incriminent l'influence byzantine, qui dote l'empereur d'une écrasante double sacralité, politique et théologique. Mais curieusement, loin de s'atténuer au fil du temps, ces héritages inhibiteurs accroissent leur emprise à mesure que l'État et la société se développent industriellement et militairement. Voilà une terre où, à l'encontre des considérations historiennes, le passé ne passe pas. C'est donc par le présent qu'il convient d'expliquer l'apparente stagnation des us et des coutumes. La mentalité servile ne relève pas de rapports sociaux révolus mais actuels. La relation maître-valet est produite et reproduite chaque jour dans les rapports des sujets à l'administration, des paysans à leurs seigneurs ou chefs de kolkhoze, des pauvres aux riches, en général des inférieurs, humiliés et offensés, aux supérieurs, arrogants et offensants. Ici, l'autoéducation progressive de l'humanité éclairée s'embourbe dans un cercle vicieux. Démoralisé par un travail qui — contrairement à l'hypothèse de Hegel — ne lui inculque aucune discipline de la raison, l'esclave boit pour oublier. Quant au maître, il n'oublie ni de boire, ni de gouverner, ni de réprimer. Chacun s'emploie à renforcer la bassesse de l'autre, l'ivresse du pouvoir s'autorisant du pouvoir de l'ivresse dans la circularité d'un mouvement perpétuel.

Ces esclaves qui vous servent, n'est-ce point là votre atmosphère ? Ces sillons que d'autres esclaves ont creusés à la sueur de leur front, n'est-ce point la terre qui vous porte ? Et que de choses, que de misères renfermées dans ce seul mot d'esclave ! Voilà le cercle magique où nous nous débattons tous, sans pouvoir en sortir ; voilà le fait odieux contre lequel tous nous nous brisons ; voilà ce qui rend vains chez nous les plus nobles efforts, les plus généreux élans ; voilà ce qui paralyse toutes nos volontés, ce qui souille toutes nos vertus. Chargée d'une coulpe fatale, quelle est l'âme si belle qui ne se dessèche sous ce fardeau insupportable ? Quel est l'homme si fort qui, toujours en contradiction avec lui-même, toujours pensant d'une façon et agissant d'une autre, ne finisse par se dégoûter de lui-même[1] !

Rien de fatal pourtant. Il existe des croyants — en particulier les vieux-croyants — qui reconnaissent la différence entre le terrestre et le céleste, le pouvoir temporel et l'illumination spirituelle. Il existe des honnêtes gens, de fantastiques écrivains, qui ne confondent pas respect de la loi et acceptation de l'arbitraire. Il existe des acteurs économiques — paysans, ouvriers, commerçants ou chefs d'entreprise — parfaitement capables de raisonner en termes de rentabilité ou de rationalité, prêts à nager, comme à l'Ouest, dans les eaux glacées du calcul capitaliste ou revendicatif. Mais il existe, au sommet et à tous les échelons de la hiérarchie sociale, des nihilistes pratiques qui théorisent rarement leur nihilisme, quoiqu'ils s'entendent à le rendre opérationnel, gelant chaque tentative d'ébranler l'esprit de soumission.

L'esclave doit consentir à son esclavage. Le fameux secret russe est celui de l'assujettissement moderne, le mys-

---

1. Pierre Tchaadaev, *Lettres philosophiques*, Paris, Librairie des cinq continents, 1970, p. 74.

tère en pleine lumière d'un despotisme fondé sur la servitude volontaire. Le maître sait que le moujik couve des révoltes. Stenka Razine et Pougatchev hantent les mémoires. La pacification n'est pas acquise pour toujours, elle se renforce par une éducation permanente. Les chaînes de l'esclavage sont mentales. Le supplice infligé par les tsars aux Polonais et aux montagnards du Caucase ne représente ni une bavure ni un détail, mais l'exercice pédagogique numéro un du nouveau despotisme.

Dès 1918, le général Ermolov, vice-roi et boucher du Caucase, explique à son patron, le tsar Nicolas : « Ce peuple tchétchène inspire, par son exemple, un esprit de rébellion jusque dans les sujets les plus dévoués de Votre Majesté. » Le tsar entreprit l'extermination de la population insurgée. Staline les déporta en bloc au mois de février 1944 et fit brûler dans les mosquées les résidus humains inexpédiables, vieillards, malades, mutilés. Tassés dans les wagons à bestiaux, façon SS, soixante-dix mille femmes et enfants périrent de froid, de faim, de soif pendant le « transport » au Kazakhstan. Dans *L'Archipel du Goulag*, Soljenitsyne admire : « Jamais aucun Tchétchène n'a cherché à servir les autorités ni à leur plaire » ; il loue leur « attitude toujours fière et ouvertement hostile » à l'égard des geôliers et conclut : « Il est une nation sur laquelle la psychologie de la soumission resta sans effet ; pas des individus isolés, des rebelles, non : la nation tout entière. Ce sont les Tchétchènes. » Ainsi l'Empire russe reprend-il son ouvrage meurtrier, de génération en génération. Il éradique tant d'insubordination toujours recommencée. Le commandant des forces actuelles, le général Trotchev, campe sur une séculaire tradition, lui qui recommande, en juin 2001, dans les colonnes des *Izvestia*, de pendre haut et court tout Tchétchène suspect (qui ne l'est ?) dans les jardins publics, et si possible d'infliger la « peine de mort la plus pénible » à ces

« bandits ». « Bandits » ? Le général se reprend : « Le mot est trop doux pour de telles ordures. »

La malédiction de ce nouveau monde despotique fut d'abord dévoilée, cernée, analysée, démystifiée et combattue par les Russes eux-mêmes. Persécutés, minoritaires, mais tellement lucides, des écrivains regardèrent le monstre droit dans les yeux. Tchaadaev, l'inspirateur de Custine, expédie de « Saint-Pétersbourg Nécropolis » la lettre qui lui vaut une censure définitive. Il déclare vivre dans un espace lacunaire, sorte de désert où ni la tradition perdue ni les lumières extérieures ne fournissent de repères, « ce qui nous rend si indifférents à tout bien, à tout mal, à toute vérité, à tout mensonge ». Un siècle plus tard, ce royaume de la vacuité nihiliste n'a pas varié d'un iota, le poète dégrisé clôt son équipée révolutionnaire en se tuant. Nécropolis succède à Nécropolis.

> *[...] lois*
> *notions*
> *croyances*
> *amas granitiques des capitales*
> *et rousseur immobile du soleil lui-même*
> *tout semble devenu un peu fluide*
> *un peu rampant*
> *un peu liquéfié* (Maïakovski).

La Russie « a marché tout au rebours du monde, reculé dans la barbarie », s'exclame Michelet. Un demi-siècle plus tard, l'exaspération n'a pas faibli, témoin, Engels devenu pape du socialisme européen depuis la mort de Marx : « La diplomatie a réussi à berner les deux grands partis bourgeois de l'Europe. La Russie — et elle seule — peut se permettre d'être à la fois légitimiste et révolutionnaire, conservatrice et révolutionnaire, conservatrice et libérale, orthodoxe et "progressiste". On comprend le mépris avec lequel un diplomate russe de cette trempe contemple l'Occident cultivé. » Le contre-temps russe brouille les pistes, trahit les partages les plus avé-rés, dénature les alternatives. Le nœud d'antinomies ne se dénoue pas. Tantôt on imagine que le nouveau spectre suc-combe à ses propres contradictions — guerre de Crimée, assassinat d'Alexandre II, 1915, 1917... Rien n'y fait. Le phé-nix renaît de ses cendres. Tantôt on suppute que le monstre assagi se normalise définitivement, abolition du servage, réformes de Witte et de Stolypine, insurrections et révolu-tions, autant de raccourcis civilisateurs, autant d'impasses. Les libéralisations façon Eltsine et les retours de gourdin à la Poutine prolongent une oscillation de trois siècles, dont la très longue durée dynamite les concepts convenus.

Il apparut très vite que l'exception russe n'était pas « russe », mais philosophiquement plus profonde et géogra-phiquement ubiquitaires. L'intelligence européenne perçut que le vide endémique entre Pétersbourg et Moscou n'épar-gnait aucune capitale européenne. Vienne fêta sa « sécession » picturale, musicale, littéraire, architecturale et scientifique, dont le manifeste, *La Lettre de lord Chandos* (1902), exhibe un cas extrême de destruction du rapport aux concepts et aux choses. « Mes pensées s'échappent dans le vide... les mots abstraits tombent en poussière dans ma bouche comme des champignons pourris », écrit Hugo von Hofmannsthal. À Paris, les bacheliers « déracinés » adoptent le point de vue « d'où trois cents millions d'Asiatiques ont conclu au Nirvana, la Russie au nihilisme et l'Allemagne au pessimisme scienti-fique » (Barrès). En apparence, cette panique intérieure n'af-fectait qu'une poignée d'artistes, d'adolescents et de dandys. Leur spleen passait pour la pathologie d'une oisiveté réservée au cercle étroit des bohèmes sans attaches. Une première, puis une seconde conflagration mondiale fit justice d'une pareille restriction sociologique. Chaque citoyen eut dès lors sa part d'expérience nihiliste, expérience la plus démocratique du monde, expérience du renversement des valeurs à coups de canon et de mitrailleuse, aux accents mêlés du deuil et de la fête

Les idéologues font la noce

Révolutions et guerres mondiales universalisent une évidence massive : les comportements sans foi ni loi sont non seulement possibles et largement partagés, mais de surcroît efficaces et durables. Paradoxe d'un principe essentiellement asocial et désorganisateur qui se transforme en principe d'organisation sociale : à l'orée du XXIᵉ siècle, force est de constater, 1. que le nihilisme moderne existe plus que jamais, et pas seulement dans son berceau russe, 2. qu'il fonctionne et pas seulement entre « bacheliers » en révolte, il se révèle planétairement méthode de prise et d'exercice du pouvoir. Si d'aussi banales évidences s'illustrent *de facto* dans les informations quotidiennes, elles n'en sont pas moins réduites, minimisées et évacuées *de jure* dans l'étonnement sincère qu'elles suscitent : comment, répètent les âmes savantes, une telle horreur est-elle (encore) possible à notre époque ? Comme si « notre époque » n'était précisément pas celle où toutes les horreurs sont devenues possibles ! Encore convient-il, pour en prendre la mesure, de repenser le partage traditionnel du possible et de l'impossible.

Hamlet se réveille un 11 septembre 2001. De nouveaux spectres le hantent, où rayonnent la mort comme à son habitude et une pourriture de proche en proche mondiale. À charge pour les bons entendeurs de ne point fantasmer une corruption proprement danoise, ou singulièrement russe, ou exclusivement islamiste. À charge pour l'Européen de se déchiffrer en d'étranges, mais pas étrangers, miroirs.

Vous n'évoquez pas seulement une constante du caractère russe : le désir de vénérer, comme de demander à tout propos la permission au commandement suprême. Mais également ce conformisme qui a pour nom « unité morale », « devoir supérieur de discipline de la société ». De même l'empressement à déposer une dénonciation avant qu'on ne le fasse contre vous. L'aspiration de chacun à être nommé chef, à se sentir homme, à participer au pouvoir d'État. Comme le désir de disposer de la liberté, de la vie d'autrui. Et surtout vous parlez de la lâcheté, de la lâcheté, de la lâcheté. On dit que sur terre il y a plus de bons que de méchants. C'est possible. Mais il y a quatre-vingt-dix-neuf pour cent de lâches et chacun d'eux, après une période de chantage, change pour devenir tout autre chose qu'un simple lâche[1].

L'histoire n'est pas contrainte de finir, bien ou mal, ici et maintenant. Elle risque de pourrir sur pied. Le nihilisme laisse entendre : détruire, c'est bien. Un tel principe n'est pas publiable. Seuls, on l'a vu, de petits cercles de caïds et d'initiés osent le murmurer. Pour entraîner les partisans et émouvoir le grand public, la malfaisance s'enveloppe de prétextes respectables ou de motivations héroïco-positives. Détruire, c'est conserver, détruire, c'est transformer, détruire, c'est révolutionner, statuent à tour de rôle les grands courants d'idées qui dominent la modernité en sautant, ni vu ni connu, par-delà le bien et le mal. *Right or wrong, my country !* proclamèrent conservateurs et nationalistes. Le parti et le peuple ont toujours raison, enchaînèrent tant de militants révolutionnaires. Le marché décide de tout, fredonnèrent les ultralibéraux. La conflagration de 14-18, les révolutions totalitaires et la grande crise de 1929 prirent en défaut ces paris sur la providence.

---

1. Varlam Chalamov, *Correspondance*, « À Nadejda Mandelstam », Lagraffe, Verdier, 1995, p. 67-68.

Derechef, le primat de la destruction souda des alliances, qui ne parurent contre nature qu'aux naïfs. Entre le conservatisme étatiste et la contestation radicale se tissèrent les complicités d'une « révolution conservatrice », bannière sous laquelle les « nationaux bolcheviques » allemands (Niekisch, Jünger, von Salomon) frayèrent avec les hitlériens. De récents historiens russes relèvent combien l'alliance de l'étatisme et du révolutionnarisme chère à Lénine et à Staline cristallise la version moscovite de la même révolution conservatrice. Les socialismes du tiers-monde en fournissent maintes variantes. Quant au libéralisme, il balança mondialement, tantôt tenté à droite par le fascisme, tantôt dérapant sur un « pas d'ennemis à gauche », quitte à souscrire dans les deux cas aux ignominies concentrationnaires. De telles coalitions, bizarres en apparence seulement, se nouent et se dénouent avec facilité, car chaque camp demeure persuadé que le temps travaille pour lui par la grâce de Dieu, de la Nation, de la Classe universelle ou du Marché.

Le 11 septembre 2001, quelques heures à peine après l'effondrement du World Trade Center, Billy Roper, coordinateur adjoint de l'Alliance nationale (groupe néonazi américain) écrit sur Internet : « Nous ne voulons pas qu'ils épousent nos filles, tout comme ils ne veulent pas que nous épousions les leurs... ["ils" : les "Arabes"]. L'ennemi [Ben Laden] de notre ennemi [l'Amérique multiculturelle] est pour le moment notre ami. J'approuve quiconque est prêt à lancer un avion sur un immeuble pour tuer des juifs », et Billy Roper de conclure par son « admiration » pour l'émir et les kamikazes. Alliance contre nature et cause commune. Tandis que l'axiome « détruire, c'est bien » opère en douce dans le champ de la réalité, les puissances dominantes à idéologie tournante spéculent sur l'éternité. Elles jurent ne vouloir détruire que pour éradiquer le principe de toute destruction. Par là, elles manifestent un manque patent et récurrent d'imagination touchant les risques de leur propre annihilation.

À première vue, l'illusion d'immortalité, qui garantit les destructeurs contre les effets de la destruction, demeure tributaire des grandes idéologies passées. Le nihilisme d'État s'est drapé dans le souverainisme d'une « France éternelle », d'une « Allemagne *über alles* », d'une « Russie troisième Rome ». Le nihilisme libéral s'autorise des mécanismes autorégulés du marché. Le nihilisme révolutionnaire garantit son jusqu'au-boutisme par les lois de l'Histoire. En fait, ces croyances tutélaires pâtissent d'une durée de vie plus brève que le nihilisme moderne, dont elles guident seulement les premiers pas. Dans la longue durée, la destruction renverse les préséances. Elle subvertit les États, corrompt les économies et affole les consciences. Le XIXᵉ siècle pariait encore que les institutions respectables disposent d'un système de freinage quasi automatique. Engagées sur une mauvaise pente, les autorités s'en remettaient à leur ange gardien. L'État paraissait voué à sa conservation et se devait de ne pas illimiter la violence extérieure et intérieure. L'*Homo economicus* ne pouvait, en raison, travailler contre son intérêt bien compris, ni le militant bienfaisant et l'*Homo religiosus* contre le bien commun. Le goût de la destruction pour la destruction, repéré par la littérature, semblait aux antipodes des habitudes modernes et civilisées. Ces bonnes pensées négligeaient un détail : les États sont plusieurs, les agents économiques rivalisent, et les bienfaiteurs de l'humanité aspirent chacun à l'exclusivité. Destruction bien ordonnée commence par celle du concurrent. Aucun cran d'arrêt inné ne stoppe, à tout coup, providentiellement l'escalade des hostilités. L'ascension aux extrêmes de la violence, de la spéculation, de la corruption ou du fanatisme demeure une menace incontournable. On l'a toujours reconnu : la vie se renouvelle au prix de cuisantes démolitions. Restait à mesurer combien une négativité aussi inévitable échappe à ses promoteurs, transgresse les barrières institutionnelles, et, grenouille de la fable, risque de gonfler jusqu'à l'explosion.

Du spectre comme réalité et comme fiction

Par définition, un spectre mène une double vie. Il investit l'existence terre à terre et il enfume les cervelles. Toujours disposés à mobiliser contre un danger nihiliste, qu'ils projettent sans barguigner problème des problèmes et menace suprême, les nihilistes eux-mêmes administrent la preuve par l'absurde que la modernité est et demeure flanquée de son ombre, asile d'infinies virtualités annihilatrices.

Le pressentiment, innocent encore et primesautier, qu'une société peut abyssalement déraper fut éveillé par le coup d'État de Napoléon III. Quitte à s'exagérer la radicalité du phénomène, les bons esprits s'offusquèrent de quelques procédés promis à grand avenir, tels la fusion, encore partielle, de la pègre et de l'élite au pouvoir, l'interpénétration de l'affairisme corrompu et de la haute finance, l'utilisation délibérée des mythes historiques pour mobiliser et abrutir les masses, le détournement plébiscitaire du suffrage universel, la mise en condition de l'opinion par la mainmise sur les moyens d'informer et d'éduquer, la mixtion du jacobinisme *carbonaro* et du fidéisme clérical, etc. Hugo, Marx, Herzen, Dostoïevski, tant d'autres ont poussé jusqu'à la caricature leurs justes contestations et prirent souvent leur cauchemar pour la réalité. Restait à élever à son comble le portrait-robot du chef nihiliste, dont Louis Napoléon Bonaparte ne proposait, somme toute, qu'une effigie pâlichonne. La fameuse troisième section de la police tsariste s'y employa.

Un écrit antibonapartiste (*Le Dialogue aux enfers,* de Maurice Joly) fut retoqué en dénonciation du complot

236

historico-planétaire des « sages de Sion », dont était dévoilé le « protocole »-programme. Ce pamphlet antisémite entama sa fulgurante carrière dans les premières années du xxᵉ siècle. Une fois avérée, en 1921, la supercherie (les deux cinquièmes du prétendu document recopiaient directement le texte de Joly), l'authenticité de cette « déclaration de guerre » demeura vérité d'évangile pour les nazis et révélation coranique pour la plupart des fondamentalistes musulmans contemporains. La contribution spécifique des policiers tsaristes (entre autres, Ratchkovsky, à qui l'on doit par ailleurs la publication à Paris d'un *Anarchisme et Nihilisme*) étoffe le canevas antibonapartiste en démarquant les programmes et les proclamations des « possédés » russes. Le profil du « sage » maléfique conspirant contre l'univers amalgame dès lors une double inspiration. Tout ce qu'on imagine de pire touchant aux possibilités du nihilisme d'État vient s'ajouter à ce qu'on connaît des vertus et des turpitudes propres aux subversions antiétatiques. Les « sages de Sion » entendent, comme les révolutionnaires, renverser les autorités établies quelles qu'elles soient et régner à leur place par les chaînes du despotisme ; à la fois État et anti-État, ils incarnent la somme et le nec plus ultra du nihilisme.

À la guerre comme à la guerre ! Le nihiliste qui mobilise contre le nihilisme s'accorde d'emblée les coudées franches. Il invoque la guerre totale contre l'ennemi total. Il ne faut pas hésiter sur les moyens, il n'y a pas lieu de se soucier des fins. Le juif, incarnation une et indivisible du mal, une fois éliminé, la source de toutes les infections est tarie ! La communauté des âmes racialement, religieusement pures récupère alors sa puissance et sa virginité. Les collectivités antisémites s'exonèrent ainsi de toute inquiétude portant sur leur propre rapport aux malheurs qu'elles dénoncent — prostitution, corruption, désordre, esclavagisme, toutes pourritures qui ne sauraient provenir que de l'existence même d'« Israël ».

Pareille occultation du nihilisme joue gagnante sur tous les tableaux. Le révolutionnaire incendie Rothschild, le conservateur stigmatise les judéo-bolcheviks, par voie de conséquence la révolution conservatrice voue les juifs en bloc à l'exécration publique. Il existe, si nécessaire, des épouvantails de substitution, Américains, Européens, Occidentaux, Athées ou présumés tels se verront reprocher le même et son contraire. Tantôt ils soutiennent des tyrannies rétrogrades. Tantôt ils fomentent la subversion. Ici, ils poussent la modernisation jusqu'aux désintégrations ruineuses. Là, ils l'interdisent et paralysent les énergies novatrices. Peu importe l'incohérence des griefs, elle cerne un méchant Autre omniprésent, cause solitaire et exhaustive des embarras de l'existence. Un mois après l'horreur de Manhattan, *Al-Khabar,* quotidien du Caire, explique dans un éditorial : « Les médias américains sont aux ordres du lobby juif, leur identité n'est américaine qu'en théorie, en réalité ce sont des médias sionistes travaillant clandestinement à la solde des organisations sionistes... » Et encore : « Plusieurs informations indiqueraient que les rations alimentaires larguées par les avions américains en Afghanistan ont été traitées génétiquement afin d'affecter la santé du peuple afghan. Si ces informations sont vérifiées, les États-Unis sont coupables d'un crime contre l'humanité. » *Le Monde* (11-12 novembre 2001) précise : « *Al-Khabar* est un quotidien qui reflète le point de vue du gouvernement égyptien. L'Égypte est un pays allié et ami des États-Unis, qui, depuis 1980, lui accordent une aide de deux milliards de dollars par an. »

La satanisation du sale juif couronné nihiliste absolu et absolument unique coupe court aux interrogations. Inutile désormais de demander pourquoi destruction et modernité symphonisent, comment ruines et déserts croissent, autant de métastases qui émanent d'une pourriture « juive », contaminante par simple contact physique ou mental. Tout s'explique avant que la moindre question ne soit posée. Il ne reste qu'à mettre le feu au foyer morbide et à détruire la destruction.

Voilà pour la vie suprasensible et fantasmatique du spectre. Son existence terrestre et conquérante dément prosaïquement pareil conte de fées et de sorcières. Les puissances dévastatrices, que le diabolique « système juif » est supposé conjoindre et magiquement unifier, dévastent d'autant mieux qu'elles se dressent les unes contre les autres. *Hybris* d'État et *hybris* anti-État s'entre-dévorent. La SS, appareil institutionnel, massacre les SA, plus anarchisants. Les émirs du GIA tranchent le cou d'autres émirs. Les communistes au pouvoir se purgent réciproquement et ne s'unissent que pour décimer les peuples qu'ils prétendent, à qui mieux mieux, représenter. L'efficacité conquérante du nihilisme tient à son irréductible pluralité. Orwell, tirant la leçon de la rivalité mimétique Staline-Hitler, avait dans *1984* conclu que la guerre entre empires totalitaires, loin de paraître anormale et exceptionnelle, manifestait la règle de leur persévérance dans l'être. Bien avant lui, les Grecs avaient souligné combien la lutte entre frères ennemis assure l'escalade de l'*hybris.* Étéocle s'accroche au trône de Thèbes, bafouant son serment de respecter l'alternance ; Polynice lance une armée étrangère contre sa propre cité. Chacun encourage la transgression de l'autre. La mâchoire se referme. La ruine suit. Terrorisme d'État et terrorisme sans État se motivent l'un l'autre. La montée symétrique et bipolaire aux extrêmes violences s'enclenche. Sur les bordures de feu l'Union soviétique, les appareils vétéro-staliniens entendent maintenir leur despotisme en usant des habituelles procédures de normalisation totalitaire. Elles suscitent, ce faisant, des oppositions islamistes exterminatrices. Entre les deux, les tolérants, les démocrates ou simplement les modérés jouent quasi perdants, car chaque pôle trouve astucieux d'exaspérer et d'enflammer l'extrémisme adverse afin de justifier le sien. Le fanatique intégriste juif qui assassine son Premier ministre,

Rabin, et assume son crime dans les rires, prêche d'exemple et confirme les appels au meurtre lancés d'en face.

Le nihilisme absolu est un monstre à plusieurs têtes. La Gorgone ne se cristallise pas en un adversaire — le sale juif ou ses succédanés —, elle se déploie dans une adversité polymorphe, la pluralité des adversaires assurant l'ascension du pouvoir dévastateur dans la concurrence des destructions. Le mythe du « complot des sages de Sion » masque la solidarité antagonique de la fraternité nihiliste d'ennemis qui s'auréolent récriproquement de haines chauffées à blanc. Joseph Conrad, prémonitoire, avait élevé le cas de la Russie en paradigme du double nihilisme des frères ennemis. « La férocité et l'imbécillité d'un pouvoir autocratique rejetant toute légalité et se fondant en fait sur un anarchisme moral absolu entraînent la riposte non moins imbécile et atroce d'un révolutionnarisme purement utopique impliquant la destruction par les premiers moyens qui se présentent, dans l'étrange conviction qu'un changement fondamental des cœurs doit nécessairement suivre la chute de toutes les institutions humaines existantes. Ces gens sont incapables de voir que tout ce qu'ils peuvent accomplir n'est rien d'autre qu'un changement de nom[1]. »

Le nouveau contrat européen

À la lumière des guerres, crises et révolutions, la modernité européenne s'est révélée porteuse du pire comme du meilleur. Ses armes magiques — la politique sécularisée, l'économie rationalisée, l'innovation scientifique et intellectuelle — sont des techniques et à ce titre « capables des contraires » (Aristote). Elles placent les contemporains devant la responsabilité de bien ou mal en user. Dès qu'on reconnaît que les marchés, les États et autres prestigieuses organisations

---

1. Joseph Conrad, *Sous les yeux de l'Occident*, Garnier-Flammarion, 1991, p. 42.

modernes sont, et ne sont que des outils susceptibles d'améliorer ou de détériorer la vie en commun, il faut conclure qu'en dernière instance ni l'État, ni le marché, ni les techniques en général ne se contrôlent eux-mêmes. Ces créations humaines ne comportent aucun système de freinage incorporé. Force est alors de concocter une procédure extrinsèque de contrôle et de limitation, dont l'opinion publique, toute faillible qu'elle soit, se retrouve, dans la cité occidentale, responsable.

Longtemps tête pensante de la modernité civilisée et par là même vouée aux contraires, l'Europe se projeta simultanément école du progrès, des guerres et des révolutions. Ayant plongé avec armes et bagages dans les horreurs du XXᵉ siècle, elle connut le vertige absolu de l'étripement des nations qu'elle redoubla par les barbaries totalitaires. Guerre extérieure, guerre civile, guerre dans chaque conscience, c'est l'enchaînement déjà détaillé par Thucydide. De la tuerie extérieure à la folie intérieure, le cycle infernal menace en permanence de se répéter.

Miraculées de deux catastrophes mondiales, les démocraties, imparfaites mais prospères d'Europe occidentale, partirent de leur terrible expérience : habitées par le souvenir de Hitler, flanquées par le menaçant voisinage de Staline, leurs opinions publiques décidèrent d'interrompre la spirale fatale des traditionnelles inimitiés. D'ancestrales méfiances ne se trouvèrent pas abolies par la magie d'une fusion amoureuse, nulle inédite table des valeurs ne transfigura de vieilles nations, qui conviennent seulement a minima de s'épargner réciproquement le retour du pire. Si l'on nomme « dissuasion » le lien que nouent « au bord du gouffre » des adversaires-partenaires soucieux d'éviter de s'y abîmer, le projet européen est d'essence dissuasive. Sans trop d'illusion, ses promoteurs s'entendent négativement pour brider leurs mésententes.

Le contrat dissuasif, qui fonde la Communauté européenne, est triple. Antifasciste d'abord, le spectre de Hitler rappelant que la pulsion de mort hante les sociétés évoluées, éduquées, industrialisées, et combien elle prend aisément, par temps de crise, le dessus. Anticommuniste ensuite, la communauté s'est édifiée à l'ombre du rideau de fer. Anticoloniale enfin, cette clause non écrite s'imposa tacitement quand chaque nation découvrit à ses frais qu'une participation à l'aventure européenne exige qu'on se libère de ses enlisements outre-mer. Dans les trois cas, la perspective d'une catastrophe commune impose de rigoureuses limites aux conflits des nations, à la lutte des classes et aux guerres de race et de religion. Dès 1848, Marx a très précisément formulé l'alternative sur laquelle butèrent les élites européennes un siècle plus tard : l'affrontement ouvre « soit sur une transformation révolutionnaire de la société tout entière, soit sur la ruine commune des classes en lutte » (le *Manifeste*). Tandis que le XIXᵉ siècle, Marx en tête, n'avait d'yeux que pour le premier terme de l'alternative, la « transformation révolutionnaire », le XXᵉ apprit à ses dépens ce qu'il en coûte de négliger le second volet : la « ruine commune », témoin les dizaines de millions d'Européens disparus dans les tourmentes, prolétaires, bourgeois, paysans, intellectuels mêlés. Bien que l'habituelle rhétorique politique chante l'optimisme et la confiance retrouvés, une insondable méfiance historiquement motivée fonde le nouveau contrat européen : tout pouvoir à l'État et à la patrie ? Nenni, voyez 1914. Tout pouvoir au parti et à l'idéologie ? Plutôt crever ! Les forces politiques, économiques, syndicales, sociales, etc., se contrôlent-elles réciproquement ? Tant mieux. Ou bien se neutralisent et se paralysent-elles ? À chaque citoyen, dans la mesure de ses possibilités, de prendre ses responsabilités.

Le nihilisme a été, est et sera. Il persévère non point comme une fatalité ou un système, mais comme une permanente et polymorphe adversité, un chapelet d'ombres dont la modernité ne saurait se défaire, bien qu'elles menacent de l'engloutir. Face à l'ampleur des destructions possibles, dès son origine l'Occidental se donne le choix. Soit il se laisse fasciner et se précipite, à corps perdu, dans la fournaise. Soit il prend du recul, tels Priam et Achille, le vieux roi de Troie et le jeune héros grec, pleurant, chacun dans ses pensées, près du cadavre d'Hector. Le recueillement, qui conclut *L'Iliade* et lui confère une hauteur inégalée, impose son silence au fracas des armes comme aux cris des enthousiastes. Les Grecs nomment pudeur, *aidos*, la distance qu'ils savent prendre avec le sang qu'ils versent et la fureur qui les habite. Soljenitsyne plaide pour le « principe capital » de l'*autolimitation* des États, des sociétés et des citoyens, seul frein susceptible de contrôler les fantastiques puissances de la modernité. L'écrivain russe retrouve sous un autre vocable l'exigeante pudeur grecque qui tente de dompter par la douceur et la pitié réciproques les tempêtes et les audaces de la trop humaine *hybris*. Il y a cependant une différence. À partir de quoi la pudeur prend-elle sa si nécessaire distance ? À partir de Dieu, conseille Soljenitsyne, qui recommande aux contemporains de retrouver un « sentiment totalement perdu : l'humilité devant Lui ». Homère est plus direct. C'est devant le bruit et les larmes, le sang et la fureur, que la pudeur opère son mouvement de recul, c'est de l'horreur dévisagée telle quelle qu'Achille, Priam et Homère lui-même se distancient.

Aujourd'hui, l'Européen « vit comme si Dieu n'existait pas », observe le pape Jean-Paul II. Et dans la patrie de Soljenitsyne, au-delà des simagrées des locataires du Kremlin, seuls 4 % des habitants sont orthodoxes pratiquants. L'expérience phare n'est plus religieuse, elle est redevenue littéraire et artistique, comme elle le fut à l'origine homérique de l'Occident. Grâce à Flaubert et Dostoïevski, Tchekhov, Chalamov et Soljenitsyne lui-même, il n'est nullement avéré que nous ayons perdu au change.

L'Européen vit sans Dieu, force est de constater qu'il vit bien. Mais il vit aussi comme si le mal n'existait pas et risque de finir mal.

8

Éloge de la littérature

To feel me in the solitude of kings,
Without the power that makes them bear a crown.

Byron[1].

La cruauté, individuelle autant que collective, est communément tenue pour épisodique. On la perçoit comme élément dans un ensemble, détail sur une grande toile peinte, fausse note dans un immense spectacle qui passe outre. Elle vaut pour une malencontre, un détour du progrès, un accident, un mauvais moment à passer et à transcender. Une crise temporaire. Un avatar, une rage de dents. Ainsi l'enfer afghan se retrouve-t-il, hier, classé dans les faux frais de la paix pakistanaise. Et l'enfer tchétchène de nos jours relégué à son tour en simple anicroche, regrettable mais excusable premier pas d'une démocratie à venir. Quand le meilleur des mondes russe, musulman, onusien possibles pointe à l'horizon, fou qui fait le dégoûté. Quelques très grands romans ont inversé cette perspective. Ils ont dissipé l'euphorie. Progrès, développements, biographies resurgissent cous coupés, décapités de leur happy end obligé. L'aventure dès lors se profile sur un fond

_____

1. « Je me retrouve dans la solitude des rois, sans la puissance qui les couronne. »

de cruauté, parfois contenue, parfois stridente, souvent aux
aguets, toujours en attente. La bonne humeur des « belles
époques » opte pour l'univers « kitsch », le décor « pompier »,
où tout se termine bien. La littérature du XIXe siècle, à Paris,
à Moscou et à Saint-Pétersbourg, en revanche, s'invente un
mauvais œil.

Une des plus élémentaires et célèbres expériences de la
psychologie de la forme (*Gestalttheorie*) analyse les percep-
tions d'un carré noir sur fond blanc. Elles peuvent s'invertir
sans modification de la figure et faire paraître un carré blanc
percé au centre d'un trou noir. La littérature propose une analogue conversion du regard ; au lieu de concevoir les brutalités et les crimes comme autant de « désordres » (par référence
à quelque ordre naturel dont ils constitueraient les manque-
ments et les défaillances), l'écriture selon Flaubert, Dostoïevski, Tchekhov inverse les priorités. La chose littéraire par
excellence, c'est la violence vue de l'intérieur, l'*hybris* exhi-
bée dans la logique affirmative et conquérante de son déploiement.

L'œil « de trop » (Hölderlin), que lèguent Homère et la
tragédie grecque, dévisage avec sang-froid la possible malveillance des dieux, de la nature et des mortels. L'étrange et
originale faculté de contempler sans œillères, de penser sans
préjugés et de nommer sans euphémismes les corruptions par-
ticulières autant que générales fut baptisée « térascopie » (perception du monstrueux). Pouchkine prophétise, Dostoïevski
anticipe, Tchekhov prévoit, au même titre qu'Homère
s'éclaire de Troie en flammes, par le truchement d'une écriture térascopique. Agamemnon, le chef, apostrophe Calchas,
le devin. Il lui reproche de négliger ses devoirs de « maître de
vérité ». N'est-il pas chargé d'annoncer un Bien « qui a été,
est et sera » ? Ne se doit-il pas d'installer son auditoire dans
une faste éternité ? Mais Calchas n'est plus le courtisan du

bonheur qu'attend le roi. L'aveugle lucide s'est choisi «prophète de malheur», il met à nu des enchaînements temporels néfastes, il avoue un présent insupportable, invoque la peste qui gagne, scrute les responsabilités, accuse Agamemnon, et prévoit un avenir dévastateur, si réparation n'est pas accomplie. Quand Œdipe, dans Eschyle, se heurte au devin Tirésias, il agresse pareillement le prophète de mauvais augure, qui lui paraît comploter quelque trahison.

Combien de polices politiques, tout à la chasse aux écrivains dissidents, ont-elles diffusé plus bestialement encore un refrain analogue. La botte secrète de l'écrivain occidental, digne du titre, n'est autre que sa capacité de dévoilement — «Dire la vérité, toute la vérité, rien que la vérité, dire bêtement la vérité bête, ennuyeusement la vérité ennuyeuse, tristement la vérité triste!», ainsi Péguy résumait-il l'activité des «intellectuels» pendant l'affaire Dreyfus. Tchekhov, qui approuvait le «J'accuse» de Zola, fit plus fort. En plein succès littéraire et mondain, il lâche tout, part aux confins de l'empire explorer des mois durant le bagne de Sakhaline. Au retour, son rapport jette un froid digne de la Sibérie qu'il vient juste de quitter. Il dit simplement, cruellement, des choses simples et cruelles. Il annonce Chalamov et Soljenitsyne. La conversion du regard induite par la littérature est douloureuse, elle met en évidence en nous comme hors de nous une trop humaine et nihiliste cruauté.

L'expérience de *La Cerisaie*

Par un capricieux printemps, nouveau-né du siècle XXI, la France s'enflamma contre et pour un jeu télévisé. Un groupe de jeunes volontaires, moitié filles, moitié garçons, fut cloîtré des semaines durant et exposé vingt-quatre heures sur vingt-quatre aux sunlights et objectifs des caméras. À charge

pour les téléspectateurs de sélectionner par successives éli-
minations les deux gagnants rescapés, dûment récompensés
en fin de partie. Les enfermés, qu'on plaignit beaucoup,
jouaient, amusés et parfois amusants, à se voir être vus, ils
parurent moins accablés par la performance que s'ils quit-
taient la chaîne d'une usine ou l'ennui des bureaux. Une gêne
néanmoins, mal dite, affleurait, qui tenait moins aux acteurs
improvisés qu'au scénario prescrit. Dans ce palais de cristal,
pas de téléphone, pas de radio, pas de télévision, pas de quo-
tidiens, pas de magazines, un seul livre par personne, impossibilité de suivre les matches de foot et de discuter sport, inter-
diction de parler politique et religion. L'extérieur fut mis hors
jeu, les questions qui fâchent l'humanité depuis des millénaires étaient éliminées. Rien ne pouvait survenir à l'intérieur
de la bulle qui ne ressortisse aux réactions nouées entre les
candidats. Il m'aime, il me déteste, elle me méprise, elle
couche, elle couche pas, elle aguiche, cela se passe, bien ou
mal, mais toujours de nous à nous. La vie publique se retrou-
vait rabattue sur l'existence privée et celle-ci sur le commerce
sexuel actif ou virtuel. La *loft story* est structurée sciemment
comme une *love story* refermée sur elle-même.

Le grand prix en matière de philosophie « lofteuse »
échoit à Platon. Il imagina le premier, avec un semblant d'ironie malgré tout, l'univers dans la forme d'un gigantesque animal, roulé en boule, tête et pattes tournées vers l'intérieur.
Ensemble de tous les ensembles se contenant lui-même, un
monde loft ne laisse au-dehors rien à voir ni rien à piétiner,
car il ne se reconnaît aucun dehors. Le « troisième œil » de la
littérature ébrèche cette sphérique harmonie, où chacun
convient à soi-même. Braqué sur l'extérieur, il trouble par
d'incongrus signaux d'alarme l'anesthésié lové sous cloche.
La tâche d'éveilleur que s'assigne l'écrivain ne laisse pas de
paraître démesurée. Désespérante, désespérée, donc. « Il faudrait que derrière la porte de chaque homme satisfait, heureux,

s'en tînt un autre qui frapperait sans arrêt du marteau pour lui rappeler qu'il existe des malheureux, que, si heureux soit-il, tôt ou tard la vie lui montrera ses griffes, qu'un malheur surviendra — maladie, pauvreté, perte — et que nul ne le verra, ne l'entendra, pas plus que maintenant il ne voit ni n'entend les autres[1]. »

L'homme de plume se rêve en vain homme au marteau, il a beau frapper fort, il sait qu'il ne dispose guère d'alliés dans un lieu que gouverne le souci d'amortir les indices perturbateurs. Inutile d'incriminer les seuls meneurs de jeu et les gardiens professionnels du sommeil privé et public. Hommes politiques et gourous intellectuels n'ont pas le monopole d'un verrouillage qui immobilise la société dans son ensemble. Le citoyen d'un loft géopolitique, idéologique ou religieux s'enferme lui-même et cadenasse de l'intérieur son insensibilité. Partisan d'une version commode du principe de précaution, il se prémunit contre les risques en les ignorant. Il cultive sa cécité. Croyant barrer la route au mal, il se contente de barrer le chemin des mauvaises nouvelles. L'écrivain est seul. S'il martèle le tocsin, le vide lui fera écho. L'homme heureux vit en paix, les menus soucis de l'existence l'agitent à peine. Comme le vent agite le tremble. Exemplaire Tchekhov ! Dans *La Cerisaie*, son ultime chef-d'œuvre, sorte de testament littéraire, les caquets et les potins s'empilent sur les bavardages pour mieux capitonner le caveau collectif, loft des lofts, où chacun chante à son prochain : repose en paix !

Les heureux habitants d'une demeure ancestrale s'efforcent d'espérer, jusqu'à l'ultime seconde, que « tout s'arrange », et misent sur un miracle improbable grâce auquel l'expulsion, de plus en plus proche, n'aura pas lieu. La règle

---

1. Anton Tchekhov, *Les Groseilliers, récits de 1898*, Gallimard, Bibliothèque de la Pléiade, vol. 3, p. 787.

numéro un est de se taire et de faire taire. Tous s'en récla
ment, personne ne l'applique, l'homme demeurant un moulin
à paroles. Règle numéro deux : parler pour se taire, discourir
pour ne rien dire. « Tous nos beaux discours ne tendent apparemment qu'à nous blouser nous-mêmes et à blouser les
autres. » Les uns se calfeutrent dans un passé enjolivé et bar
botent dans la nostalgie. Ils brodent sur l'intercession soté-
riologique d'une très lointaine grand-tante qui viendrait éponger les dettes fatales. Les autres, les jeunes, substituent au
culte des ancêtres l'exaltation verbeuse et tout aussi gratuite
d'un futur déménagement pour quelque Cythère sociale.
Reste, au présent, le très relativement sympathique Lopa-
khine. Ses montagnes de roubles rachètent le domaine, ses
ouvriers ratissent la cerisaie. Il vaticine comme les autres dans
l'attente de la destruction, que personne ne médite et ne prémédite, même si chacun en avoue quelque vague pressentiment. « Je suis toujours à redouter je ne sais quoi, comme si
la maison allait s'écrouler sur nous », reconnaît la maîtresse
de céans, Mme Ranevskaïa, grande prêtresse de l'inaction à
tout prix.

En fond de scène, qui déchire la langueur et interrompt
les babillages ? Sont-ce les cris du héron ? Le chahut du chat-
huant ? Les grincements d'une benne détachée dans la mine ?
Toujours est-il que des bruits intempestifs, indéfinis, désa-
gréables viennent saboter l'harmonie. En fin de causeries,
quand les personnages se séparent et délaissent la scène, on
ne perçoit dans le silence rétabli que les gémissements des
cerisiers broyés, achevés sous la frappe des bûcherons. Rap-
pels bruyants et brutaux d'une réalité peu élégante mais têtue,
seule alliée de l'homme de plume. L'homme au marteau
manque à l'appel, la hache invisible le remplace et sa violence
perce jusqu'à l'oreille des sourds. Le 11 septembre 2001, le
principe de cruelle réalité se fit à nouveau entendre. À la

hache derechef. Cette fois les tours et les hommes rempla-
çaient les cerisiers.

La surdité n'est jamais intégrale. À l'inamovible cruauté
que l'écrivain dessine en toile de fond derrière ses personnages répond une inquiétude que les mortels ruminent,
remuent et répercutent, sans distinction de génération et d'opinion. Les extrêmes tendresses que Tchekhov manifeste pour
ses créatures naissent de leur angoisse latente. Laquelle frémit sous leur rigidité, fissure leurs partis pris, les dépouille de
leurs cuirasses et les abandonne sans coquille, pantoises,
émouvantes. La dissonance récurrente et déplacée, qui perce
la vacuité des parlotes mondaines, véhicule un malaise général, lequel signale qu'autre chose se passe hors des convenances du loft, qu'elles ne peuvent couvrir.

Malgré sa sainte horreur des prêches et des pièces à
thèse, Tchekhov se permit une fois, une seule, de donner la
parole à cet ébranlement auquel nul n'échappe : « J'admets
qu'on coupe les bois par nécessité, mais pourquoi les
détruire ? Les forêts russes frémissent sous la hache.
L'homme est doué d'une raison et d'une force créatrice pour
multiplier ce qui lui a été donné, mais jusqu'ici il n'a pas
encore créé, il n'a que détruit » (*Oncle Vania*). Sur les scènes
de nos théâtres, les dures vérités tchékhoviennes disparaissent
trop souvent dans des bonbonnières de tulle blanc et de fal-
balas, voiles et rotin, censées ressusciter les charmes suran-
nés d'une aristocratique et délicieuse province, alors en son
âge d'or. Le spectateur et le lecteur seront d'autant plus épous-
touflés de découvrir, décrit avec un siècle d'avance, le bilan
prémonitoire de l'industrialisation sauvage qui dévasta la
Russie sous la bannière du communisme. Pensez à la mer
d'Aral qui pourrit, aux grands combinats qui rouillent sur
pied, à la marine nucléaire qui prend l'eau, aux pipelines
poreux, à la Sibérie imbibée de pétrole, aux campagnes imbi-

bées de vodka, évoquez Tchernobyl et ses liquidateurs morts ou morts vivants et lisez : « Il y a de moins en moins de forêts, les rivières se dessèchent, le gibier a disparu, le climat est plus rude et la terre s'appauvrit et enlaidit de jour en jour » (*Oncle Vania*).

Les personnages vaporeux et écervelés qui tournoient, attifés à la mode d'antan, sont nos semblables, nos frères. Intellectuels en demi-vogue, petites femmes du monde, jeunes filles en fleurs éphémères, paysans nostalgiques du servage ou de la grande lessive à la manière de Pougatchev, étudiants casseurs et casse-pieds, nul n'est exonéré du vague sentiment qu'il participe à la déroute. Lorsque la cerisaie se trouve livrée aux haches et la demeure seigneuriale promise aux pioches, tous, même le nouveau propriétaire, foncent à la gare, sautent dans le premier train. Tous fuient. Tous s'éparpillent. Seuls demeurent sur place le vieux domestique abandonné mourant après une vie de loyal service et le comptable Epikhodov, sur-nommé « vingt-deux malheurs ». Cet expert ès catastrophes, que parfois il provoque et toujours comptabilise, représente le nouveau propriétaire. Maître à bord par intérim, désormais il ne gère qu'un naufrage. La fin de l'aventure imaginée par Tchekhov est bien moins souriante que celle de Hegel-Fukuyama. La cerisaie éradiquée, la famille dispersée accom-plissent l'histoire d'un fiasco collectif et semblent préfigurer l'avortement de l'histoire.

Les héros de *La Cerisaie* s'étourdissent d'un commun culte du travail. L'étudiant le célèbre en parole. Le marchand en engrange les bénéfices. Le vieux serviteur, les vertus. Le nobliau ruiné se convertit à l'exercice d'un emploi rémunéré. Rien de plus étranger à Tchekhov que cette religion qui masque sous l'apologie des rapports de production la réalité crue des rapports de destruction. L'écrivain anticipe les déceptions engendrées par les convictions productivistes, qui vont s'emparer de la planète. Les divers courants « environ-nementalistes » ou écologistes pourraient à juste titre élever un monument au dramaturge. À une différence près, mais de taille. Cet esprit superbement critique refuse de réduire les désastres en cours aux causes plus ou moins accidentelles qu'on leur attribue. Ni la main de fer impersonnelle d'un sys-tème (« capitaliste », « marchand », « technocratique », etc.), ni les bévues des élites scientifiques et politiques, ni l'avi-dité des financiers, ni la courte vue des médias, ni la simpli-cité du grand public, ni la permissivité, le relâchement des mœurs et l'incrédulité galopante ne sont requis à titre d'ex-plication finale et suffisante. Tchekhov se garde d'imaginer comment et pourquoi un dynamisme qu'on suppose implici-tement sain se trouve bloqué par quelque force extrinsèque (le fric, les mauvaises pensées...). Il s'abstient de reconsti-tuer à peu de frais la bonne harmonie intérieure de l'huma-nité en démonisant un malfaiteur étranger, un taré extérieur chargé de blanchir nos complicités. Tout au contraire, l'aveuglement volontaire qui sévit au creux des communau-tés modernistes produit et entretient, ô combien ! les rapports de destruction dont la responsabilité est on ne peut mieux partagée. Déjà Dostoïevski : « Regardez donc autour de vous ! Le sang coule à flots, gaiement même, comme du champagne » (*Le Sous-sol*).

Il y a, dans *La Cerisaie*, les conservateurs qui idéalisent les neiges d'antan. Il y a les progressistes qui brûlent leurs vaisseaux pour illuminer l'avenir : « L'humanité progresse et perfectionne ses forces. » Il y a au centre le bourgeois pra-tique qui démolit sans savoir : « Il s'agit seulement de mettre dans tout cela de l'ordre, de nettoyer un peu. » Et tous de s'exclamer en chœur : « Au travail ! » Pour conserver, pro-gresser, prospérer, l'unanimité bavarde élit une infaillible « éthique du travail ». L'Europe entière a spéculé sur l'acti-vité « substantielle » supposée source et solution des problèmes les plus fondamentaux de la modernité. Elle a chanté la gloire prolétarienne du travailleur manuel. Elle a opposé le travail productif et l'association capital-travail au parasitisme spéculatif des financiers sans frontières. Elle a porté au pinacle le sobre et prosaïque calcul de rentabilité qui mesure l'effort à son rendement et condamne les dépenses de prestige. L'intelligence russe ne s'épargne aucune bataille. Toutes ses chapelles s'acharnent à repérer avec lucidité la paille qui fragilise les raisonnements des autres, en oubliant dans sa fougue la poutre qui encombre les siens. L'entre-critique finalement libère les bons entendeurs.

Libéralismes, marxismes, populismes, traditionalismes se crêpent le chignon sans jamais conclure. Les écrivains russes suivent avec précision les faramineux différends et se gaussent. « Il suffit de considérer les capitalistes russes et leurs capitaux. C'est comme si tout avait été gagné à la roulette. Le père a réuni des millions — et non par l'économie, non par le travail, mais par quelque truc... Les héritiers devenus nobles ont abandonné l'affaire et sont entrés dans les hussards et ont tout dissipé » (Dostoïevski). L'accumulation opiniâtre du capital, génération après génération, reste l'exception. Dominée par une éthique du jeu, la Russie désespère les idéologues. On la croit en retard, condamnée à un rattrapage infini. Seuls ses écrivains subodorèrent qu'elle était gravement en avance, présentant à la planète entière le miroir d'un avenir pour le XXIe siècle.

L'écrivain et son lecteur se retrouvent face à la pulsion de mort, aux prises avec la cruauté des rapports humains. Entre individus, entre classes et fractions de classe, à l'intérieur de l'entreprise, entre entreprises, entre collectivités, nations, États, la lutte n'est jamais close sinon par la destruction des uns, des autres ou de l'ensemble. Le propre des idéologies est d'imaginer passagers de tels conflits ; ils n'ont, si l'on écoute la bonne parole, pas lieu d'avoir lieu. Selon Flaubert, Maupassant, Pouchkine ou Tchekhov, le provisoire a la vie dure et la dureté de la vie, il ne cesse qu'avec elle.

Dévoilement contre engagement

Peu encline à camoufler les inconvenances épinglées par son mauvais œil, la littérature d'extrême Europe parut attentatoire aux bonnes espérances et aux fièvres militantes. Même les lettres françaises, sensibles plus que d'autres au séisme culturel de Pétersbourg, reculent devant l'ampleur d'un ébranlement, qu'elles rabattent sur une prédication tantôt bien-pensante (la « religion de la souffrance » selon Vogüé), tantôt mal-pensante (la psychologie des transgressions, l'« acte gratuit » selon Gide). Juste retour de bâton, petite monnaie de cette incompréhension, lorsque Paris surréaliste, puis existentialiste, s'arrime « au service de la révolution », il reproduit à son insu la mauvaise querelle des activistes de la Neva qui, un siècle auparavant, promettaient de sacrifier toute l'œuvre de Pouchkine à une paire de laptis et à une miche de pain.

Sartre, en 1945, distingue la double fonction de l'écrivain — dévoiler ce qui est et s'engager pour ce qui doit être —, il retrouve les termes du débat crucial et crucifiant qui enflammait les cénacles, salons et universités de l'Empire tsariste. En subordonnant le dévoilement (appeler un chat un chat) à la juridiction de l'engagement (choisir entre le chat et les souris), la « littérature engagée » de la seconde aprèsguerre ressuscite et réédite les sommations radicales qui assiégeaient de toute part l'écrivain russe. Au nom de la théologie, de la révolution, du peuple, de la nation, de l'avenir, du passé — l'espace littéraire était quadrillé d'appels à la mobilisation des âmes et des plumes. Nul ne prit à la légère l'exigence de rapporter le verbe à l'action. Souvent l'écriture se divisa. D'un côté le roman qui interroge, de l'autre l'essai qui affirme, ainsi Dostoïevski. Parfois la crise tourne au suicide littéraire, on brûle ses manuscrits (Gogol), on cesse d'écrire (Tolstoï). Plus rarement on dissout la question dévoilante — qu'est-ce que faire ? — dans une question proprement politique — que faire ? (Tchernychevski). L'exception, le mérite et la splendeur du roman russe tiennent au fait qu'il ait entendu chanter les sirènes de l'engagement, qu'il ait su leur prêter voix et qu'il ait pu leur imposer, envers et contre tout, le primat décisif de la nécessité de dévoiler.

Le miracle russe, c'est le pari gagné — gagné en connaissance de cause et en plein déchirement — d'une littérature démystifiante et térascopique contre une littérature volontariste et mobilisatrice. Un tel choix ne s'enferme nullement dans les partis pris des chapelles « réalistes » ou « naturalistes », comme s'il suffisait qu'un auteur éclairé installât ses héros dans un monde « objectif », avéré comme tel par quelque science ou théologie supposées savoir. L'écrivain russe ne se prend pas pour un dieu omniscient qui plante ses décors afin, après coup, d'y projeter ses créatures. La réalité romanesque n'est jamais donnée, étiquetée, cataloguée, elle est sans cesse découverte, remise en cause, interrogée. Le dévoilement est permanent ou n'est pas. Lâchés dans l'inconnu, des individus arpentent à leurs risques et périls une terre énigmatique, non balisée, que le lecteur découvre par eux, en même temps qu'eux : « Pour Dostoïevski l'important n'est pas de savoir ce que représente le personnage dans le monde, mais ce que représente le monde pour le personnage... toute la réalité devient un élément de la conscience de soi du héros » (Bakhtine). Pareille aptitude à réfléchir sa vie et à vivre sa réflexion ne constitue pas l'apanage des intellectuels façon Karamazov.

Pouchkine déjà, pour qui ce n'est pas « le mode de vie qui détermine la conscience », mais la conscience qui détermine le mode de vie du tsar Boris Godounov comme du bel Eugène Onéguine. La même règle vaut pour Tchekhov, qui dit « écrire des raisonnements » sous forme de nouvelles ou contes. Bielinski, à son tour, remarque à propos de Lermontov que « dans tous ses récits on trouve la pensée et cette pensée est exprimée en un personnage qui est le héros de tout le récit ». Autrement dit, le « héros de notre temps » n'est pas cadré *dans* une époque, un temps, il est le temps vu de l'intérieur. La règle vaut pour les hommes et les femmes, les humbles comme les puissants. Tout ce qui arrive, aventures, mésaventures, vérités « éhontées », n'arrive qu'accompagné d'un *je pense*, sous forme de raisonnements, ratiocinations, interjections, soupirs ou silences on ne peut plus parlants. Les héros d'une littérature dévoilante sont des héros de part en part pensants.

Échappant au dogmatisme réaliste, le dévoilement ne sombre pas pour autant dans l'idéalisme narcissique, tout se passe *pour* mais non *dans* une conscience, le narrateur est souvent un « petit » personnage ; l'humble bureaucrate, l'obscur locataire des sous-sols ne produisent point le réel mais s'exposent à ses surprises et à ses coups. Lorsque l'auteur se met en scène, il se donne l'allure d'un honorable et médiocre hobereau de province (Pouchkine) ou bien se déguise en chasseur (Tourgueniev). De son refus de poser au professionnel de l'écriture, l'écrivain tire un double bénéfice. D'une part il épouse l'insolite de l'événement, le « chasseur » Tourgueniev bat la campagne, tombe dans des endroits inattendus ; la chasse qu'il oublie, chemin faisant, n'est que prétexte à reportage. D'autre part l'écrivain s'expose à l'insolite de l'écriture, puisque non professionnel il ne « sait » pas écrire, il s'émancipe des modèles préétablis et des convenances.

À l'extérieur, les rencontres se suivent et ne se ressemblent ni ne s'enchaînent, nous plongeons dans l'univers de l'*aussi*, par où la perception oppose son irréductible anarchie

au cosmos réglé des théories scientifiques de jadis ou spéculatives de toujours. À l'intérieur du roman, les réflexions se
suivent pareillement sans s'enchaîner, sans cultiver leurs res-
semblances. La spontanéité apparente de l'écriture anticipe le
principe de l'association libre recommandé par la psychanalyse — doute, indignation, persiflage, ironie cassent à plaisir
la tentation de déduire, d'enseigner, de faire la leçon.

Livré au double imprévu des choses et des mots, le
roman se garde d'idéaliser ou d'héroïser des personnages
qu'il choisit à dessein médiocres, communs, hésitants, incer-
tains de leurs projets, comme de leur identité, et par là d'autant plus portés à soliloquer sur les aléas de leur destin.
Empruntant de multiples défroques, un quidam émerge, à
contre-courant des assoiffés de règles. Face au joueur nihiliste
obsédé de martingale, au fonctionnaire momifié dans le respect dû aux supérieurs, aux supérieurs encoconnés de l'estime
qu'ils se portent, face également à la servilité des petits, un
antihéros prend parole sans garde-fou. Il vaticine, trébuche,
griffonne, murmure et paie souvent au prix fort le regard indé-
licat qu'il jette sur l'envers des décors et du décorum.

Une brèche est ouverte. Plus tard s'y faufileront les
détectives privés des romans et des films noirs. À la différence de l'activiste cher aux littératures engagées, le Marlowe
pensant n'arrive jamais au bout de ses réflexions. Même
quand il agit, il ne jure pas : le temps de la contemplation est
accompli, en avant toute pour la transformation du monde !
C'est pas son truc. Aucun dogme ne thésaurise par avance les
miettes de vérité que son reportage infini recueille. L'écriture
se donne le tranchant d'une perception sans limites ni précaution, elle décide de « ne rougir de rien » (Dostoïevski).
Pour elle, comme pour l'association libre en psychanalyse, « il
n'y a pas de métalangage » (Lacan). Pas de point de vue supérieur, aucune perspective de survol, aucun codage omniscient

ne doit se substituer au pas à pas douloureux et tâtonnant de l'habitant du « sous-sol », dont la seule force naît du sentiment que nul ne saurait penser à sa place. On a dit de Dostoïevski qu'il « sent » ou « voit » les idées. C'est vrai de chaque écrivain authentique, dont la liberté de plume et d'esprit tient dans le primat de la perception sur la déduction, au rebours des autorités et des chapelles militantes, qui substituent à l'aventure perceptive un jardin d'idées définitives. Ainsi « en écoutant Roudine... un ordre harmonieux s'instaurait dans tout ce que nous savions, tout ce qui était dispersé se réunissait soudain, s'organisait, grandissait devant nous comme un édifice, tout devenait clair, l'esprit soufflait partout... », persifle Tourgueniev, rebelle aux verrouillages théoriques. Car « les tas de fumier jouent aussi un rôle très respectable dans le paysage » (Tchekhov).

La complicité de l'écrivain et du journaliste se noue ici autour d'une commune passion du fait divers dérangeant, voire scabreux. L'homme de lettres « est tenu de surmonter son dégoût, de souiller son imagination avec la boue de la vie. Il est comme n'importe quel reporter ». Tchekhov, écrivant ces mots, conteste les prédicateurs et les militants qui survolent de telles contingences. Dans une note préparatoire à *L'Idiot*, Dostoïevski s'amuse des propos tenus par le défenseur d'un lycéen inculpé pour l'assassinat d'une famille entière : « Il est naturel que la pauvreté ait mis dans l'esprit de mon client l'idée de tuer ces six personnes. Cette idée, qui à sa place ne l'aurait pas eue ? » Certes, le criminel est né pauvre, mais tous les pauvres ne sont pas des criminels-nés. Non seulement l'explication est bête, mais la bêtise réduit une cruauté singulière à une pseudo-loi (vérité) générale. En récusant les codages d'un métalangage qui subsume l'imprévu et l'inconnu sous le déjà vu du déjà su, l'écrivain s'instaure gardien du fait divers. Meurtre à la une : « L'assassin tue pour une montre ! » — « Si un auteur avait imaginé ce crime, les connaisseurs de la vie du peuple et les critiques auraient aussitôt crié à l'invraisemblance. Mais en lisant ce fait divers dans les journaux, vous sentez qu'il est de ceux qui éclairent sur les réalités de la vie russe... Dans chaque journal vous tombez sur la relation de faits les plus réels et les moins communs » (Dostoïevski).

Le fait divers signale une vulnérabilité intrinsèque des rapports humains, au même titre que l'affection corporelle nous rappelle à notre finitude physiologique. Épaulé par le journaliste qui sommeille en lui, l'écrivain peut aussi se soutenir du regard médical. Tchekhov était médecin, comme le père de Dostoïevski, lequel découvrit, tout enfant, l'hôpital et ses misères. Mais la rencontre dépasse le hasard des biographies. L'antinomie de la littérature engagée et de la littérature qui dévoile recoupe l'opposition vieille de deux mille cinq cent ans entre l'« ancienne » et la « nouvelle » médecine que mirent en scène les écrits d'Hippocrate. D'un côté une thérapeutique se réclamait de la nouvelle philosophie d'Empédocle et, brandissant les clés de la nature humaine, donc de la santé, déduisait la maladie comme une défaillance au regard d'un état normal ; le thérapeute se faisait alors fort de rétablir les équilibres fondamentaux. En face, la médecine d'Hippocrate ne partait pas d'une théorie de la nature humaine ni d'une idée toute faite de la santé, elle se vouait à la perception directe et tatillonne des maladies.

Résumons : la « nouvelle » médecine était, comme le voulait Sartre pour la littérature engagée, « synthétique » ; elle savait ce qui était bien et ce qui sauvait. L'« ancienne » médecine, plus humble — Sartre la dirait analytique —, n'en connaissait pas si long ; elle abandonnait aux thaumaturges et aux gourous le soin de définir la santé parfaite ; elle focalisait sur l'imperfection, classant patiemment les maladies et expérimentant divers remèdes La médecine guérisseuse (« nouvelle ») possède le bon œil, elle théorise à partir du bien. La médecine dévoilante (« ancienne ») a le mauvais œil, elle dévisage les maux, envisage leurs traitements et renonce à définir, en soi et pour soi, une santé idéale dont elle confie la conception et la gestion au bon plaisir des non-malades. La médecine, comme la littérature, décerne un brevet d'authenticité à la perception du mal. Vivre dans l'illusion du bien n'est pas un bien. Un mal, même embrumé d'illusion, fait mal. « La norme m'est inconnue, comme elle est inconnue de nous tous. Tous nous savons ce qu'est une action malhonnête, mais nous ignorons ce qu'est l'honnêteté » (Tchekhov). Et qu'à cela ne tienne ! Puisque la malhonnêteté se donne pour telle, il reste à définir l'honnêteté comme une non-malhonnêteté.

On pourrait taxer d'arbitraire le médecin qui décrète « ceci est un mal », au même titre que le prêcheur déclamant « ceci est un bien ». On négligerait alors une différence capitale : le mal est intra-mondain, d'autant plus fort qu'il est plus proche, le malade le subit, tandis que le bien resplendit d'autant plus immaculé qu'il est plus lointain, d'autant plus attractif qu'il nous rêve invulnérable, échappant aux contingences du temps et de l'espace. Entre le malade et le médecin, comme entre l'écrivain et son lecteur, court l'expérience commune des maux, c'est elle qui arbitre. La maladie se laisse percevoir, elle est l'apparaître du disparaître. La mort se laisse pressentir, elle est le disparaître de l'apparaître. Ainsi balisés, les dialogues du malade et du médecin, du lecteur et de l'auteur s'effectuent en regard d'une adversité destructrice qui vaut principe de réalité. Tandis que le nihiliste susurre : je détruis, donc je suis ; je me confirme moi-même, car la destruction est preuve de soi, *index sui*, le médecin et l'écrivain dévoileurs enchaînent : oui, la démolition est manifeste en soi et pour soi ; je, tu, nous la subissons, elle se constate, donc il est possible d'ameuter et de mobiliser contre elle.

Souviens-toi de Samara !

Prenant à rebrousse-poil les illusions lyriques des enga-
gés, la lucidité « dévoilante », loin de détourner des actions,
s'avère condition préalable de leur non-absurdité. En témoignent les débats passionnés et prémonitoires qui secouèrent la
société russe mobilisée pour la première fois contre une
famine épouvantable. Les disettes traditionnelles manifestaient les aléas de la météorologie. Pluie ou sécheresse. Telle
année la récolte était bonne, telle autre désastreuse. Le nombre
des morts de faim suivait la courbe des perturbations atmo-
sphériques. Sans plus. La famine moderne, celle de nos jours,
ne ressortit plus au hasard climatique, mais à la responsabilité des hommes. En 1891, celle qui dévaste un tiers de la Russie marque un moment charnière. Elle est à la fois naturelle
comme jadis et politique comme aujourd'hui. Cette année-là,
la moisson rentra mal. En 1880 et en 1885 pourtant elle ne fut
pas meilleure, mais les citadins effarés ne virent pas des centaines de milliers d'affamés venir, par villages entiers, crever
sous leurs fenêtres. Le gouvernement du tsar tenta au départ
de cacher la nouvelle, mais, quand tout l'est de l'empire plia
sous le fléau, l'opinion s'insurgea. Ce fut une première. Une
Grande Première. Le comte Tolstoï usant de son prestige
international lança la campagne de secours. Collectes d'argent, de vivres, de vêtements, soupes populaires, refuges pour
les sinistrés de l'horreur. Des étudiants en médecine, des professeurs, puis des universités entières, des élus locaux, de
petits notables et de simples citoyens entrèrent dans la danse.
« C'est un Jupiter ! » Tchekhov admire le vieux Tolstoï, même
si son rousseauisme religieux le navre.

Tchekhov, lui, revient juste de Sakhaline, il s'efforce de
secourir les bagnards qui l'ont tant ému, les premiers signes
de tuberculose l'agressent. Peu lui chaut, il se jette à corps

perdu dans cette bataille inattendue. Il délaisse son cabinet de travail, abandonne les salons où il fait fureur, reprend sa trousse de médecin, et court lutter, nuit et jour, contre le choléra qui désole les campagnes et les rives de la Volga. Il n'est pas seul. Le mouvement de solidarité ébranle toutes les sphères de la société. Honteux, voulant rattraper son retard, le gouvernement rassemble en « Comité spécial » un état-major de crise, dont le grand-duc Alexandre Alexandrovitch, futur Nicolas II, prend la tête. Malgré la méfiance visqueuse de la bureaucratie et des autorités policières, les initiatives non gouvernementales sont tolérées. Parfois encouragées. Toute la Russie, Église, noblesse, bourgeoisie aisée, est sommée d'agir. On n'évite pas la catastrophe, mais elle est contenue. Le bilan de cette première bataille humanitaire est moins nul qu'on eût pu le craindre. Les conséquences les plus odieuses ont été jugulées[1]. Tchekhov reste un des très rares esprits capables de mesurer combien l'intervention d'extrême urgence fut exemplaire. L'épreuve passée, les autorités politiques et idéologiques s'employèrent au contraire à en effacer le souvenir. Les trois courants, conservateur, libéral, révolutionnaire, qui divisaient la Russie, et l'Europe, gardaient, chacun pour des motifs différents, une mémoire embarrassée de l'aventure.

Le tsar et son gouvernement avaient dû reconnaître un court instant la béance creusée entre l'état réel des choses et les songes des discours officiels. La paysannerie « libérée » du servage par Alexandre II ne coulait pas, loin de là, des jours heureux et n'avançait pas de progrès en progrès. C'était tout le contraire. La crise était à la fois démographique et sociale. La population croissait. Les denrées diminuaient. Les dettes et le « rachat des terres » accablaient un paysan dont l'initiative,

---

1. J. R. Robbins, *Famine in Russia 1891-1892*, Columbia University Press, 1975, p. 175-180.

déjà rare, fut systématiquement brisée. La modernisation forcée, menée par le gouvernement, aggravait, de surcroît, une pression insupportable. Pour construire les chemins de fer et la grande industrie métallurgique, il fallut des crédits internationaux. Donc un rouble fort gagé sur l'or. Donc des exportations massives de blé, vendu à prix de plus en plus bas, eu égard au déclin mondial de la valeur céréale. À la fin des années 1880, la politique du ministre des Finances Vychnegradski fait supporter au monde rural le fardeau de l'industrialisation. Il inaugure un développement du sous-développement, que le siècle numéro vingt va planétariser. La famine confronta les autorités à leur politique déficiente. Si bien que celles-ci préférèrent oublier l'alerte au plus vite et reprendre bille en tête leur fuite en avant. Les initiatives locales, tolérées pendant la crise, n'excédèrent jamais les limites d'une action contre la faim respectueuse de la loi et de l'ordre. Juste couronné, Nicolas II, oublieux, s'empresse de rabrouer les élus locaux (zemstvos) et de décourager leurs volontés libératrices. Ce ne sont que « rêves insensés ! » affirme-t-il d'entrée de jeu.

Le mouvement libéral, quant à lui, sous-estime l'alerte. La famine lui paraît simple accident de parcours sur la route du progrès balisée par l'Europe de l'Ouest. Alors que la famine témoignait des contradictions récurrentes d'une occidentalisation brutale, les déséquilibres graves qu'elle manifestait devaient être corrigés par la « main invisible » du marché, qui rétablit au bout du compte les « harmonies économiques ». Une partie des libéraux russes soutint et planifia la politique industrielle du tsar (Witte), une autre bascula dans le camp adverse et fournit appuis intellectuels et contingents d'experts à l'industrialisation bolchevique. Épouvantablement plus brutale encore, les paysans morts de faim se compteront par millions. En attendant, même quand un libéral prit sa tête, le gouvernement du tsar resta prisonnier des options séculaires de l'autocratie.

Le mouvement révolutionnaire, *last but not least*, se retrouva profondément divisé. Après l'échec du terrorisme populiste, la bataille contre la faim ouvrit une perspective nouvelle, fût-elle provisoire, à l'exaspération des étudiants et des intellectuels. Certains pères fondateurs de la social-démocratie russe, comme Plekhanov, s'en félicitèrent. D'autres bougonnèrent avec le populiste Lavrov, pour qui la « seule bonne cause » possible pour un socialiste est révolutionnaire et non philanthropique. « Le socialiste qui penserait qu'il remplit son devoir socialiste en portant secours à un affamé en particulier soit n'a pas réfléchi à ses convictions socialistes, soit y a renoncé. » L'« humanitaire » est épinglé, au choix : traître ou imbécile. À Samara, sinistre pôle de famine, les milieux intellectuels sont en effervescence. Tous sur la brèche. À l'exception d'un jeune avocat chassé de Pétersbourg. Il réprimande ses amis politiques relégués comme lui. Il prône la politique du pire. En détruisant l'économie rurale, en brisant la foi du moujik non seulement dans le tsar, mais aussi en Dieu, la famine pousse les masses paysannes sur la voie de la révolution. Tant pis, tant mieux, si le chemin est jonché de cadavres !

Le chauve barbichu s'appelle Oulianov, le futur Lénine. Son frère vient d'être pendu. Son outrance a quelques excuses, mais sa cruauté lui sert de ligne politique et de théorie marxistement fondée. Toute alliance « humanitaire » avec les progressistes et les libéraux est une traîtrise « trade-unioniste ». La révolution ne s'accommode pas de collaboration. La charité est pure hypocrisie. La querelle décisive qui sépara, plus tard, les mencheviks des bolcheviks prit source dans ce désaccord. Convenez-en, passer pour un affameur ne fait pas chic dans une biographie. Lénine, capable de s'en apercevoir, entreprit de déplacer la difficulté pour condamner non plus l'activité humanitaire somme toute peu diabolisable, mais le trade-unionisme (du syndicalisme anglais) ignoré de tous en Russie. Biffé de la théorie, le problème rattrapa le réel. Affameur, Lénine le fut. Et l'usage politique de la famine s'avère une constante des dictatures marxistes-léninistes, dès la prise du pouvoir en 1917 (Ukraine et Caucase du Nord) jusqu'à l'entrée en lice du XXIe siècle (Corée du Nord).

Jamais le bilan de la controverse suscitée dans la gauche par la famine ne fut tiré au clair. Les deux camps s'entendirent pour l'esquiver. Preuve que le caractère décidé et brutal de Lénine n'est pas seul en cause. Les marxistes partisans de l'action humanitaire partageaient avec le futur « guide du prolétariat mondial » l'idée que l'histoire avance coûte que coûte. Les distorsions évidentes du « développement du capitalisme » en Russie — autocratie, famine, appauvrissement — relèvent pour Plekhanov comme pour Oulianov d'un simple « retard », vestiges d'un « asiatisme » promis à prompte disparition. Que l'industrialisation par le knout, lancée par Pierre le Grand et poursuivie avec constance des siècles durant, puisse aboutir à un type de société original, à un néo-esclavagisme fort différent des habitudes européennes, une hypothèse aussi hérétique était inenvisageable par les socialistes. Quand les libéraux parient sur la bienveillance providentielle du marché, la « gauche » ne jure que par la marche irréversible de l'histoire. Pour les uns et les autres une force magique, irrésistible, infaillible assure le triomphe final de la civilisation euro-mondiale. Seule la littérature se permit d'affronter la cruauté nihiliste d'une société réelle, que les politiques découpent en autant de morceaux qu'il faut pour ne pas la penser. Entre les restes du passé et les promesses de l'avenir, le présent disparaît. Masquée par les itinéraires touristiques, cartographiée par les grandes philosophies du progrès industriel et social, la réalité échappe. Face à la première grande famine politique, annonciatrice des catastrophes transcontinentales du siècle suivant, la démission intellectuelle des conservateurs, celle des libéraux et celle des révolutionnaires respirent le même optimisme bon marché.

La plus éhontée des vérités

Distinguons donc expérience du nihilisme et expérience nihiliste. L'aventure nihiliste déploie une évidence performative et identitaire, je signe mon crime et mon crime me désigne. Je suis Raskolnikov entiché de Bonaparte et j'assassine, fier comme Napoléon, angoissé seulement de tourner en rond dans le cercle où être, c'est faire et où ne pas être, c'est ne pas assez faire : je me dénonce moins par remords que pour en faire plus et renchérir sur une criminalité que je publie et revendique comme telle. À l'inverse, l'expérience (littéraire) *du* nihilisme s'accomplit descriptive, plus indicative que performative. Pour peu qu'on confonde ces deux approches, on taxe Flaubert d'outrage aux bonnes mœurs, Pouchkine d'inconvenance majeure, et l'on préconise une salubre omerta couvrant une corruption supposée mentalement et sexuellement transmissible. Pareille confusion du dire et du faire, de l'énonciation et de l'énoncé est véhiculée par le prosélytisme nihiliste lui-même. Prêchant par l'exemple, proposant l'équivalence entre stylo et arme de poing, machine à écrire et kilo de dynamite, le terrorisme nihiliste collectivise par le fer et le feu. Nous détruisons, donc nous sommes un peuple, une communauté de fidèles, une internationale de la révolte ou de la finance, etc.

À bonne distance littéraire, le quidam « dévoilant » se poste devant le nihilisme. Pas complaisant. Il scrute. Il faut se demander d'où. La distanciation « scientifique », qu'un Brecht incarne jusqu'à la caricature, prétend citer le fait devant la loi, définir le message par le code et l'événement par un métalangage qui anticipe sa signification. Ainsi, le nazisme est brechtiennement décrypté dans le cadre du « savoir » marxiste-léniniste ; Staline juge Hitler et, par principe, échappe à toute comparaison. La distance authentique de la littérature ne s'affiche pas, avec tant de manichéisme, hors du coup. Elle fait face à une énigme, dont elle s'éprouve partie autant que juge. Elle tente de démêler ce dans quoi elle se découvre empêtrée. L'aventure nihiliste s'avance, évidente et affirmative. Tandis que l'expérience du nihilisme affronte l'équivoque et l'ambigu, au prix d'une interprétation interminable. Le nihiliste s'identifie à son acte miroir comme à une réalité Le quidam littéraire interroge le miroir comme une énigme.

Quel animal vit d'abord sur quatre pattes, puis sur deux, puis sur trois ? demandait la Sphinx croqueuse d'adolescents thébains. L'erreur du jeune Œdipe, qui répond « l'homme », fut de croire résolue la devinette. Il ne tarda pas à constater que pour faire tenir trois en un, pour subsumer l'enfant, l'adulte et le vieillard sous l'identité d'un même homme, il faut emprunter au monstre mythique sa dévorante violence. Si la réponse à la question de la Sphinx est « l'homme », la réponse à la question de l'homme est la Sphinx. Le roi Œdipe se découvre énigme malgré lui. En revanche, lorsque Socrate affronte le mythe de Typhon — redoutable Titan qui menaça d'anéantir l'Olympe —, le philosophe dirige l'interrogation sur lui-même. Suis-je aussi coléreux, destructeur, que ce Typhon-la-tempête qui ébranle ciel et terre ? L'expérience *du* nihilisme qu'entreprend le quidam pensant réactive le « connais-toi toi-même » socratique. Il s'inscrit dans le registre d'un souci de soi antinomique de l'identification jouisseuse propre à Narcisse et au nihiliste.

Littérature et philosophie se croisent. Toutes deux déchiffreuses d'énigmes et d'apories. Toutes deux vouées à s'étonner avant de savoir, et à parler avant de savoir ce que parler veut dire. Lorsque, pour la première fois, le philosophe (Platon) emploie le terme « dialecticien » (dans le *Cratyle*), il définit une posture aussi pouchkinienne que socratique. L'art d'interroger et de répondre instaure ledit « dialecticien » usager par excellence d'un langage où il séjourne sans en être créateur. Si nous supposons, insiste Socrate, que les dieux sont les pères du langage et qu'ils connaissent les vrais mots, les vocables adéquats à la vérité des choses nommées, force est de reconnaître notre ignorance touchant le langage des dieux et touchant les dieux mêmes. Si nous imaginons en revanche que les hommes du passé le plus lointain ont inventé notre langue et établi les noms, rien ne nous garantit que, pris de vertige ou d'ivresse, ils ne se soient pas contredits.

Quelque origine qu'on se plaise à fabuler, aucune ne permet d'esquiver la difficulté d'avoir à communiquer, ici et maintenant, dans un dialecte dont la divine transparence s'est perdue, si elle a jamais existé. « Tu sais que le discours [*logos*] exprime tout, roule et met sans cesse tout en circulation, et qu'il est duplice, à la fois vrai et faux » (*Cratyle*, 408 *c*). Le dialecticien barbote d'énigme en énigme dans un *medium* ambigu, trop trompeur pour abuser toujours et suffisamment incertain pour condamner son « usager » à naviguer sans attaches. Les règles absolues de bonne disance sont aussi introuvables que celles d'éternelle bienséance ou de parfaite gouvernance. Le conformiste intégral n'épouse que dans la tombe l'« étui » qu'il recherche pour lui et pour les autres. Dans l'opposition, selon Pouchkine, entre Salieri et Mozart, l'un soumis aux normes, l'autre aux prises avec l'inspiration, on reconnaît l'obligation d'œuvrer dans et pour l'incertain que souscrivent l'artiste, le dialecticien socratique et le quidam soliloquant à ses risques et périls dans le roman russe.

C'est pour avoir « donné des dieux à la Grèce » que l'humanisme allemand couronna Homère. En fait, Homère a plutôt chanté leur éloignement, voire, aux heures chaudes, carrément leur absence. Quand Zeus inspire Agamemnon, il lui envoie un songe qui promet la victoire s'il livre bataille. Le songe est trompeur et le naïf chef des Achéens précipite les siens dans le malheur. Petit exemple en passant d'une violence divine suspecte de préméditer, dans *L'Iliade* comme dans le *Prométhée* (Eschyle), une extinction programmée de la race humaine, que le génocide des Troyens préfigure. Moins aveuglé par les bons sentiments que ses épigones, de Plotin à Schelling, Platon jugeait à juste titre l'Olympe classique passablement malfamé. Et, à tort, les chants d'Homère peu fréquentables, d'où l'ostracisme dont il prétendit frapper l'inventeur de la littérature occidentale.

Les dieux d'Homère sont, selon les cas, beaux, puissants, astucieux et coquins, charnels et dévergondés, belliqueux et rancuniers, mais moraux certainement pas. Sauf pour d'immorales raisons. Les mortels mis en scène — Achille, Ajax, Pâris... — sont parfois dominés par des pulsions de mort, ils accumulent quelques mauvais quarts d'heure d'aventurisme nihiliste qu'Homère décrit, mais n'approuve guère. Par contre, les Immortels, qui se divertissent des déboires des mortels et s'amusent (sans risque) à s'entre-séduire et s'entre-tromper, ont pour seul lien social des rapports de force et de nuisance. Ils respectent Zeus, sans amour ni profonde estime, parce qu'il s'est montré manu militari le plus puissant. Ils se tiennent en respect les uns les autres, dissuasivement, par menaces réciproques. Prise telle quelle, dépouillée de ses transfigurations mystico-édifiantes ultérieures, la communauté olympienne se gouverne comme les groupuscules, le beau monde, les demi-mondes, les sous-mondes, les bas-fonds, l'*underworld*, l'*Unterwelt*, l'underground nihilistes.

L'écrivain façon Tchekhov, le médecin façon Kouchner, le journaliste façon MacCoy et le privé façon Bogart, quelque flamboyants qu'ils nous semblent, entrent dans la réalité par l'escalier de service. Le fait divers laisse paraître une face cachée de l'histoire. La maladie révèle la nuit de la vie. La cruauté, l'inévitable duplicité de notre « asociale sociabilité », dit le philosophe façon Kant. Le quidam pensant, « honnête homme » de ces trois derniers siècles, prend la relève de la littérature classique en se découvrant universel par défaut, « sans qualités » à la manière de Musil. Sans racine, ni vocation, ni destin, il ignore d'où il vient façon Kafka et ne sait pas où il va façon Beckett. On crut que le discours intérieur d'un être en perte d'identité fixe et reconnue relevait de la fiction littéraire, on condamna les illusions narcissiques d'une mince couche d'intellectuels sans attaches, dépassés par le mouvement d'une histoire nationale, libérale ou socialiste, au goût de chacun. Force fut de constater combien le filet de voix ténu du quidam pensant parlait pour les lendemains, tant il est exact que « l'homme qui est projeté dans l'insécurité sans cesser pourtant de rester conscient de sa conscience a été en même temps projeté dans son centre véritable » (H. Broch).

À notre époque, dit un personnage de Tchekhov, « il est plus facile de perdre la foi qu'une paire de gants ». En situation de déracinement, la littérature ne peut s'instituer servante de la religion et de la tradition, quand bien même, comme souvent, tel est son plus cher désir. À rebours de l'esprit des temps, elle refuse, tout aussi fermement, d'entrer au service du progrès technique et scientifique, moins univoque qu'il ne se donne. La puissance croissante, que développent les sociétés modernes, demeure puissance des contraires. La capacité nihiliste de détruire double inévitablement les prodigieux acquis déplaçant sur l'homme les pouvoirs et les choix jadis réservés à « Dieu » ou à la « Nature ». Dans la révolution technique et scientifique, devenue permanente, qui ravissait tant ses contemporains, le quidam pensant a su décrypter une responsabilité neuve et plutôt angoissante. Pour qui ne sacrifie ni aux spiritualités célestes ni aux conquêtes terrestres, il reste la capacité de tenir tête et de faire face à la destruction, cadeau d'Homère et de Cassandre : « Une génération assiste au sac de Rome, une autre au siège de Paris ou à celui de Stalingrad, une autre au pillage du palais d'Été : la prise de Troie unifie en une seule image cette série d'instantanés tragiques, foyer central d'un incendie qui fait rage sur l'histoire, et la lamentation de toutes les vieilles mères que la chronique n'a pas eu le temps d'écouter crier trouve une voix dans la bouche édentée d'Hécube... » (Marguerite Yourcenar).

Pour ne pas conclure

Ce livre déplaira, c'est acquis d'avance, à deux types de doctes et d'experts dont le 11 septembre 2001 aurait dû signifier le congé.

Premiers servis, les docteurs tant-mieux. Ayant prêché, jusqu'au 10 septembre, la fin des guerres et des violences majeures, ils se retrouvent dans les décombres, à Ground zero, à inhaler l'odeur pestilentielle des corps écrasés, carbonisés, réduits, particules indistinctes dans la poussière du béton. La parenthèse sanglante du XXe siècle est refermée, avaient-ils claironné. Avec la chute du mur de Berlin, le cours des choses convergeait dans la bonne direction. Ils ont cru ce qu'ont cru, pour les siècles des siècles, tous les courtisans des vainqueurs du jour, depuis qu'Octave Auguste remporta la victoire d'Actium. Ils ont proclamé la paix, la raison, l'empire, ils ont chassé l'inquiétude, puisque le temps était censé désormais travailler pour les honnêtes gens. Ils somnolent en donnant du temps au temps. Ce sont les professeurs Yaletemps.

Deuxièmes servis, les docteurs tant-pis. À leurs yeux le crime n'a pas eu lieu, les Twin Towers se suicidèrent par une belle matinée de septembre, où comme à l'habitude le « système » sécrétait ses fossoyeurs : l'Amérique l'a cherché, l'Occident l'a voulu, la civilisation s'étouffe sous les déchets qu'elle sédimente. Non, bonnes gens ! Vous n'avez pas vu ce que vous avez vu : un tueur jetant son avion contre des habitations et des bureaux. Au contraire, il vous faut voir ce que le docte enseigne : la rose de la raison se déchire à ses épines, les victimes sont leurs propres bourreaux. Ainsi pantalonnent les professeurs Yapadmal.

Ce livre s'adresse à ceux qui devinent qu'il a suffi d'un jour, d'un instant pour faire sauter la dernière exception. L'humanité tout entière, Amérique comprise, se reconnut mortelle. On s'épuisera sans doute à suturer une aussi cuisante blessure narcissique. En vain. La vérité qui flotte sur les ruines de Manhattan n'est pas inédite, le beau temps la refoule, les époques heureuses la fuient, mais elle resurgit dès qu'un piéton pensant toise notre infinie capacité de nier ce que nous sommes. «La plus calamiteuse et fragile de toutes les créatures, c'est l'homme, et quand et quand la plus orgueilleuse. Elle se sent et se voit logée ici, parmi la bourbe et la fiente du monde, attachée et clouée à la pire, plus morte et croupie partie de l'univers, au dernier étage du logis et le plus éloigné de la voûte céleste... et se va plantant par imagination au-dessus du cercle de la Lune et ramenant le ciel sous ses pieds. C'est par la vanité de cette même imagination qu'il s'égale à Dieu» (Montaigne, *Essais*, II, 12). Les impénitents Yaletemps et Yapadmal se plantent en imagination au-dessus du cercle de la lune, squattent l'Olympe et piétinent le ciel de leurs talons, ils feignent d'ignorer que l'éternité a sombré dans un crash ailé. À New York et ses environs planétaires pareille naïveté n'est plus de mise.

J'écris pour ceux qui n'ont pas, n'ont plus, n'ont jamais eu le temps, lequel finit par tous nous avoir, nous les vulnérables qu'il cerne définitivement éphémères. «Nous avons l'habitude de dire que le temps consume... Mais non qu'il rend jeune et beau, car le temps par lui-même est plutôt cause de destruction » (Aristote). Les cités grecques comme la « civilisation » des Lumières européennes choisissent de résister en connaissance de cause au mouvement de dépérissement et à son *never more*. Jamais plus ! Elles s'abusèrent lorsqu'elles crurent toucher le firmament d'une victoire finale et atteindre l'éternité, mais elles demeuraient fidèles à elles-mêmes dans l'endurance d'une lutte à mort contre la mort. Une maison, chaumière ou palais, est avant tout un abri contre les intempéries, et l'art, religieux ou pas, un anti-destin. La première définition, d'Aristote, la seconde, de Malraux, explicitent à deux millénaires de distance la résolution occidentale de ne pas dissimuler la pente descendante du temps, afin de la suivre en la remontant. Le christianisme, dès l'origine, réitère cette volonté antique, assignant aux pouvoirs temporels mission de lutter contre le temps, de retarder l'arrivée de l'« Antéchrist », c'est-à-dire de retenir l'univers et de parer à sa destruction[1].

À l'inverse, le nihiliste épouse le temps et anticipe son jamais plus, il se veut radical, il délaisse pudeur, compassion et retenue, ces vertus que les Grecs estimaient essentielles et politiques. Il ne recule devant rien, il va jusqu'au bout dans la révolution (« totale »), dans la guerre (« absolue »). Il procède à l'ablation terroriste de la différence (théologique) du terrestre et du céleste. Qu'il sacralise le profane ou profane le sacré, il saute par-dessus son ombre, transgresse l'égalité des mortels devant la mort. Croyant s'élever au-dessus de la camarde, il en joue, s'en joue, et, ange exterminateur, s'instaure son clone ravageur. La littérature donne des yeux pour voir, mais seul le courage, cette vertu du commencement qui n'appartient à personne et peut percer en chacun, permet de soutenir, parfois de contenir, rarement d'éradiquer, les fureurs annihilatrices.

---

1. Paul, Épître aux Thessaloniciens, 2, 2.

Ce qui demeure est la solitaire splendeur des femmes tchétchènes prisonnières sur un radeau lorsqu'elles s'accrochent à leurs geôliers et les noient avec elles. Ce qui sauve est la fulgurante énergie de Thomas E. Burnett et de ses compagnons, passagers du vol 93 d'United Airlines : « Nous avons les couteaux en plastique des plateaux-repas. Je sais que nous allons tous mourir, mais trois d'entre nous vont tenter quelque chose. » Tous moururent. L'avion s'écrasa loin de sa cible (la Maison-Blanche, a-t-on dit, une centrale nucléaire, supputent les enquêteurs). Ce qui illumine est le sourire timide d'une femme qui lève sa burqa, dans « Kaboul libéré », soldats de Massoud et B-52 aidant. Le nihilisme n'est pas invincible.

TABLE

277

Impression réalisée sur CAMERON par

BUSSIÈRE CAMEDAN IMPRIMERIES

GROUPE CPI

à Saint-Amand-Montrond (Cher)
pour le compte des Éditions Robert Laffont
en janvier 2002

N° d'édition : 42631/03. — N° d'impression : 020330/4.
Dépôt légal : janvier 2002.

Imprimé en France